La revolución militar de los Reyes Católicos

De hueste medieval a ejército moderno en tres décadas de reinado

Serie: Historia y Sociedad, 246

HIDALGO, Francisco, 1974-

La revolución militar de los Reyes Católicos : de hueste medieval a ejército moderno en tres décadas de reinado / Francisco Hidalgo. –Valladolid : Universidad de Valladolid, 2025

260 p. ; 24 cm. – (Historia y Sociedad ; 246)
ISBN 978-84-1320-357-7

1. Arte y ciencia militares – España – Historia – Siglo XV 2. Ejércitos – España – Historia – Siglo XV 3. Historia militar medieval 4. Castilla (España) – Historia – 1474-1504 (Isabel I) 5. Aragón (España) – Historia – 1479-1516 6. España – Historia – 1479-1516 (Isabel y Fernando) I. Hidalgo, Francisco, aut. II. Universidad de Valladolid, ed. III. Serie

355.48(460)"14"

Francisco Hidalgo

La revolución militar de los Reyes Católicos

De hueste medieval a ejército moderno en tres décadas de reinado

EDICIONES
Universidad de
Valladolid

En conformidad con la política editorial de Ediciones Universidad de Valladolid (http://www.publicaciones.uva.es), este libro ha superado una evaluación por pares de doble ciego realizada por revisores externos a la Universidad de Valladolid.

Motivo de cubierta: Batalla de Cerignola (1503)
Diseño de cubierta: Ediciones Universidad de Valladolid

ISBN: 978-84-1320-357-7
Dep. Legal: VA-465-2025

Preimpresión: Ediciones Universidad de Valladolid
Imprime: Ulzama Digital – España

Índice

Introducción

El término *Revolución Militar* se asocia a los grandes cambios que experimentaron los ejércitos del viejo continente durante los siglos XVI y XVII, desde que se publicara *The military Revolution: 1560-1660*, en el año 1956. Esta magnífica obra tuvo una gran influencia en la Historiografía militar del siglo XX[1]. El trabajo se centraba en tres pilares básicos: cambios táctico-estratégicos, incremento en el volumen de efectivos y recursos destinados, así como la transformación de las instituciones políticas que controlaban el aparato militar.

El acierto de dicha obra, señalando tan evidentes cambios, le sirvió para popularizar un término que, incluso hoy en día, sigue utilizándose. Pese a ello, ha habido numerosos autores que, si bien no han puesto en entredicho esos cambios, sí han matizado diversos aspectos de su implementación[2].

Así, una de las críticas que se le hacen es la notoria limitación cronológica de la que hace gala, ya que concentra la implementación de innovaciones técnicas a un periodo poco mayor de un siglo. De este modo, algunos historiadores, sin negar la relevante contribución del autor, señalan la aparición de importantes cambios desde mediados del siglo XV y su extensión hasta el final de la Edad Moderna[3]. El presente libro se posiciona precisamente en este grupo y sigue la línea de publicaciones anteriores al respecto, centradas en la Baja Edad Media[4]. Otros han definido

---

[1]   Se publicó en 1956, pero en realidad recogía las notas dadas por su autor de una conferencia celebrada en Belfast un año antes. Roberts, M., *The Military Revolution, 1560-1660: An Inaugural Lecture Delivered Before the Queen's University of Belfast*, Belfast, M. Boyd, 1956.

[2]   La esencia de los avances militares durante ese periodo y la posible idoneidad del término se recogen en una obra de varios autores, editada por Clifford Rogers. Para más información ver: Rogers, C. J. (ed.), *The Military Revolution Debate. Readings on the Military Transformation of Early Modern Europe*, Boulder-Oxford, Westview Press, 1995.

[3]   Parker, G., The 'military Revolution', 1560-1660: A Myth?, Chicago, University of Chicago Press, 1976.

[4]   Del mismo autor de esta obra, ver: «Evolución en los ejércitos de los Reyes Católicos: Su contribución a la posterior revolución militar de Europa», en *Expresiones del poder en la Edad Media. Homenaje al profesor Juan Antonio Bonachía Hernando*, Valladolid, Universidad de Valladolid, 2019.

esa *revolución* como el resultado de una serie de cambios, no necesariamente conectados entre sí, que se dan de manera independiente, en diferentes lugares y divisiones de los ejércitos. De forma más específica, se refieren a las transformaciones que experimentan la artillería, la infantería y las fortificaciones, extendidas en el tiempo, desde el siglo XV, hasta el siglo XVII[5].

Las aportaciones españolas al desarrollo militar en época moderna no han pasado desapercibidas para los historiadores de otros países. No en vano, los tercios españoles dominaron Europa durante casi dos siglos, al tiempo que la exploración y dominio marítimos de tanto españoles como portugueses sirvió para expandir la cultura ibérica, cuyas huellas han permanecido hasta nuestros días. No obstante, las contribuciones castellanas a finales de la Edad Media no parecen despertar el mismo interés. Por suerte, historiadores nacionales de prestigio internacional han aportado con su investigación luces que resultan esenciales para entender las instituciones militares de los reinos peninsulares y sus diferencias con el resto de Europa[6], así como la transformación experimentada por ejércitos y armadas[7] y las aportaciones de los monarcas castellanos en estos cambios[8]. No pocos de los cambios que se extienden por los ejércitos europeos a lo largo del siglo XVI tienen sus primeras manifestaciones en la Castilla de finales del siglo XV y principios del XVI. Fenómeno del que, hasta cierto punto, incluso los cronistas de la época parecen hacerse eco.

Un reinado caracterizado por su evolución militar

Si tenemos en cuenta los cánones de la época, podemos considerar el reinado de los Reyes Católicos como un periodo de tiempo no especialmente convulso. Con su matrimonio se unen las dinastías castellana y aragonesa. En 1492 se culmina el proceso histórico conocido como *la Reconquista*, con la caída del reino nazarí de Granada. En 1494 se firma en Tordesillas el tratado que consigue armonizar la expansión ultra-

---

[5]   Rogers, C.J., Essays on Medieval Military History: Strategy, Military Revolutions and the Hundred Years War, Abingdon, Routledge, 2010.

[6]   García Fitz, F., *Ejércitos y actividades guerreras en la Edad Media Europea*, Arco, Madrid, 1998.

[7]   Ladero Quesada, M.Á. (coord.), *Historia militar de España II. Edad Media*, Ministerio de defensa-Secretaría general técnica y Ediciones del laberinto, S.L., Madrid, 2010. Ver también: Ladero Quesada, M.Á., «Recursos militares y guerras de los Reyes Católicos», en *Revista de Historia Militar*, 2001, n. Extra 1, pp. 383-420.

[8]   Suárez Fernández, L., *Fernando el Católico*, Editorial Ariel S.A., Barcelona, 2004.

mar de Castilla y Portugal. Y en 1513 se anexiona el reino de Navarra, desapare-
ciendo, de facto, la mayor parte de las fronteras interiores peninsulares. Para garantizar aún más el orden interior, los Reyes Católicos toman medidas como ins-
taurar la Santa Hermandad, fomentar el poder de los concejos, incorporar las órdenes militares en el esquema de las tropas reales o limitar la posesión de la artillería
de los nobles. En cuanto a los intentos por evitar conflictos exteriores, el eje de su
gobierno se basa en una acertada política matrimonial que extiende su influencia
por Europa y cuyas consecuencias se hacen sentir durante décadas. No en vano, su
reinado ha pasado a la historia como un periodo de desarrollo económico y demo-
gráfico, fruto de la estabilidad conseguida en la península ibérica[9].

No obstante, tres grandes conflictos bélicos marcan el destino de su reinado,
así como la evolución del ejército y el futuro de España, como resultado de esa
unión dinástica.

El primero de estos conflictos marca el acceso al poder de Isabel I. La *guerra de
sucesión castellana* (1475-1479) es, en un principio, una simple guerra civil entre casas nobiliarias, en apoyo a una u otra candidata al trono, tras la muerte de Enrique
IV. Sin embargo, no tarda en convertirse en un conflicto de trascendencia europea,
con la participación de reinos más allá de las fronteras castellanas. Juana de Trastámara cuenta con el apoyo de Portugal, que invade Castilla desde el oeste. Esa invasión tiene tal impacto, que, con frecuencia, nos referimos a esta guerra de sucesión como la *guerra de Portugal*, si bien no debe ser confundida con la invasión española del país vecino en el siglo XVIII, que recibe el mismo nombre. Francia, también
a favor de Juana, intenta hacer lo mismo desde el norte. Roma también se ve involucrada como árbitro de su resolución. La victoria del bando Isabelino convierte a
Isabel I en reina de Castilla. Además, sirve para confirmar la legalidad de su matrimonio con el príncipe Fernando de Aragón, lo que sienta las bases de la futura unidad territorial. La derrota de Portugal, de algún modo, pone fin a su hegemonía
atlántica que, a partir de ese momento, es compartida con Castilla[10].

Desde el punto de vista militar, la guerra de sucesión castellana pone de manifiesto las evidentes carencias de las huestes medievales en campañas de larga duración. Carencias especialmente notables a nivel logístico, que sirven como lección

---

[9]   Casado Alonso, H., «Comercio y bonanza económica en la Castilla de los Reyes Católicos», en Valdeón Baruque, J. (Ed.), *Sociedad y economía en tiempos de Isabel la Católica*, Ámbito e Instituto de Historia
de Simancas, Valladolid, 2002, pp. 91-114.
[10]   Russell, P.E., *Portugal, Spain and the African Athlantic, 1343-1490*, Variorum, Aldershot (Hampshire), 1995.

que será aplicada con acierto en la siguiente gran guerra en la que Castilla es pro-tagonista[11].

La *guerra de Granada* (1482-1492) es el segundo de los conflictos. Las ramifica-ciones políticas de la victoria castellana son evidentes. Representa la legitimación del reinado de Isabel I, frente a sus antiguos detractores. Supone una sustancial am-pliación del territorio y simboliza la culminación del fenómeno histórico conocido como *La Reconquista*[12]. Con la excepción de las tomas de Jerez, Tarifa y Gibraltar, esta guerra supone el primer enfrentamiento directo de reinos cristianos y musulmanes en la península ibérica en más de doscientos años; dos siglos de convivencia relati-vamente pacífica con el vasallo reino nazarí, que acaban de forma abrupta. Fuera de las fronteras peninsulares, el éxito castellano personifica una gran victoria de la Europa cristiana contra el islam, en un momento en el que el Imperio Otomano se encuentra en plena expansión en el Mediterráneo. Tal gesta es reconocida por Roma en forma de bula papal, concediendo a Isabel y Fernando el título de *Reyes Católicos,* con el que pasan a la Historia[13].

Los cambios militares son extensos. La artillería y la infantería adquieren pro-tagonismo en las nuevas estrategias y tácticas puestas en práctica[14]. El refuerzo de la intendencia/logística muestra la superioridad del aparato militar castellano, po-niendo fin a los errores cometidos en la guerra de Portugal[15]. La institución cas-trense se encamina hacia su profesionalización y se aleja del control tradicional de la nobleza y las levas obligatorias. Las fortalezas nazaríes se muestran obsoletas ante el empuje de la artillería castellana, lo que, así mismo, demuestra la necesidad de renovar las castellanas[16].

---

[11]   Castillo Cáceres, F., *Un torneo interminable. La guerra en Castilla en el siglo XV*, Sílex Ediciones, Madrid, 2014.

[12]   García Fitz, F., *La Reconquista*, Editorial Universidad de Granada, Granada, 2010.

[13]   Suárez Fernández, L., *Los Reyes Católicos: El tiempo de la Guerra de Granada*, Rialp, Madrid, 1989.

[14]   Ladero Quesada, M.Á., *La guerra de Granada, 1482-1491*, Diputación de Granada, Granada, 2002.

[15]   En la Guerra de Portugal, tanto el bando el ejército portugués como el isabelino se ven obligados a abandonar asedios por falta de provisiones. Sin embargo, en Granada, el abastecimiento se planea con meses de antelación y alcanza unas dimensiones imposibles en la anterior guerra. Pulgar lo des-cribe así: "(el rey) *mandó yr toda la recua de los mantenimientos, que serían más de ochenta mill bestias, a la villa de Luçena. E el Rey partió de la çibdad de Córdoba, e con él todos los caballeros que avemos dicho que fueron a bastecer a Alhama.* Pulgar, H. del, *Crónica de los señores Reyes Católicos Don Fernando y Doña Isabel de Castilla y Aragón*, en Crónicas de los Reyes de Castilla desde Alfonso el Sabio hasta los católicos Don Fernando y Doña Isabel, colección ordenada por Cayetano Rosell, T. III, Atlas, Madrid, 1953, cap. CXXXIV, p. 27.

[16]   Segura Graíño, C., «Acerca de las fortalezas andaluzas en la frontera granadina durante el siglo XV», en Segura Graíño, C. (coord.), *Relaciones exteriores del Reino de Granada : IV del Coloquio de Historia Medieval Andaluza.* Instituto de estudios almerienses, Almería, 1988, pp. 227-251. Ver también: Verdera

El tercer conflicto al que hacemos referencia tiene lugar fuera de la península ibérica y cuenta con Francia como enemigo principal. Se desarrolla en dos escenarios diferentes: el Rosellón y Nápoles. Este segundo escenario bélico es tradicionalmente referido como *Las guerras de Italia*. Las guerras de Italia fueron una serie de enfrentamientos que se extienden desde los últimos años del siglo XV hasta mediados del XVI (1494-1559). De una forma u otra, España se ve involucrada, directa o indirectamente, en la mayor parte de nueve enfrentamientos. Si bien en este libro nos centraremos en las dos primeras, también llamados primera y segunda *guerras de Nápoles* (1495-1498 y 1501-1504 respectivamente). Por simplificar, nos referiremos a ellas como "guerra de Nápoles" en singular, ya que se trata de dos campañas dentro de una guerra extendida en el tiempo, más que dos enfrentamientos diferentes.

En este conflicto, los Reyes Católicos envían a Gonzalo Fernández de Córdoba para defender los derechos de la corona de Aragón, pese a que Castilla financia el grueso de las operaciones. Gracias a la reforma del ejército impulsada por los Reyes Católicos y a la pericia militar del Gran Capitán, este conflicto pone fin al dominio militar de Francia en Europa, limita sus aspiraciones expansivas en Italia y el rey Fernando consigue mantener su control sobre el reino de Nápoles. Además de mantener este territorio como parte de la corona aragonesa, este enfrentamiento con Francia se extiende al Rosellón, donde el conflicto mantiene algunas de las características propias de la guerra medieval que El Gran Capitán consigue superar en suelo italiano.

La importancia de esta guerra trasciende el escenario local, para traducirse en la confirmación de Aragón, con ayuda de Castilla, como potencia en el Mediterráneo, contrarrestando el poder de Francia en la región. Comienza la hegemonía hispana en Europa. A nivel militar, este conflicto supone un nuevo eslabón en la evolución de la intendencia. La guerra de Nápoles demuestra la capacidad de movilización de activos y medios por vía marítima, que alcanza niveles desconocidos hasta entonces, que resultarán esenciales en la política expansiva hispana[17]. Es en Italia donde la figura de un militar, el Gran Capitán, personifica la evolución de las levas medievales a los ejércitos modernos. Sus ideas e innovaciones suponen un cambio

---

Franco, L., «La conquista de Granada: 1382-1492», en Valdés Sánchez, A. (coord.), *Artillería y fortificaciones en la corona de Castilla durante el reinado de Isabel la Católica 1474-1504*, Secretaría general técnica del ministerio de Defensa, Ediciones del Umbral, Madrid, 2004, pp. 61-100.

[17]   Ladero Galán, A., «La frontera de Perpiñán. Nuevos datos sobre la primera guerra del Rosellón (1495-1499)», en *En la España Medieval*, vol. 27, 2004, pp. 225-283.

táctico y estratégico tan exitoso, que determina la forma de guerrear de los siguientes dos siglos[18]. La infantería experimenta cambios con los que aumenta su eficacia y pone en jaque a la caballería pesada por la que Francia había sido temida durante la Edad Media. En este escenario, la artillería también se confirma como elemento esencial de la estrategia, lo que también influye en la posterior renovación y transformación profunda de las fortalezas castellanas y aragonesas[19]. Ya en el año 1495, podemos considerar el primer ejército permanente de la península ibérica en la primera guerra del Rosellón[20]. Pese a ser profesional, este ejército aún está liderado por un aristócrata -el duque de Alba- o por el propio rey Fernando. De forma paralela, en Italia, vemos un ejército enteramente profesional, liderado también por un militar profesional -Gonzalo Fernández de Córdoba-. En este contexto, quizás más por necesidad que por convicción, se configura la estructura de infantería que más tarde será conocida como los tercios y que proporciona a la monarquía hispana el dominio del continente europeo durante décadas.

---

[18]   Rodríguez Hernández, A. J. y Mesa Gallego, E. de, «Del Gran Capitán a los tercios: la herencia de Gonzalo Fernández de Córdoba en los ejércitos de los Austrias (siglos XVI y XVII)», en *Revista de Historia Militar*, Instituto de Historia y Cultura Militar, n. extraordinario II, 2015, p. 143.

[19]   Quintanilla Raso, Mª.C. y Castrillo Llamas, M.C., «Tenencia de fortalezas en la Corona de Castilla (siglos XIII-XV) : formalización institucional, política regia y actitudes nobiliarias en la Castilla bajomedieval», en *Revista de Historia militar*, 2001, N. Extra 1, pp. 223-289.

[20]   Los preparativos de esa guerra, continuación de la primera guerra de Italia, se extienden hasta el verano de 1496, coincidiendo con los preparativos realizados para el viaje de la infanta Juana a Flandes, donde contraería matrimonio con el archiduque Felipe de Habsburgo. La movilización era general en Castilla y el desplazamiento de la infanta a Flandes se organizó como una operación naval armada de gran importancia, ante el temor de algún ataque por parte francesa, más aún teniendo en cuenta que los mismos buques traerían a Castilla, en viaje de retorno, a Margarita de Habsburgo, la esposa del príncipe Juan. La organización de las operaciones fue compleja y acarreó fuertes gastos. Ladero Galán, A., «La frontera de Perpiñán. Nuevos datos sobre la primera guerra del Rosellón (1495-1499)», en *En la España Medieval*, vol. 27, 2004, pp. 226-227.

Evolución y continuidad en la guerra según las crónicas

En una publicación anterior a esta, referente también al reinado de los Reyes Católicos, estudiábamos aspectos relacionados con la actividad bélica, tales como estrategia, logística o ubicación de batallas[21]. En ese momento, el elemento conector de esos aspectos en el que centramos la atención fue el papel de los recursos hídricos, tanto a nivel defensivo, como ofensivo. Así mismo, en otra obra tratamos de reflejar estos aspectos dentro de un marco más amplio tanto jurídico como simbólico que ayudara a comprender la importancia del agua en dos de las guerras estudiadas en el presente estudio: -sucesión y Granada-[22]. Estos trabajos sirvieron para facilitar una reflexión sobre la importancia de los recursos hídricos en el desarrollo de los conflictos y su relación con las causas de los mimas. Pero, lejos de ser lo único, también permitieron comprobar la evolución del ejército castellano, en un periodo de tiempo realmente breve. Y una vez ampliado el marco cronológico y geográfico para facilitar la inclusión de la figura del Gran Capitán y su papel en las guerras de Italia, salta a la vista que esa evolución constituye un cambio profundo y ciertamente revolucionario en la forma de practicar la guerra.

El estudio de estos aspectos permite observar las características del ejército castellano tal y como lo presentan las crónicas y comprobar cuán diferente resulta la primera convocatoria, que parte de Tordesillas en el año 1475 al encuentro del rey de Portugal, con las tropas reunidas en Santa Fe, en los últimos meses del reino nazarí o con las tropas lideradas por el Gran Capitán, que derrotan, en condiciones de inferioridad numérica y con contundencia, al ejército considerado más poderoso de Europa en ese momento.

---

[21]   Hidalgo, F., *Usos e influencia del agua en la guerra bajomedieval (1475-1492)*, Poliédrica: Editorial Universidad de Cádiz, Universidad de Valladolid, Cádiz, 2020.

[22]   Hidalgo, F., «Percepción de las aguas fluviales en el imaginario medieval: La influencia de su carácter fronterizo en el contexto bélico», in Mª Isabel del Val Valdivieso (coord.), *El agua en el imaginario medieval: Los reinos ibéricos en la Baja Edad Media*, Alicante, Publicacions Universitat d'Alacant, 2016

Con frecuencia se ha dicho que el ejército que lucha en la guerra de Granada es la última gran hueste medieval de la península ibérica. También se ha afirmado que la infantería y la artillería utilizadas en este conflicto son la esencia del ejército moderno que se impondrá globalmente apenas unas décadas más tarde. Así mismo, se ha planteado que la *coronelía* o nueva estructura de mando ideada el Gran Capitán en la primera guerra de Italia supone el embrión de los futuros tercios que dominarán la Europa moderna, en lo que podemos considerar el primer ejército moderno y profesional. Se nos plantean, por tanto, una serie de cuestiones a las que merece la pena tratar de responder, referentes al reinado de los Reyes Católicos y los ejércitos convocados en estas guerras. ¿Debemos hablar de una hueste medieval al uso o se trata más bien de un ejército "nacional"? (Entendiendo este calificativo como "de un reino"). Y de ser así, ¿hasta qué punto podemos hablar de un ejército profesional y/o permanente?, ¿responden estas guerras a los patrones tradicionales de la guerra medieval o incluyen ya características propias de las guerras modernas? Las tropas enviadas a Italia, ¿son realmente un ejército moderno? La transformación de la hueste en ejército, ¿fue resultado de la planificación previa al conflicto o fue una combinación de necesidad y pericia militar del Gran Capitán lo que facilitó ese rápido cambio? Y si aceptamos que la actividad bélica está cambiando, ¿cuáles son los cambios más determinantes a los que asistimos? Y además de estas cuestiones ¿cómo se reflejan estos cambios en las crónicas? ¿son conscientes los cronistas de la transformación del ejército y la guerra o, por el contrario, su relato refleja continuidad?

La respuesta a estos interrogantes es el hilo conductor de este libro, que refleja una transformación del ejército a dos velocidades que altera el panorama bélico en múltiples aspectos, mientras que ofrece clara continuidad en otros. Un estudio que refleja una relativa continuidad con tímidos cambios en la guerra de Portugal, una variación obvia durante la guerra de Granada que nos lleva a distinguir dos estrategias miliares diferentes durante un mismo conflicto y, por último, una transformación radical en las guerras de Italia. Por este motivo, el presente libro ha sido dividido en dos apartados. El primero, titulado *Hacia un nuevo concepto de guerra*, recoge aquellos aspectos de las crónicas que sugieren una clara evolución militar hacia la modernidad. El segundo, titulado *Portugal, Granada y Nápoles: ¿últimas guerras medievales?*, recopila información de los relatos en clara sintonía con la tradición bélica medieval, con idea de cuestionar si los cambios expresados en el apartado anterior son realmente revolucionarios o simplemente evolutivos. Al final de ambos apartados se ofrece una serie de conclusiones que combinan lo averiguado en una dirección u otra.

PARTE I:

Hacia un nuevo concepto de guerra

Las crónicas, como relatos relativamente centrados en los acontecimientos militares del momento, muestran los cambios que el ejercicio militar está experimentando. Esos cambios, en mayor o menor medida, aparecen en diferentes reinos europeos llegada la Edad Moderna y se vinculan con la formación y desarrollo de los diferentes estados. Adquieren una dimensión muy particular en Castilla a finales del siglo XV, como antesala de la formación de la monarquía hispánica, llamada a ser hegemónica en los próximos dos siglos. Así, es fácil distinguir características que sugieren un concepto de guerra todavía puramente medieval, en tanto que otras sugieren un estado de transición al mundo moderno. En el siglo XV castellano, además, se dan otra serie de factores que lo convierten en un caso de estudio muy particular y, probablemente, muy diferente. Esta afirmación se confirma si extendemos nuestro periodo de estudio a los primeros años del siglo XVI y abandonamos la península ibérica, para prestar atención a lo sucedido durante la primera y segunda guerras de Italia. Es, durante estos años de reinado de los Reyes Católicos, cuando el ejército experimenta una transformación profunda, facilitada por los propios reyes y que asombra al mundo por su puesta en práctica y desarrollo llevados a cabo por el Gran Capitán[23].

Por un lado, tenemos la existencia de tres conflictos de naturaleza radicalmente diferente.

La guerra de Portugal (1475-1479), iniciada como guerra civil con motivo sucesorio, pronto deriva en una invasión con tintes de guerra internacional. Un conflicto de características políticas modernas, pero con medios fundamentalmente medievales. La guerra de Granada, una cruzada en esencia y, por tanto, una guerra típicamente medieval que, sin embargo, maneja cifras propias de las guerras modernas. La contienda granadina incorpora los últimos avances tecnológicos, logísticos, financieros y cuenta con unas cifras que rivalizan en número con la caída de Constantinopla en manos otomanas –acontecimiento tradicional y simbólicamente señalado como el final de la Edad Media-. Es, además, un conflicto que se desarrolla

---

[23] Jiménez Estrella, A., «Don Gonzalo de Córdoba: el genio militar y el nuevo arte de la guerra al servicio de los Reyes Católicos», en *Chronica Nova*, nº 30, 2003-2004, pp. 191-211.

y resuelve a un ritmo sin precedentes en la llamada Reconquista y que lleva a un replanteamiento de las estrategias militares del momento. Por otro lado, en el caso de la guerra de Granada (1482-1492) se da un hecho que difiere de otros conflictos europeos: el aprovechamiento, por parte de los castellanos, de las estructuras defensivas -fortalezas y murallas- de manufactura musulmana, que seguirán utilizando con mayores o menores modificaciones. Este hecho y la clara diferenciación de las técnicas arquitectónicas entre ambas culturas confiere dos características particulares a Castilla. Por un lado, la evolución de la arquitectura defensiva, al menos en la parte sur del reino, no es necesariamente paralela al del resto de Europa. Por otro lado, la artillería adquiere un papel protagonista más rápidamente y resulta más decisiva a nivel psicológico que en otros conflictos, permitiendo, a la postre, una resolución más rápida y de repercusión menos local del conflicto, más propia de épocas modernas.

Y, por último, la guerra o guerras de Nápoles (1494 -1497 y 1501-1504). Un conflicto de carácter internacional, en el que los intereses expansivos de Francia chocan con los españoles, en especial los aragoneses, al ser Nápoles parte de esta corona. En este conflicto, Roma se encuentra en medio de los intereses expansionistas de estos reinos y las ciudades-estado italianas se ven involucradas a favor de un bando u otro. Esta guerra es, en el fondo, un choque entre la potencia militar por excelencia en la Europa bajomedieval -Francia- y una incipiente España - si entendemos que el matrimonio de los Reyes Católicos y su unión dinástica sienta las bases de la unión de los reinos hispánicos-, que está llamada a convertirse en la potencia más relevante de la Edad Moderna en el continente y en el primer imperio global de la historia.

El ejército castellano, antes de la guerra de Portugal, es una hueste puramente medieval al uso. Según la propaganda política de la época, Enrique IV había desprestigiado el trono y dejado extenuada la hacienda pública, a base de conceder mercedes a los nobles. Estos constituían la fuerza viva del reino y contaban con costumbres, franquicias, usos y privilegios particulares, que habían sido definidos por Alfonso X en 1256[24]. La guerra de Portugal inicia la transformación de la institución castrense que se profundiza durante la guerra de Granada y se concluye durante las guerras de Italia. De forma paralela, también hay una progresiva transformación del gobierno del reino. Ambas evoluciones actúan de forma simbiótica, no

---

[24]   Cuarteto y Huerta, B., *El pacto de los Toros de Guisando y la venta del mismo nombre*, CSIC, Madrid, 1952, p. 11.

siendo posible la una sin la otra. El cambio no ocurre de la noche a la mañana[25]. Aun así, es suficientemente rápido como para ubicarlo cronológicamente y ser capaces de distinguir un antes y un después.

La guerra de sucesión y la intervención portuguesa traen consigo, a nivel militar, la definición de la cadena de mando[26]. Este cambio sienta las bases de la asimilación de las mesnadas nobiliarias bajo el mando real y resulta fundamental para la evolución política hacia el absolutismo que inician los Reyes Católicos.

A estos cambios se les une un impulso técnico importante. La artillería, hasta ese momento poco decisiva y con una función principalmente de apoyo, se demuestra eficaz para poner en jaque a la hueste enemiga, cuando es utilizada de forma adecuada. Considerando los tres, hablamos de un contundente paso adelante en la forma de concebir la actividad militar, desde los comienzos de la guerra de Portugal, hasta el comienzo de la de la de Granada[27].

La guerra de Granada aporta la experiencia para continuar con los cambios y extender el afán reformador a todas las facetas de la institución. A nivel estratégico, los fracasos iniciales obligan a una redefinición de las tácticas de combate utilizadas, como veremos más adelante.

A nivel logístico, tanto el abastecimiento de la hueste, como el establecimiento y mantenimiento de las comunicaciones experimentan un impulso sin precedentes. La guerra se convierte en un esfuerzo colectivo que implica a nobles, órdenes, iglesia y ciudades, que se unen al esfuerzo de la corona y las instituciones armadas bajo su control directo, como las Guardas Reales y La Hermandad. Pero, sobre todo, esta guerra supone un éxito de la planificación estratégica y económica. Con el planteamiento

---

[25] De hecho, es posible que el cambio ya se viniera produciendo desde el siglo anterior, como sugiere Arias Guillén, F., «¿Hubo una revolución militar en Castilla en la primera mitad del siglo XIV?», en *Edad Media: revista de Historia*, Universidad de Valladolid. Servicio de publicaciones, n. 14, 2014, pp. 195-216. Para otros historiadores los cambios producidos a finales de la baja Edad Media sí son revolucionarios como se indica en el siguiente trabajo: Ayton, A. y Price, J.L., «The military revolution from a medieval perspective», en Ayton, A. y Price, J.L. (ed.), *The medieval military revolution: state, society and military change in medieval and early modern Europe*, I.B. Tauris, 1998, pp. 1-22.

[26] La jerarquía militar que se define en esa guerra establece una cadena de mando que empieza con la figura del capitán, seguida por caudillos, condestables y un mariscal o caudillo mayor. A estos hay que añadir los adelantados mayores y de frontera. Así mismo los lideres y caudillos de ejércitos privados o nobles, empiezan su evolución para, de forma progresiva, ser asimilados dentro de la estructura de las guardias reales. Rodríguez Casillas, C.J., *A fuego e sangre: La guerra entre Isabel la Católica y Doña Juana en Extremadura (1475-1479)*, Editora Regional de Extremadura, Badajoz, 2013, p. 11.

[27] Sánchez Benito, J.Mª., «La sociedad urbana ante la guerra a fines de la Edad Media. El caso de Cuenca en los conflictos militares de los Reyes Católicos (1475-1492)», en *Revista de Historia Militar: Año XXXV*, nº 71, 1991, p. 175.

de campañas anuales nace la hacienda moderna y, con ello, la preocupación por equilibrar el gasto y recursos a la deuda pública derivada de la contienda[28]. En muchos sentidos, la guerra de Granada supone un cambio fundamental en la forma de hacer la guerra y la relación del poder político con los recursos militares[29].

La guerra de Nápoles supone un avance sin precedentes en la intendencia militar. No solo se trata de un conflicto internacional que lleva a reinos hispanos a enfrentarse a un poderoso y más numeroso ejército francés. Se trata, además, de un conflicto en el que tropas y vituallas deben ser transportadas, por entero, vía marítima. El esfuerzo resulta colosal, pero es realizado con éxito gracias a la experiencia adquirida en la guerra de Granada.

A nivel estratégico, el Gran Capitán hace gala de su genio militar para enfrentarse con éxito a un enemigo superior en número. El poderoso ejército francés cuenta con una potente caballería pesada que es temida en toda Europa. Para contrarrestar su eficacia, Gonzalo Fernández de Córdoba utiliza la infantería con una novedosa especialización en tres funciones diferentes, que sientan las bases de los futuros tercios. Así mismo, la artillería deja de ser un elemento puramente estático, solo localizado en fortalezas y asedios, para convertirse en un elemento móvil que alcanza gran importancia en los campos de batalla y en la guerra marítima.

No obstante, el genio miliar del Gran Capitán, aunque fuera de toda duda, no permite explicar por completo la transformación del ejército. Sus aciertos tácticos son solo posibles gracias a la visión de los Reyes Católicos que, a través de sus ordenanzas de 1495 y 1496, sientan las bases de un ejército llamado a transformarse[30]. Estas ordenanzas se centran en seis aspectos. Primero, se dota al ejército de una capacidad de reacción desconocida hasta entonces, gracias al incremento relativo del cuerpo de infantería. Segundo, se ordena el armamento general del pueblo. De esta forma, se asegura que la población esté preparada para la guerra, en caso de conflicto. Tercero, se crea una reserva de soldados, de carácter permanente, que puede ser convocada cuando sea necesaria[31]. Cuarto, se define la organización, tesorería y gestión

---

[28]   Belenguer E., *Fernándo el Católico: Un monarca decisivo en las encrucijadas de su época*, Ediciones Península, Barcelona, 1999, pp. 146-147.

[29]   Ladero Quesada, M.A., «Baja Edad Media», en Ladero Quesada, M.A. (coord.), *Historia militar de España. Edad Media*, Madrid, 2010, p. 263.

[30]   Rodríguez Hernández, A. J. y Mesa Gallego, E. de, «Del Gran Capitán a los tercios...», p. 151.

[31]   Quatrefages, R., *La revolución militar moderna. El crisol español.* Ministerio de Defensa, Madrid, 1996, pp. 79-80.

de la institución militar[32]. Requisito indispensable en el camino hacia la profesionalización de las fuerzas. Quinto, se facilita la modernización de las fortalezas, especialmente en territorios fronterizos, dotándolas de elementos resistentes a la artillería pirobalística[33]. Por último, se hace un esfuerzo extraordinario para mejorar la capacidad artillera del ejército. Se profesionaliza y se optimiza, incluyendo la participación de expertos extranjeros[34].

Los cambios bélicos son una de las aportaciones esenciales de los Reyes Católicos, pero no la única. Se enmarcan en el contexto de su política, tendente a la centralización del poder, que marca la transformación institucional hacia la modernidad. Los pasos hacia la creación del Estado Moderno son visibles, especialmente en Castilla[35]. Sus principales aportaciones a la modernización de la península pueden enmarcarse en los grandes bloques. Por un lado, la formulación de un proyecto político con marcado carácter expansionista. Por otro, la separación entre soberanía y administración, aplicando diferentes principios a cada uno. Así, la soberanía que recae en la monarquía se rige por un principio absolutista. Sin embargo, a nivel administrativo, los reyes respetan las libertades y leyes de cada reino, con lo que consiguen dar cohesión al territorio, minimizando tensiones sociales y políticas[36].

Los cambios políticos llevan asociados y se benefician de los cambios militares. Es una tendencia que trasciende las fronteras castellanas. En Francia, el enfrentamiento de Luis XI con Borgoña difiere mucho del vivido con Inglaterra durante la llamada *guerra de los 100 años* y los testigos de la época son conscientes de ello. Destacan, como principales diferencias, la capacidad de los gobiernos para reunir fuerzas

---

[32]   A este respecto, Laredo Quesada hace un estudio detallado de la labor de los consejeros que ayudaron a diseñar tan acertadas ordenanzas, especialmente la figura de Hernando de Zafra. Ver: Ladero Quesada, M.A., *Hernando de Zafra: secretario de los Reyes Católicos*. Dykinson, Madrid, 2005.

[33]   Para más información al respecto ver: Castillo Cáceres, F. y Valdés Sánchez, A. (eds.), *Artillería y fortificaciones en la Corona de Castilla durante el reinado de Isabel la Católica. 1474-1504*. Ministerio de Defensa, Madrid, 2004.

[34]   Cobos Guerra, F. (ed.), *La artillería de los Reyes Católicos*. Junta de Castilla y León, Valladolid, 2004.

[35]   Si entendemos que las principales diferencias del *Estado Moderno* con respecto a los reinos medievales es la presencia de un poder soberano proyectado sobre una comunidad territorial que cuenta con el apoyo de un aparato de estado centralizado, Castilla avanza durante el gobierno de los Reyes Católicos significativamente en esa dirección. Aragón, sin embargo, permanece durante más tiempo anclado en su tradicional *Pactismo*, con el que la alta nobleza, la Iglesia y el patriciado urbano presionan al rey por sus intereses. Fernando el Católico, no obstante, consigue poner fin a la revuelta de los *Payeses de Remensa*, tras un siglo de conflictividad social. Valdeón Baruque, J., «La Corona de Castilla en la época de Isabel la Católica», en Valdeón Baruque, J. (ed.), *Visión del reinado de Isabel la Católica*, Ámbito e Instituto de Historia de Simancas, Valladolid, 2002, p. 316.

[36]   Suárez Fernández, L., «Isabel la Católica, la imagen de un reinado», en Valdeón Baruque, J. (ed.), *Visión del reinado de Isabel la Católica*, Ámbito e Instituto de Historia de Simancas, Valladolid, 2002, p. 303.

militares en una escala sin precedentes, manteniendo un número sustancial de tropas permanentes y el creciente protagonismo de las armas de fuego y la pólvora[37].

Si prestamos atención a los cambios bélicos que están sucediendo en la baja Edad Media, en Europa en general y en Castilla en particular, nos damos cuenta de que las dimensiones de los conflictos constituyen una diferencia esencial. Son guerras de mayores dimensiones, con amplitud de escenarios, en las que los poderes monárquicos muestran una capacidad superior a la mostrada en época feudal clásica. Cuentan con mayores recursos financieros; los ejércitos son más eficaces; el uso de la diplomacia se desarrolla; hay una mayor precisión en la ética del guerrero, debida a una regulación de la actividad bélica por vía de derecho o de costumbre; se sientan las bases de una revolución fiscal, a partir de nuevos tipos de rentas e impuestos que se gestionan de forma diferente; y todo esto se traduce en un aumento de los recursos militares, que conducen a la aparición de los primeros ejércitos permanentes en lo que se ha denominado la revolución militar del siglo XVI[38].

La pregunta que se nos plantea es hasta qué punto las crónicas reflejan los cambios que están ocurriendo. Efectivamente, los cronistas castellanos muestran una opinión muy parecida a la expresada en el caso francés, respecto a lo que está sucediendo en el ámbito bélico. Pero de ser así, ¿podemos hablar de un nuevo tipo de guerra y ejército? Fijémonos en qué aspectos de sus relatos manifiestan claros cambios en la vida militar:

a) Incremento objetivo en cifras

Una de las novedades más llamativas de los conflictos estudiados en este trabajo es el considerable aumento en el número de efectivos utilizados. Conviene apuntar que el volumen de efectivos reflejado en las crónicas puede ser exagerado por el autor. Pese a ello, los números observados indican una clara tendencia al alza que

---

[37]   En 1471 Jean de Bueil, viejo veterano de la *Guerra de los 100 años* estaba presente en el consejo de guerra del rey francés Luis XI cuando los borgoñones invadieron Francia. *"La guerra se ha convertido en algo muy diferente. En la época de nuestros padres cuando disponíamos de 8 ó 10.000 hombres se estimaba que era un gran ejército. Ahora la situación es totalmente diferente. No se ha visto jamás un ejército más numeroso que el de mi señor de Borgoña, tanto en artillería como en municiones de todo tipo; el vuestro es también, el mejor que se haya reunido en este reino. En cuanto a mí, no estoy acostumbrado a ver tantas tropas reunidas".* Keen, M., «Armas de fuego, pólvora y ejércitos permanentes», en Keen, M. (ed.), *Historia de la Guerra en la Edad Media*, Oxford University Press y Machado libros, Madrid, 2005, p. 347.

[38]   Ladero Quesada, M.Á., «Baja Edad Media...», pp. 217-218. Para comprobar de forma general los cambios en el ejército entre los siglos XV y XVI ver también: V.V.A.A., *La organización militar de los siglos XV y XVI. Actas de las II Jornadas Nacionales de Historia Militar. Málaga 1993*, Cátedra General Castaños. Capitanía General de la Región Militar Sur, Málaga, 1993.

queda corroborada por la coincidencia entre los distintos autores en el detalle de sus descripciones. En el caso de la guerra de Nápoles, como es lógico, las cifras se reducen significativamente por dos razones. La primera es la dificultad logística que supone enviar un elevado número de soldados, armarlos y alimentarlos en un territorio lejano de un reino extranjero. La otra es la profesionalización de las tropas que sustituyen a las mesnadas convocadas en conflictos anteriores. No obstante, si consideramos exclusivamente el número de soldados profesionales desplazados a Italia y los comparamos con el número de ellos que se unieron a la guerra de Granada, el aumento relativo resulta considerable.

La capacidad de convocatoria castellana es muy superior a la de otros reinos peninsulares como Aragón o Navarra. Esto responde a una población mayor y a la obligación general de empuñar armas aplicada a todos los varones de 16 a 60 años, cuando son requeridos[39]. El elevado número de efectivos comienza con la invasión portuguesa de Castilla, que es estimado en la crónica de Ruy de Pina en alrededor de 20.000 hombres, contando peones y caballeros.

> "Se fez de gente número certo no todo de cinco mil e seiscentos de cavallo, e quatorce mil homens de pé, todos armados e encavalgados, e providos d'artilharias, armas e tendas, e de todo o mais que para guerra pertencia, e tudo en gram perfeiçao"[40].

Cabe destacar la proporción entre peones y caballeros del ejército invasor portugués. Con 20.000 soldados *de pé* y 5.600 *de cavallo*, estamos hablando de una relación entre 1 a 3 y 1 a 4, más propia de ejércitos medievales que de ejércitos modernos. Si bien debemos señalar el *mito de la caballería medieval* expresado por Francisco García Fitz en su obra. Mito, según el cual, la caballería sería más importante y decisiva militarmente que la infantería y sugeriría una proporción favorable a esta. Sin embargo, Fitz demuestra que la proporción varía significativamente de una región a otra, situando la media entre 1 a 4 y 1 a 5[41]. Cifras que bien pueden acercarse a 1 a 10, una vez se demuestra en combate la eficacia de la utilización de *picas*, por parte de los soldados de a pie, contra la caballería[42].

---

[39]   Castilla cuenta en ese momento con unos 4.300.000 habitantes, frente a los 810.000 de Aragón o los 100.000 de Navarra. Ladero Quesada, M.Á., «Recursos militares y guerras de los Reyes Católicos», en *Revista de Historia Militar*, 2001, n. Extra 1, p. 383.

[40]   Pina, Ruy de, *Chronica de El-Rei D. AlffonsoV*, Vol. III, Lisboa, 1902, cap. CLXXVII, p. 77.

[41]   García Fitz, F., *Ejércitos y actividades guerreras en la Edad Media Europea...*, pp. 30-31.

[42]   Maurice Keen sugiere que la generalización de la pica en los ejércitos bajomedievales y modernos responde a dos hitos bélicos. Por un lado, a la derrota de los ejércitos españoles en 1495 contra los suizos armados con este tipo de lanza en Seminara; por otro, a la reacción castellano-aragonesa lide-

Bernáldez ofrece un número menor, ya que habla de *3.500 de a caballo e muchí-sima gente de pie de guerra*. Si consideramos la proporción expuesta estaríamos hablando de entre 14.000 y 17.500 soldados. No obstante, a estos soldados portugueses se les unen en Plasencia *los caballeros de Castilla que le metían (al rey Alfonso) con la Señora Doña Juana su sobrina*[43], cuyo número podría perfectamente elevar la cifra total a la cantidad presentada por la crónica portuguesa. A este número hay que añadir los refuerzos llegados en 1476 con el Príncipe Juan al frente. Pulgar estima que ese año llegan a Toro, en auxilio del rey luso, hasta *20.000 combatientes*[44]. En 1479, tras cuatro años de guerra, miles de bajas y pese a la dispersión del ejercito producida tras la derrota en la batalla de Toro[45], Palencia afirma que sus tropas al otro lado de la frontera superan todavía los *tres mil de caballería y cuarenta mil de infantería, además de aquellos que continuaban en Mérida y dentro de Medellín*[46].

La respuesta castellana no es menos contundente. Bernáldez cifra en *más de 30.000 hombres, en que debía haber más de 10.000 de a caballo*[47] las fuerzas reunidas en torno a Toro, en 1475, en el primer intento de asedio a la ciudad, en la que se encuentra el rey portugués. Pulgar ofrece números más elevados. Según este autor, las tropas congregadas en Tordesillas, antes de partir a Toro, ascienden a *12.000 homes a caballo, de los cuales eran 4.000 de armas e fasta 30.000 a pie*[48]. Cantidades similares si consideramos que el número de hombres a caballo está incluido en el total de 30.000, pero claramente diferentes según el texto, ya que Bernáldez lo incluye en el total y Pulgar lo considera por separado.

Las cifras en el escenario bélico que constituye el río Duero son elevadísimas. Pero aún mayores resultan las de Fuenterrabía, donde, hasta en tres ocasiones, el

---

rada por Gonzalo Fernández de Córdoba, que ordena la incorporación masiva de *picas* y los éxitos militares consiguientes, empezando por la victoria contra el duque de Nemours en 1503 en los que se demuestra su eficacia contra la caballería ligera. Keen, M., «Armas de fuego, pólvora y ejércitos permanentes...», pp. 365-366.

[43]   Bernáldez, A., *Historia de los Reyes Católicos Don Fernando y Doña Isabel*, en *Crónicas de los Reyes de Castilla desde Alfonso el Sabio hasta los Católicos Don Fernando y Doña Isabel*, colección ordenada por Cayetano Rosell, Atlas, Madrid, 1953, cap. XVII, p. 583.

[44]   Pulgar, H. del, *Historia de los Reyes Católicos...*, cap. LX, p.195.

[45]   La batalla de Toro, lejos de tener solo consecuencias para el futuro político castellano, también determina el futuro del reino de Portugal, considerándose uno de los acontecimientos más decisivos del siglo XV para dicho reino y para su dinastía, como indica Antonio Carlos Martins en su estudio. Para más información, ver: Martins Costa, A. C., «A Batalha de Toro (1476): a guerra em Portugal entre duas Eras», e-Strategica, 4, 2020, pp. 51-86.

[46]   Palencia, A. de, *Cuarta década de Alonso de Palencia*, Traducción de José López de Toro, Archivo documental español y RAH, Madrid, 1974, libro XXXIII, cap. VI, p. 132.

[47]   Bernáldez, A., *Historia de los Reyes Católicos...*, cap. XVIII, p. 584.

[48]   Pulgar, H. del, *Historia de los Reyes Católicos...*, cap. XLIII, p.134.

ejército castellano consigue parar el avance del ejército francés. Del ejército galo se llega a hablar de hasta 60.000 hombres, que son detenidos por los *fasta 50.000 combatientes de Castilla la Vieja, e Asturias, e de las merindades e villa de aquella tierra*[49], concentradas en Vitoria por el rey Fernando.

Las cantidades ofrecidas para la guerra de Portugal son, sin duda, abultadas para lo acostumbrado en la época. Especialmente las mencionadas para el ejército portugués, por tratarse de una hueste en campaña fuera de su territorio, con las dificultades logísticas que conlleva. Pese a ello, estas cifras se quedan pequeñas cuando las comparamos con las castellanas en Granada. En primer lugar, por el número de combatientes desplazados hasta el reino nazarí. Pero aún más destacable, si cabe, por el esfuerzo logístico llevado a cabo por un ejército que, a diferencia del portugués en Castilla, no cuenta con apoyos locales en territorio enemigo. Así, al inicio del conflicto, en 1482, el rey Fernando cuenta ya a su mando con más de 45.000 hombres.

> "Contra lo que se esperaba de unas y otras partes pudo reunirse una hueste de cerca de 5.000 caballos y 40.000 peones con la que seguramente los granadinos no se atreverían a pelear"[50].

Dada la forma en la que Palencia se refiere a esas cifras, quedan claros dos aspectos. Por un lado, lo novedoso que resulta un número tan elevado de efectivos militares, al ser una sorpresa para ambos bandos el hecho de que los reyes castellanos hayan sido capaces de reunirlas. Por otro lado, el efecto psicológico que causa en el enemigo tan formidable cifra. Efecto que, en adelante, no se duda en utilizar.

De esta forma, las cifras no dejan de aumentar, contabilizando Palencia 52.000 soldados en la campaña de Vélez-Málaga, en 1487, para elevar la cifra a 62.000 ese mismo año, en la campaña de Málaga.

> "Dejo el rey don Fernando algunas tropas de guarda de la artillería y él con 12.000 caballos y más de 40.000 infantes atravesó las escabrosidades de los montes... estableció el cerco de Málaga el 7 de Mayo de 1487 ... llegaba su número a 12.000 caballos ligeros y 50.000 infantes, sin contar la mucha gente ocupada de las guarniciones de las ciudades, villas y castillos conquistados"[51].

---

[49]   Pulgar, H. del, *Historia de los Reyes Católicos...*, cap. LXXIII, p. 250.

[50]   Palencia, A. de, *Crónica... Guerra de Granada*, libro II, p. 91.

[51]   Idem, libro VII, p. 182.

Para esta misma campaña, Bernáldez eleva el volumen de efectivos hasta *diez mil de a caballo e ochenta mil peones*, tanto para el caso de Vélez-Málaga[52], como para el de Málaga[53]. Los abultados números ofrecidos por este autor podrían corresponder a la inclusión de los peones encargados de los múltiples oficios adjuntos. Como es lógico y especialmente en un ejército en el que la artillería está ganando importancia con rapidez, el transporte de esta arma y la intendencia requieren de miles de personas que se desplazan con el ejército, sin desempeñar funciones militares directas. Pero dado que Bernáldez es el cronista más alejado del campo de batalla por su oficio de sacerdote -por ello apodado *Cura de Palacios*- y dado que escribe su crónica años después de los hechos, tras la muerte de la reina Isabel, parece claro que redondea sus números al alza. De hecho, la cifra de 80.000 peones es utilizada en su crónica en varias ocasiones, como en el ataque turco a Constantinopla o en la campaña de 1485[54]. En esta última habla de la llegada al valle de Cártama del *Rey con más de doce o trece mil de a caballo* y *en los peones de pelea no hay cuenta, empero decían que había más de ochenta mil peones, e ministros, e artilleros, e carreteros, e todos oficios y había más de mil y quinientas carretas de artillería en que iban muy gruesas lombardas*[55]. Cabe preguntarse si el autor repite la cifra de 80.000 soldados para establecer un paralelismo simbólico entre ambas guerras, dada la relevancia de ambos conflictos en el enfrentamiento religioso entre cristianos y musulmanes.

Palencia también repite sus cifras. Estas coincidencias podrían responder a un límite en la capacidad de convocatoria en la guerra por parte de los reyes, pero parece deberse, más que a una simplificación en los cálculos, a una forma de magnificar las fuerzas empleadas en cada ocasión. Así, en la campaña de Baza de 1489, ofrece números casi idénticos a los de Málaga. Estas últimas campañas parecen coincidir con la capacidad máxima de convocatoria castellana, pues según dice *se hizo un escrupuloso alarde al que se presentaron 12.000 caballos ligeros y 50.000 peones*[56].

---

[52]   *"Pública fama era en el real de Vélez que tenía el Rey diez mil de á caballo é ochenta mil peones"*. Bernáldez, A., *Historia de los Reyes Católicos...*, cap. LXXXII, p. 625.

[53]   *"Llegó el Rey sobre Málaga más de diez mil de caballo, é decían que más de ochenta mil peones"*. Idem, cap. LXXXVIII, p. 633.

[54]   Se considera al Imperio Otomano como un precursor del uso de la artillería pirobalística. En el siglo XV hay un cierto empate técnico y tecnológico entre Europa, el imperio turco, y extremo oriente. Sin embargo, en el siglo XVI Europa se acaba imponiendo a nivel global porque su cultura militar resulta imbatible. Esto provoca una expansión vertiginosa de los reinos de Castilla, Francia Inglaterra y Portugal, ayudados también por una evolución política hacia monarquías autoritarias bien estructuradas que permiten y promueven esa expansión. Hernández Cardona, F.X. y Rubio Campillo, X., *Breve historia de la guerra antigua y medieval*, Nowtilus, Madrid, 2010, pp. 258-259.

[55]   Bernáldez, A., *Historia de los Reyes Católicos...*, cap. LXXV, p. 618.

[56]   Palencia, A. de, *Crónica... Guerra de Granada*, libro IX, p. 222.

Si consideramos la importancia de la artillería y las grandes necesidades logísticas que requiere, podemos considerar que habría un buen número de carreteros encargados del transporte de armas, pólvora y alimentos. Además de expertos en técnicas de minado de murallas, asentamiento de lombardas, culebrinas y otras piezas de artillería, carpinteros capaces de construir torres de asalto, bancos pinjados y otras armas de asedio, así como zapadores encargados de allanar el camino para las carretas, etc. Teniendo en cuenta estas consideraciones, ese número de 62.000 efectivos bien podría elevarse hasta cerca de 80.000; números asombrosos para la Edad Media y más propios de los grandes ejércitos modernos, con un aparato logístico ya desarrollado. Esta cifra total sí encajaría con lo ofrecido por Bernáldez.

Las cifras difieren mucho de unas fuentes a otras. Así, por ejemplo, la campaña de Ronda de 1485 es considerada el momento en el que el ejército castellano alcanza su culmen de acumulación de medios de combate, económicos y de apoyo logístico para la guerra. Se estima que en esta campaña pudieron concentrarse un total de 11.000 combatientes a caballo y 20.000 a pie[57]. Sin embargo, el mismo rey Fernando, en cartas enviadas al rey de Nápoles y al virrey de Sicilia, afirma que cuenta con 12.000 hombres a caballo, 70.000 peones y 900 carros con la artillería y todos los aparejos necesarios[58]. Como vemos, las diferencias son abrumadoras. Para evitar caer en errores y exageraciones, Ladero Quesada ofrece un estudio exhaustivo de las cifras. Según la información que maneja, en los años 1482 a 1484, las tropas castellanas reunieron entre 6.000 y 10.000 hombres a caballo y entre 10.000 y 16.000 peones. En la campaña de Ronda, en 1485, las cifras se elevan a 11.000 caballeros y 25.000 peones. Los números se disparan en la campaña de Loja, de 1486, alcanzando los 12.000 de a caballo y los 40.000 hombres de a pie. En 1487, en Málaga, se reúnen 11.000 hombres a caballo y 45.000 de a pie. En Baza, en 1489, los caballeros alcanzan su cifra más elevada, al superar los 13.000, en tanto que se reúnen 40.000 peones. Este último número coincide con la crónica de Pulgar, que parece ser el cronista más fiable en lo referente a cifras[59]. En el año1491, en Santa Fe, el número de hombres a caballo se reduce a 10.000, pero el número de peones llega a su número más abultado con un total de 50.000 hombres[60].

57   Verdera Franco, L., «La conquista de Granada: 1382-1492...», p. 80.

58   Carriazo, J de M., *En la Frontera de Granada*, edición facsímil, Universidad de Granada, Granada, 2002, p. 377.

59   Ladero Quesada, M.Á., «Milicia y economía en la Guerra de Granada: El cerco de Baza», en *Cuadernos de Historia Medieval*, Valladolid, 1964, N. 22, p. 40.

60   Ladero Quesada, M.Á., «Baja Edad Media...», pp. 350-351.

El poder de convocatoria castellano queda fuera de toda duda. La reunión de soldados es tan numerosa que empequeñece las conseguidas por otros ejércitos europeos[61]. Además, estas cifras se refieren solo al número de soldados convocados. A estos elevados números habría que añadirle los referidos al apoyo logístico. Estos no son nada despreciables. Por ejemplo, en la campaña de Loja de 1486, a los aproximadamente 50.000 soldados convocados para la lucha habría que sumarle 2.000 carros y 60.000 bestias[62]. El número de hombres encargados de las recuas puede variar, pero, en cualquier caso, eleva el número final significativamente.

La cuestión de la logística nos lleva a destacar el cambio que se está produciendo en la forma de organizar la actividad bélica, de lo que los cronistas son plenamente conscientes. Así, Valera destaca la necesidad de llevar los pertrechos junto al río de las Yeguas, al ser el único lugar donde hay espacio físico para tal volumen.

> "Porque oviese lugar de llegar sus pertrechos que eran tantos e tales quantos nunca en España fueron vistos"[63].

Valera no suele entrar en detalles de cifras específicas. Sin embargo, su valoración de las necesidades logísticas castellanas es igualmente reveladora. Por una parte, podemos destacar su volumen inaudito hasta el momento en las guerras medievales de la península. Por otro lado, además del volumen de los *pertrechos* y por tanto de las tropas a las que van destinados, el contenido de estos. La incorporación masiva de la artillería en la guerra de Granada sorprende al cronista por lo novedosa que resulta. Por último, debemos destacar la elección del lugar –río de las Yeguas- como base de operaciones. El río cumple con un objetivo logístico de primer orden, al abastecer de agua a las tropas y animales para consumo, higiene, etc. Es también un enclave adecuado para el descanso, especialmente en época de calor. Pero a estas características se les suma una más: la ubicación de un lugar de fácil acceso para las carretas que transportan *vituallas* y una muy pesada artillería, así como suficientemente espacioso para dar cabida a un real de tales dimensiones.

Las elevadas cifras responden a un deseo de victoria rápida, a través de una superioridad aplastante en el campo de batalla. Pero podemos interpretarlo tam-

---

[61] En 1495 Francia se enfrenta a la liga Veneciana en la batalla de Fornovo. Carlos VIII desplaza 12.000 soldados al lugar, mientras que la liga consigue reunir 20.000 hombres. Bennett, M., *La guerra en la Edad Media*, Akal S.A., Madrid, 2010, p. 191.

[62] Verdera Franco, L., «La conquista de Granada: 1382-1492...», p. 84.

[63] Valera, D. de, *Crónica de los Reyes Católicos*, Edición y Estudio de Juan de M. Carriazo, Madrid, 1927, cap. LXVI, p. 199.

bién como una demostración de fuerza tendente, precisamente, a evitar el enfrentamiento directo. Efecto que se consigue en varias ocasiones y que las crónicas se encargan de subrayar cuando dicen que *llegó el poderoso ejército de D. Fernando y al verles ... prefirieron apelar a la benignidad del Rey a sufrir los terribles estragos de un sitio"*[64].

El ejército nazarí también maneja cifras sorprendentemente abultadas. En 1477, estando Castilla aún ocupada en la guerra de Portugal, Muley Hacén ordena un alarde que constituye una auténtica demostración de fuerza. A él acuden *siete mil de caballo, é ochenta mil ballesteros*[65]. Este alarde tiene una gran importancia en los hechos de la futura guerra. El reino nazarí, vasallo de Castilla, ha dejado de pagar la paria, aprovechando la inestabilidad castellana y su supuesto limitado poder de ofensiva contra ellos[66]. Durante la guerra de sucesión, Castilla no es capaz de tomar ninguna medida militar contra Granada. En un momento de evidente inestabilidad en el reino cristiano, el emir granadino organiza un alarde de dimensiones sin precedentes en ese reino. Esos dos hechos unidos hacen confiar a Muley Hacén en su superioridad militar, lanzándose a la toma de Zahara. Poco más tarde, tras la respuesta cristiana en Alhama liderada por el marqués de Cádiz, el ejército granadino se presenta para cercar la ciudad con un número muy similar que Bernáldez cifra en *cinco mil y quinientos de a caballo y ochenta mil peones*[67]. De nuevo, Bernáldez utiliza la cifra de 80.000 soldados, incidiendo en el posible uso simbólico de la misma, en detrimento de la fiabilidad de los datos aportados.

Sea como fuere, tales dimensiones eran desconocidas hasta la fecha en las guerras medievales peninsulares. También lo eran en los otros reinos medievales de la Europa Occidental y rivalizan con los anteriormente citados 80.000 soldados con los que el ejército otomano toma Constantinopla en 1453, hecho que supuso un impulso para la profesionalización de los ejércitos europeos[68]. No en vano, Palencia destaca el asombro que tales fuerzas causan al duque inglés Eduardo, señor de Villascalessi, cuando se une a la cruzada castellana, en 1488, buscando el perdón de sus pecados. Reacción no exenta de significado, ya que tanto Inglaterra como Francia han visto multiplicar sus esfuerzos logísticos y han fomentado la incorporación

---

[64]   Palencia, A. de, *Crónica de Enrique IV*, Introducción de A. Paz y Melia, T. II y III, Década III y Guerra de Granada, Atlas, Madrid, 1975, libro V, p. 117.

[65]   Bernáldez, A., *Historia de los Reyes Católicos...*, cap. XXXII, p. 591.

[66]   El último pago documentado de la paria tiene lugar en 1464 reinando aún Enrique IV. Negro Cortés, A.E. «Las parias abonadas por el reino de Granada (1246-1464). Aproximación a su estudio» en *Roda da Fortuna. Revista Eletrônica sobre Antiguidade e Medievo*, Volume 2, Número 1-1 (Número Especial), 2013, p. 392.

[67]   Bernáldez, A., *Historia de los Reyes Católicos...*, cap. LII, p. 606.

[68]   Keen, M., «Armas de fuego, pólvora y ejércitos permanentes...», p. 357.

de artillería, en ese largo conflicto que los ha enfrentado y que hoy conocemos como la *guerra de los 100 años*.

> "Visitó Eduardo (duque Eduardo, señor de Villascalessi, Inglaterra), admiró el más numeroso y excelente ejército que jamás había visto, así como el bélico aparato y la innumerable artillería y máquinas de guerra"[69].

Cabe destacar las diferencias entre el ejército castellano y el nazarí, relativas a la proporción de efectivos. Si bien vemos una relación de 1 a 4 caballería/Infantería bastante estable en el ejercito castellano, en el granadino observamos un mayor peso de la infantería, con una relación que oscila entre 1 a 12 y 1 a 20. Así lo vemos en las primeras tropas que el Zagal envía a interceptar la artillería que se dirige al cerco de Vélez-Málaga, en 1487: *Albohardillas ... en socorro ... (envía a) Aguacil Reduán Venegas, con 300 jinetes y 4.000 peones*. Acto seguido, el rey Fernando refuerza la escolta de la artillería y el rey moro envía más tropas al auxilio de la ciudad a punto de ser cercada, observándose en este caso la segunda proporción indicada, según lo que dice el cronista.

> "*Alborhardillas mandó que se aprestasen 1.000 jinetes y 20.000 peones ... y se atrevió a acampar en la montaña cercana a Vélez-Málaga*"[70].

Esa misma proporción se mantiene en el ejército nazarí cuando la estrategia adquiere un carácter ofensivo, en lugar de defensivo, como vemos en el cerco a Cullera en el año 1488: *Audelí ... puso cerco a Cullera con 800 jinetes y 10.000 infantes*"[71].

Por otro lado, todo esto implica un coste humano elevadísimo. Las crónicas no facilitan datos finales del número de bajas del conflicto granadino. Sin embargo, Palencia sí se hace eco del elevado número de bajas en un periodo breve que va desde el sitio de Baza hasta la entrega de Guadix –aproximadamente todo el año 1489-. Si bien es cierto que la campaña de Baza es particularmente dura, la perdida de aproximadamente un tercio de los 62.000 hombres contabilizados nos da una idea de las terribles consecuencias del conflicto en general[72].

Llegada la guerra Nápoles, llama la atención la dramática reducción en el número de soldados movilizados por los reinos españoles. No así en el caso de Francia, cuya convocatoria es estimada por algunas fuentes 40.000 hombres. Esta reducción se debe a varios factores:

---

[69]   Palencia, A. de, *Crónica... Guerra de Granada*, libro VI, p. 163.

[70]   Idem, libro VII, p. 180.

[71]   Idem, libro VIII, p. 209.

[72]   "*El 30 de Diciembre mandó el Rey que se hiciese alarde y se halló que desde el principio del sitio de Baza hasta la entrega de Guadix habían perecido por diversos accidentes cerca de 20.000 hombres*". Idem, libro IX, p. 237.

En primer lugar, las dificultades de desplazamiento y logística de unas tropas enviadas vía marítima a otro reino. A diferencia de las guerras de Portugal y Granada, en las que la mayoría de los soldados se desplaza a pie desde su población de origen, en Nápoles las tropas convocadas deben reunirse en puertos de mar de los que parten barcos limitados tanto en número como en capacidad de carga. En el caso francés, aunque muchos soldados llegan por la vía marítima, gran parte de las tropas lo hace a pie desde la frontera, apoyándose en territorios aliados de la península itálica.

En segundo lugar, la profesionalización de las tropas y el coste que esta circunstancia acarrea hacen que el número de soldados tienda a ser menor para optimizar la relación coste/resultado. Si bien esa profesionalización implica también una mayor eficacia. De este modo, las tropas ahora son menos numerosas pero más efectivas, por lo que el resultado final de los enfrentamientos no depende tanto del poder de convocatoria de un reino, sino del entrenamiento y armas proporcionadas a sus tropas, así como de la estrategia planteada y la ejecución táctica.

Un tercer aspecto a considerar es la coincidencia con la guerra del Rosellón (1503), con la segunda campaña de Nápoles (1501-1504). En el fondo, podemos hablar de un único conflicto con Francia, desarrollado en dos escenarios diferentes, que obliga a dividir los recursos entre ambos. De hecho, no se trata de una casualidad, sino que forma parte de una estrategia, por parte de la monarquía francesa, que busca precisamente esa división.

Por último, no debemos perder la perspectiva de la naturaleza de esta guerra, ya que no se trata de un conflicto estrictamente castellano, como los dos anteriores, sino de una guerra en la que la monarquía hispana se ve involucrada. Es decir, las tropas de los Reyes Católicos participan y su contribución resulta fundamental, pero los números ofrecidos por la crónica pueden inducir a error, ya que no siempre se hacen eco de los soldados llegados al frente en representación de otros reinos, incluido Nápoles. No en vano, las cifras presentadas con respecto al ejército francés, en comparación con las lideradas por el Gonzalo Fernández de Córdoba, pueden inducir a pensar que fue capaz de vencer a un ejército muy superior. Sin duda, la genialidad militar del Gran Capitán tuvo mucho que ver con esa victoria, así como una relativa inferioridad numérica y de armas y armaduras tradicionales, que le obligó a buscar fórmulas innovadoras para vencer a la poderosa caballería pesada del reino galo. No obstante, las cifras expuestas deben entenderse en el contexto de un ejército profesional, entrenado, desplazado a cientos de kilómetros y apoyado por tropas locales.

Así, por ejemplo, las crónicas hablan de más de 40.000 soldados desplazados a Italia, liderados por el rey de Francia Carlos VIII en su llegada a la ciudad de Roma en el año 1495:

> "Entró el Rey de Francia en Roma á tres horas de noche pasadas y entró con toda su gente en ordenanza, los cuales serían por todos cuarenta mil hombres de pie y de caballo, adonde había mucha gente italiana de aventureros que pensaban que aquella vez había de ser Roma saqueada"[73].

Fijémonos en el hecho de que el texto reconoce la presencia de *mucha gente italiana* con ánimo de participar en el saqueo de la ciudad, por lo que podemos estimar un número más reducido para el conjunto de tropas llegadas del vecino país.

Para comparar podemos destacar la carta enviada en 1501 por el Gran Capitán a Francisco de Rojas, embajador en Roma de los Reyes Católicos, en la que, ante la pregunta al respecto del embajador, el militar responde que cuenta con solo 4.590 hombres, incluyendo infantería, caballería ligera y pesada:

> "Preguntaisme, Señor, con qué gente entré en el Reyno: somos CCXC ombres darmas y CCC ginetes e quatro mil peones"[74].

Pese a que estas cifras puedan parecer modestas en comparación con las francesas, hay que tener en cuenta, como ya hemos dicho, que las tropas de los Reyes Católicos no acuden a la guerra solas. Así, cuando el Papa Alejandro VI pide ayuda, sugiere que *cada uno que de los de la liga hubiese menester con diez mil infantes y cuatro mil hombres de caballo. Item que había de durar esta confederación y liga entre ellos por espacio de veinticinco años*[75].

Las cifras de la Liga, por tanto, resultan mucho más numerosas de lo que pudiera parecer a priori. Así, cuando en 1495 los franceses, con el duque de Orleans al frente, ocupan la villa de Novarra, perteneciente al duque de Milán, hasta 40.000 hombres acuden -sin éxito- a su rescate:

> "Y fueron todos con toda la misma gente que había quedado de la del Tarro á cercar una villa del Duque de Milán que la tenían ocupada los franceses, y asimismo el Duque

---

[73]   «Crónica general de Gonzalo Fernández de Córdoba que por sus proezas fue llamado Gran Capitán», en Rodríguez Villa, A., *Crónicas del Gran Capitán,* Bailliere e hijos, 1903, Madrid, Cap. XIV, p. 18

[74]   Carta del Gran Capitán á D. Francisco de Rojas, Embajador en Roma de los Reyes Católicos (Turpia, 27 de julio de 1501, en «Cartas del Gran Capitán. Documentos relativos al mismo, notas y aclaraciones a algunos pasajes de sus crónicas», en Idem, p. XX.

[75]   Idem, cap. XX, p. 25.

allegó mucha más gente, en que puso sobre Novara, que así se deciá la villa, bien cua-renta mil hombres entre gente de pie y de caballo, los cuales con mucha fortaleza cada día la combatían; pero como la villa era fuerte y la gente francesa que en ella estaba fuese de muy gran virtud y regida por el Duque de Orliens, varón de mucho ánimo y fortaleza y de no menor discreción y consejo en el arte de la guerra, por mucho que los de la villa trabajaron no la pudieron sacar del poder de los franceses"[76].

La segunda campaña de Nápoles se inicia una vez Francia ha tomado Milán y secuestrado su duque, tras combatir con Venecia al turco. Cesar Valentino Borgia, hijo del Papa Alejandro VI, necesita ayuda de España, por lo que el rey Fernando el Católico envía en 1501 al Gran Capitán, con *siete mil infantes y trescientos hombres de armas y más de trescientos caballos ligeros*[77]. Venecia, por su parte, acude con diez mil hombres de guerra[78]. Los refuerzos no tardan en llegar. Así, meses más tarde, los franceses reciben al marqués de Saluces por mar. Las crónicas aseguran que en los navíos *venían cinco mil infantes*[79].

Este enfrentamiento se extiende desde 1501 hasta el año 1504. Como ya hemos indicado, en el año 1503 Francia abre otro frente en el Rosellón, que busca dividir las fuerzas españolas y, con ello, su capacidad defensiva. Francia consigue que el duque de Mantua, de la región de Lombardía en el norte de Italia, reúna hasta *vein-temil hombres de guerra* para enviar a Nápoles. Al mismo tiempo, envía contra el Cas-tillo de Salsás, en los Pirineos occidentales, *diez mil infantes, y mil hombres de armas y dos mil caballos ligeros y mucha buena artillería*[80].

Como vemos, las dimensiones de los tres conflictos son abrumadoras. En los tres casos indican una evolución hacia ejércitos mucho mayores de lo habitual en la Edad Media.

b) Hacia un ejército permanente

Una de las mayores diferencias entre las guerras medievales y las guerras modernas es el establecimiento de ejércitos permanentes en las segundas. Este hecho está íntimamente relacionado con el desarrollo de los estados modernos. Una relación que funciona en ambas direcciones, ya que los ejércitos no alcanzan el rango de

---

[76]   Idem, cap. XXII, p. 29.

[77]   Idem, cap. IX, p. 62.

[78]   Idem, cap. X, p. 64.

[79]   Idem, cap. XCV, p. 192.

[80]   Idem, cap. XCIX, p. 197.

permanentes sin la financiación y la organización que tan solo un estado poderoso puede proporcionar. Así mismo, los estados tampoco pueden alcanzar tales cotas de poder, defenderse y, llegado el caso, expandirse, sin el apoyo de un ejército profesional, bien preparado y competitivo. A este respecto se dan una serie de circunstancias en Europa que hacen que, de forma paralela, se avance hacia el establecimiento de ejércitos permanentes.

Por un lado, la caída de Constantinopla a manos del Imperio Otomano es sentida por los reinos europeos como una amenaza. El ejército turco no solo es numeroso -80.000 efectivos y numerosa artillería en el asedio a esa ciudad-, sino que además cuenta con tropas de élite permanentes denominadas *Jenizaros,* que Maurice Keen cifra entre 10.000 y 15.000, reclutadas en levas regulares, cinco veces por año. Según este autor, el rey Matías de Hungría (1458-1490), ante tal amenaza, establece una suerte de ejército mercenario permanente. Se calcula que el coste de mantener los 15.000 efectivos que lo componen supone el 45% de los ingresos fiscales totales de la corona: esto es 400.000 de los 900.000 ducados del presupuesto. Situación insostenible a largo plazo, que lleva a su disolución a la muerte del rey.

De forma paralela, en Francia, en el año 1445, Carlos VII planea el primer ejército permanente de Europa, según Keen, con una motivación radicalmente diferente a la húngara. En este caso, pretende profesionalizarlo para librarse del elevadísimo coste que supone la dependencia francesa de soldados mercenarios, que ha supuesto la ruina del reino. Así, establece para todo el reino una estructura de 15 compañías, a la que más tarde se añaden otras 5 para el Languedoc. Cada una de ellas está formada por 100 lanzas, 6 caballos, 1 hombre de armas, 1 *coutullier* armado de cuchillo y espada, 1 page, 1 valet, 2 arqueros y 1 capitán cada uno.

Estas compañías son utilizadas con éxito contra Inglaterra, en las campañas de Normandía (1449-1450) y Gascuña (1451-1453). Dado su éxito, el rey Carlos VII las mantiene después de las campañas, para lo que idea el modo de financiarlas para garantizar su continuidad. De hecho, la fórmula sobrevive a su muerte y es ampliada por Luis XI, que añade un número de picas a cada compañía, así como carreteros, camineros y zapadores, encargados de las labores que la implantación masiva de la artillería ha convertido en fundamentales, como la excavación de fortificaciones, trincheras de asedio y labores de minado.

Para Keen, Francia es el arquitecto del primer ejército permanente de Europa, aunque también el ejército Borgoñón está dando pasos importantes en la profesionalización del suyo. El duque Carlos *el Temerario* de Borgoña (1467-1477) regula con detalle la actividad y jerarquía del ejército, elimina los privilegios que los nobles tenían en la institución, gracias a su origen social y los contrata como *oficiales del duque*, recibiendo una excelente paga. En otras palabras, convierte la actividad militar en un auténtico oficio, económicamente muy atractivo para los nobles que, sin embargo, deben aceptar la normativa y disciplina militares. El ejército permanente del duque borgoñón es derrotado en 1476 por la infantería de los cantones suizos y desaparece tras su muerte, con la desintegración del estado de Borgoña.[81].

Hasta aquí el análisis de Keen resulta acertado. Sin embargo, cuando llega al caso castellano ignora varios factores. De forma breve admite como novedosa la incorporación de infantería procedente de las milicias organizadas por las ciudades. Pero afirma que el ejército se compone esencialmente de contingentes reclutados y dirigidos por la nobleza tradicional, al modo medieval[82]. También indica que este ejército no es organizado de forma estable y profesional hasta la campaña de Italia en 1494 y más concretamente las ordenanzas de Valladolid de 1496. Estas ordenanzas de Valladolid, recogidas en el Código Penal Militar de 1885, establecen que 1 de cada 12 hombres entre 20 y 45 años ha de servir en el ejército real. Además, definen la organización de la unidad básica de infantería de ese ejército con 12 compañías de 500 hombres. Dos de esas compañías están compuestas exclusivamente por picas, quedando divididas las otras 10 en 3 grupos de 200 picas, 200 espadas cortas y 100 arcabuces, respectivamente. La unidad básica de infantería es acompañada por un destacamento de 600 jinetes, mitad de ellos ligeros y mitad pesados, así como de artillería. Con todo esto se establece el embrión de la futura estructura en tercios, típica del ejército español moderno, altamente eficaz por su fortaleza en picas y armas de fuego individuales, lo que revoluciona la infantería en Europa y es considerado el primer ejército moderno[83].

Si bien todo lo afirmado por Keen es cierto, el autor pasa por alto una serie de cambios decisivos que ocurren durante la guerra de Granada que sugieren una incipiente profesionalización del ejército castellano, así como un cambio de dirección hacia su carácter permanente. La transformación del ejército castellano se engloba en un proceso de cambio que trasciende a la sociedad y que es particularmente evidente durante el reinado de Isabel I[84]. Hechos que las crónicas reflejan, pese a que en su momento no son conscientes de la trascendencia histórica que tendrán a la larga.

---

[81]   Bennett, M., *La guerra en la Edad Media*, Akal S.A., Madrid, 2010, p. 185.

[82]   Keen, M., «Armas de fuego, pólvora y ejércitos permanentes...», pp. 357-362.

[83]   *Código Penal Militar y Ley de organización y atribuciones de los tribunales de guerra*, Ejército español, 1885, Madrid, p. LII.

[84]   Castillo Cáceres, F., «Guerra, ejército y sociedad en el reinado de Isabel la Católica», en Valdés Sanchez, A. (coor.), *Artillería y fortificaciones en la corona de Castilla durante el reinado de Isabel la Católica. 1474-1504*, Ministerio de Defensa. Secretaría General Técnica, Madrid, 2004, pp. 22-59.

El final de la guerra de Granada, como último episodio de la Reconquista, marca el punto de inflexión a partir del cual se busca dejar atrás las formas medievales, para crear una institución castrense capaz de ser financiada íntegramente por la Hacienda Real. El objetivo de la reforma tiene por objeto fortalecer la defensa de la península ibérica frente a otras potencias europeas -en especial Francia- y son impulsadas por los consejeros de los Reyes Católicos, Alonso de Quintanilla y Hernando de Zafra[85].

Se suele identificar el año 1495 con la aparición del primer ejército permanente castellano, en el escenario de la primera guerra del Rosellón. Los preparativos de esa guerra, continuación de la primera guerra de Italia, se extienden hasta el verano de 1496, coincidiendo con los preparativos realizados para el viaje de la infanta Juana a Flandes, para contraer matrimonio con el archiduque Felipe de Habsburgo[86].

Lo cierto es que las tropas enviadas al condado pirenaico son una mezcla de elementos tradicionales, como mesnadas reales por *acostamento*, órdenes o mesnadas nobiliarias -que incluso incrementan su presencia con respecto a Granada- y de elementos más modernos como guardas reales y Hermandad. Pese a ello, no debemos olvidar que las capitanías de la Hermandad se conceden con frecuencia a nobles, con lo que se fusiona modernidad con tradición. Las mesnadas nobiliarias que en Granada aportan entre 2.500 y 4.000 unidades, en Nápoles y el Rosellón alcanzan las 4.500, aunque con menores movilizaciones efectivas[87].

Del mismo modo, las tropas enviadas a Granada se suelen considerar una hueste puramente medieval. Sin embargo, tanto su composición, como los planteamientos tácticos y estratégicos evolucionan a partir de las lecciones aprendidas tras los fracasos de 1482 y 1483 en Loja y en la comarca de Axarquía. Es en este momento cuando se abandona la táctica de la cabalgada y se sustituye progresivamente por campañas anuales, basadas en cercos fuertemente armados con artillería y con gran peso de la infantería[88]. Además, los cambios de la institución castrense están

---

[85]   Rodríguez Hernández, A. J. y Mesa Gallego, E. de, «Del Gran Capitán a los tercios…, p. 150.

[86]   La movilización en Castilla es general. El desplazamiento de la infanta a Flandes se organiza como una operación naval armada de gran importancia, ante el temor de algún ataque por parte francesa, más aún, teniendo en cuenta que los mismos buques han de traer a Castilla, en el viaje de retorno, a Margarita de Habsburgo, esposa del príncipe Juan. La organización de las operaciones es compleja y acarrea fuertes gastos.

Ladero Galán, A., «La frontera de Perpiñán. Nuevos datos sobre la primera guerra del Rosellón (1495-1499)», en *En la España Medieval*, vol. 27, 2004, pp. 226-227.

[87]   Ladero Quesada, M.A,, *Ejércitos y armadas de los Reyes Católicos. Nápoles y El Rosellón (1494-1504)*, Real Academia de la Historia, Madrid, 2010, pp. 115-116.

[88]   Verdera Franco, L., «La conquista de Granada: 1382-1492…, p. 68.

vinculados a cambios políticos que, a su vez, discurren paralelos a los experimentados por la sociedad[89]. Esto es particularmente importante en un reinado en el que se están dando importantes pasos para centralizar el poder político y acabar con el feudalismo tradicional. De este modo se acaba con el sistema de *remensas* de Cataluña. Y más tarde, con la firma en el monasterio de Guadalupe, que hace extensible el final del feudalismo clásico a toda la península ibérica, se confirma la centralización y concentración de poderes en torno a la monarquía[90].

Por lo tanto, no podemos hablar de un cambio brusco, sino de un cambio progresivo. Este cambio empieza en la guerra de Portugal, se acentúa en Granada y, para cuando llegan las guerras de Italia y el Rosellón, ya se ha definido lo suficiente como para hablar de unas fuerzas armadas con elementos profesionales y permanentes, propios de un ejército moderno. Si bien hay que aclarar que las fuerzas capitaneadas por Gonzalo Fernández de Córdoba, aunque profesionales, unen sus fuerzas en Italia con levas populares, convocadas localmente ante la invasión del ejército francés y, por tanto, no podemos afirmar que la guerra sea aún una actividad exclusiva o mayoritariamente en manos de militares profesionales. En cualquier caso, la transformación resulta evidente. Las tropas desplazadas desde Castilla a Nápoles sí son profesionales. Son soldados reclutados que cobran un salario, incluyendo el propio Fernández de Córdoba[91]. Los Reyes Católicos consiguen, con sus ordenanzas y planificación, idear el que podemos considerar el primer ejército moderno.

La labor de estas fuerzas enviadas al reino de Nápoles a combatir un enemigo -Francia-, en teoría superior, da comienzo a la supremacía militar hispana del siglo XVI, cimentada en distintos factores tanto técnicos y financieros como humanos, que fomentan la profesionalización[92].

En este contexto, Gonzalo Fernández de Córdoba revoluciona también la forma en la que el ejército se desenvuelve en el campo de batalla durante la primera y segunda campañas de Nápoles, lo que sienta las bases de la estrategia y tácticas militares de la Edad Moderna. Rompe con las prácticas imperantes hasta ese

---

[89]   Nos remitimos al trabajo de Jon Andoni Larrea, en el que analiza la evolución del ejército y la guerra en Europa en la Baja Edad Media, vinculada a la evolución social. Larrea, J.A., «Guerra y sociedad en la Europa occidental durante la Baja Edad Media», en Vaca Lorenzo, Á. (Coord.), *La guerra en la Historia*, Universidad de Salamanca, Salamanca, 1999, pp. 45-94.

[90]   Suárez Fernández, L., «Isabel la Católica, la imagen de un reinado…, p. 298.

[91]   Para más información sobre la política de los Reyes Católicos en lo referente a las campañas primera y segunda de Nápoles, ver: Suárez Fernández, L., Los Reyes Católicos. El camino hacia Europa. Rialp, Madrid, 1990.

[92]   Rodríguez Hernández, A.J., «Los hombres y la Guerra», en Ribot, L. (coord.), *Historia Militar de España. Edad Moderna II. Escenario europeo*, Ministerio de Defensa, Madrid, 2013, pp. 187-222.

momento, para conferir a sus tropas una movilidad y adaptabilidad que sorprende a sus contemporáneos, por su aplastante eficacia[93].

Podemos decir que la convocatoria realizada para la guerra de Granada sigue los patrones de mesnada medieval al uso, en tanto que las tropas enviadas a Nápoles, no. Entre los soldados enviados, encontramos soldados profesionales de carácter temporal y soldados profesionales de carácter permanente. De algún modo, estas dos primeras guerras italianas lideradas por el Gran Capitán constituyen un laboratorio del que se aprenden valiosas lecciones necesarias para afrontar con garantías un enfrentamiento bélico de larga distancia, esencia de la guerra en la Edad Moderna. Dos de estas lecciones son la prioridad de calidad sobre cantidad en la convocatoria, así como el emplazamiento de unidades de carácter permanente en enclaves estratégicos[94]. De este modo, pocos años después de estas guerras, la corona mantiene destacamentos de carácter estable en Sicilia, Nápoles y Milán de unos 3.000 soldados[95]. No obstante, debemos diferenciar entre los soldados de la armada y los del ejército. Estos últimos cuentan con 100 lanzas provenientes de las Hermandades que, por tanto, son pagadas por el tesorero de esta institución, Alonso Gutiérrez de Madrid. Otros soldados en tierra son pagados por Álvaro de Torres, contino real y alcalde de Castrodoro, nombrado "pagador de las tropas de tierra en Nápoles"[96]. En cuanto a la armada, los barcos son contratados con tripulación en España. Si bien todas estas tropas pueden ser consideradas profesionales, ya que reciben un salario, solo las lanzas de las capitanías de la Hermandad pueden ser consideradas tropas de carácter permanente.

Para hablar de la evolución de la institución, fijémonos en su composición. Distingamos primero entre fuerzas permanentes y no permanentes en los ejércitos medievales anteriores a la guerra de Nápoles.

Siguiendo la división que sugiere Francisco García Fitz, las fuerzas no permanentes se componen de huestes señoriales y huestes concejiles. A estas tropas temporales debemos añadirles las mercenarias llegadas de otros reinos[97]. En el caso de

---

[93]   Quatrefages, R., *La revolución militar moderna...*, pp. 120-129.

[94]   Rodríguez Hernández, A. J. y Mesa Gallego, E. de, «Del Gran Capitán a los tercios...», p. 153.

[95]   Parker, G., *La gran estrategia de Felipe II*, Alianza, Madrid, 1998, p. 155.

[96]   Ladero Quesada, M.A., «Fuerzas navales y terrestres de los Reyes Católicos en la primera guerra de Nápoles (1494-1497)», en *Revista de Historia Naval*. Instituto de Historia y Cultura Naval. Armada Española, n. 100, 2008, p. 20.

[97]   Pulgar habla de soldados llegados desde Suiza en 1483 para colaborar en la campaña de talas en la Vega de Granada. *"Vinieron asimismo a servir al Rey e a la Reyna una gente que se llamaba los Soyços, naturales del reino de Sueça, que en la alta Alemania. Esos son omes beliçiosos, e peleaban a pie; e tienen propósito de no volver las espaldas a los enemingos, e por esta causa las armas defensivas ponen en la delantera, e no en otra*

la guerra de Granada, resulta especialmente importante la llegada de expertos en artillería de Alemania, Italia y de Aragón, así como otros individuos pagados por su conocimiento del terreno[98]. Las crónicas también mencionan a los mercenarios que luchan con los castellanos, a los que se refieren como *hombres de guerra*. Así mismo, en este conflicto, hay que considerar la participación de cruzados que, si bien no es muy decisiva a nivel militar, sí tiene importancia a nivel propagandístico y contribuye a la internacionalización de esta guerra[99].

En cuanto a las fuerzas permanentes, si nos centramos en la guerra de Portugal y especialmente en la de guerra de Granada, como conflictos representativos del modo de guerrear en los reinos ibéricos, podemos distinguir entre las guardas reales, las guarniciones de las fortalezas y las órdenes militares[100].

De la lectura de las crónicas se desprende que los cronistas se refieren a las tropas permanentes bajo mando directo de los reyes como *gentes de armas*, indicando su carácter profesional. Su función principal es la protección personal del rey y la reina[101], pero también realizan otras actividades como participar en los combates o proteger las recuas que llegan al real[102].

---

parte del cuerpo, e por esto son más ligeros en las batallas. Son gentes que andan por las tierras a ganar sueldo e ayudan en las guerra que entienden son más justas". Pulgar, H. del, *Historia de los Reyes Católicos...*, cap. LXXIII, pp. 73-74.

[98] Las crónicas hablan de la presencia de *adalides* o caudillos militares de origen nazarí que guían a las tropas castellanas en el reino de Granada en 1483. Señala que estos adalides son acusados de ser responsables del desastre sufrido en Axarquía por los hombres del marqués de Cádiz, pero admite que en realidad ha sido la soberbia de los cristianos lo que ha conducido a su fracaso. *"Este desbarato que ovieron los cristianos fue grande, lo qual en lo público pareció aver sido por la mala guía de los adalides; lo secreto ninguno lo puede conocer, sino solo Dios, en cuya mano son los vencimientos de las batallas. Pero segund el juyzio de los onbres, bien se mostró aver acaescido por el orgullo e soberbia que tovieron los cristianos, teniendo en poco las fuerças del enemigo; e porque, olvidada la confiança que debían tener en Dios, la pusieron en la fuerça de la gente"*. Idem, cap. CXLVIII, p. 69.

[99] Nos remitimos a la obra de García Fitz y Novoa Portela en la que se hacen eco del papel de cruzados llegados a la península ibérica desde que el conflicto es auspiciado como Guerra Santa por los papas en el siglo XI. García Fitz, F. y Novoa Portela, F., *Cruzados en la Reconquista*, Marcial Pons Historia, Madrid, 2014.

[100] García Fitz, F., *Ejércitos y actividades guerreras en la Edad Media Europea...*, pp. 34-41.

[101] Pulgar escribe lo siguiente sobre la protección de la reina en Moclín en el año 1486. *"La Reyna quedó en la villa de Moclín con las gentes de armas de su guarda"*. Pulgar, H. del, *Historia de los Reyes Católicos...*, cap. CXCI, p. 236.

[102] En 1486 se cerca la villa de Moclín. El objetivo de esta conquista es facilitar el soporte logístico de la hueste y plazas tomadas ya que, como dice Pulgar *"convenía que todos los días oviese las recuas de veynte mil bestias"*. Para defender esos envíos *"era neçesaria grand copia de gente de armas que de continuo entrase e saliese con las recuas, porque las segurasen de los enemigos, en lo cual las gentes pasaban trabajos e facían grandes gastos"*. Idem, cap. CLXXXIX, p. 233.

Las fortalezas y plazas fuertes son custodiadas por destacamentos de carácter permanente. Su número aumenta a medida que la guerra de Granada avanza, ya que cada nueva plaza conquistada queda a cargo de un nuevo contingente[103]. Además del carácter permanente que comparten con las guardas reales, también son tropas profesionales que pueden ser consideradas como parte del embrión del futuro ejército; su punto de partida, al que más tarde se incorporan otros elementos[104]. A estos dos grupos determinantes en el futuro de la institución castrense se les suma un tercer elemento de gran importancia en la guerra de Granada: las órdenes militares.

Las órdenes militares constituyen un aspecto de carácter único y específico del ejército castellano. Dada la posición fronteriza de Castilla entre el occidente cristiano y el islam, las órdenes militares gozan de gran poder y tradición en la península ibérica. Estas órdenes, con una clara estructura militar y un elevado nivel de profesionalización, adquieren un papel de primer orden en la guerra de Granada. La consideración de esta guerra como cruzada justifica, no solo la implicación de las órdenes, sino también un protagonismo excepcional de estas, aunque su labor no se limita a este conflicto. De este modo, los maestres de las órdenes siempre se encuentran cercanos al rey a la hora de aconsejar estrategias. También están presentes en todos los lugares decisivos de los desplazamientos, el campo de batalla, la retaguardia y, especialmente, la vanguardia. Así mismo, vemos cómo ocupan posiciones destacadas en campañas de importancia vital. Así podemos verlo en el caso del maestre de Calatrava en la toma de la fortaleza de Burgos, tal y como lo narra Palencia cuando dice que *el 2 de febrero se rindió el castillo... Entonces se evidenció con cuanta exactitud había prometido el maestre de Calatrava D. Alfonso obligar por la fuerza a los de la guarnición a rendirse en término de diez días, a no haber concedido la Reina el plazo de sesenta por la capitulación concertada*[105].

Las órdenes aportan disciplina, orden y una larga experiencia bélica al ejército, además de conocimientos técnicos. Pese a ser minoritarias en número, comparadas

---

[103]   En el relato se pone de manifiesto el cuidado del rey en organizar la protección y el abastecimiento de las plazas tomadas antes de avanzar al siguiente objetivo. De esta forma se asegura el control de la retaguardia y el suministro logístico de la hueste. En cada nueva toma se presentan medidas similares como las que vemos en la ciudad de Loja en 1486, antes de dirigirse a Íllora. *"Ganada la çibdad de Loxa, e proveyda de gentes de guerra que la guardasen, e de mantenimientos e otras cosas necesarias, el Rey acordó de yr más adelante, e poner real sobre la villa de Íllora"*. Idem, cap. CLXXXVIII, p. 227.

[104]   Martínez Ruiz, E. y Pazzis Pi Corrales, M. de, *Las guardas de Castilla (primer ejército permanente español)*, Sílex Ediciones, Madrid, 2013, pp. 17-36. Para más información ver el trabajo Martínez Ruiz, E, - *Los ejércitos en tiempos de Isabel I*, Biblioteca Virtual Miguel de Cervantes, Alicante, 2006.

[105]   Alonso de Palencia, *Crónica..., Guerra de Granada*. Libro XXV, Capítulo III, p. 259.

a las mesnadas señoriales y concejiles, su grado de especialización es muy alto, por lo que son muy apreciadas[106]. Así se demuestra en la cita anterior, ya que el maestre de Calatrava anticipa una rendición mucho más rápida gracias al empleo de la artillería, frente a los medios de cercado tradicionales. No es extraño, por tanto, que estas instituciones sirvan a la corona de forma eficaz y que, al incluirse en el ejército, constituyan núcleos profesionales dentro de un entorno más amplio, que empieza a darse cuenta de la necesidad de profesionalización[107]. De hecho, los buenos resultados obtenidos en Granada permiten a la corona incorporar los maestrazgos de Santiago, Alcántara y Montesa, que se unen al de Calatrava obtenido por bula papal en 1487. Si bien es cierto que la obtención de estos títulos y el poder que representan responden a otro tipo de intereses políticos de los Reyes Católicos[108]. En cualquier caso, por esta vía, las tropas de las órdenes militares quedan unidas de forma estable al incipiente ejército permanente. Situación que perdurará hasta su disolución definitiva durante la segunda república, ya en el siglo XX.

Los Reyes Católicos son conscientes de la necesidad de profesionalización del ejército y lo transforman de forma progresiva en esa dirección. Para ello, se ponen en práctica cambios en el sistema de reclutamiento. Algo que, hasta cierto punto, ya venía ocurriendo tanto en Castilla como en otros reinos[109]. Debemos distinguir entre el reclutamiento para la defensa, del que se realiza para campañas ofensivas. El primero tiene carácter de deber público y, por tanto, es general. El segundo

---

[106]   En Granada se valora mucho su conocimiento de la frontera y de las tácticas del enemigo. Pero también se valora su profesionalidad y su manejo de las armas, como demuestra su posterior convocatoria en 1496 en la guerra contra Francia. Ladero Quesada, M.Á., «Baja Edad Media..., p. 262.

[107]   Por múltiples razones, la dirección de las órdenes se convierte en una prioridad política de los Reyes Católicos y uno de los pilares en los que basan la transformación jerárquica de la institución castrense. Valdeón Baruque, J., «La Corona de Castilla en la época de Isabel la Católica..., p. 315.

[108]   Val Valdivieso, Mª.I. del, «Las líneas maestras de la obra política isabelina en Castilla», en Valdeón Baruque, J. (ed.), *Sociedad y economía en tiempos de Isabel la Católica*, Ámbito e Instituto de Historia de Simancas, Valladolid, 2002, p. 282. La crónica de Bernáldez se hace eco de la muerte del maestre de Calatrava en 1489 y la concesión del título al rey Fernando. *"Falleció de esta presente vida el Maestre de Calatrava, García de Padilla, el año de 1489, el qual había sucedido en el Maestrazgo por muerte de Don Rodrigo de Xiron, que mataron los moros en Loja, é el Rey tomó en sí luego el Maestrazgo e rentas de él, e trujo bulas del Papa para ello, porque de ello se ayudase para los grandes gastos de la guerra. E este fue el primero de los Maestradgos en que el Rey y la Reyna sucedieron por sus vidas, con bula del Santo Padre, para ayuda de los gastos de la guerra"*. Bernáldez, A., *Historia de los Reyes Católicos...*, cap. XCI, p. 634.

[109]   En Navarra los primeros pasos para el abandono del reclutamiento obligatorio se dan en 1362 cuando se consiente la redención del servicio militar en la campaña contra Aragón, a cambio de 15 sueldos de oro para labradores, o 20 para hidalgos. Pero hasta 1553, los nobles y beneficiarios de feudos de la corona no son sustituidos en el frente por combatientes designados, pagados a razón de 6 escudos de oro por hombre de a pie y 12 por hombre de armas. Fernández de Larrea Rojas, J.A., *Guerra y sociedad en Navarra durante la Edad Media*, Servicio editorial de la Universidad del País Vasco, Bilbao, 1992, pp. 61-65.

cuenta con un menor número de efectivos, pero mejor armados, por lo que se trata de un reclutamiento más selecto. Para reunir estas tropas en Granada, los Reyes Católicos cuentan con las cuatro fórmulas que ya hemos mencionado: *hombres de guerra* o mercenarios en busca de una paga, caballeros voluntarios que buscan redimir sus pecados o promocionarse social y económicamente, *hombres de armas* o soldados profesionales a cargo de guarniciones de castillos o como tropas de pago a cambio de un salario y, por último, hombres llegados por contraprestación feudal. Tropas a las que se añaden la participación de la Hermanad y de las órdenes militares[110]. Lo novedoso del reclutamiento no es el origen, sino el peso de cada componente. Las tropas enviadas a Granada son cada vez menos dependientes de las relaciones de vasallaje. Las tropas de pago no mercenarias son mayoritarias ya en este momento. El número de profesionales, como las guardas reales, ha aumentado considerablemente en la segunda mitad del siglo XV y ahora se les unen las tropas aportadas por la Hermandad y la disciplina de las órdenes[111]. Y las aportaciones de concejos de ciudades y villas han ganado un gran protagonismo, especialmente las procedentes de la Andalucía cristiana.

Llegadas las guerras de Italia, parece claro que las tropas españolas enviadas están compuestas exclusivamente por soldados profesionales, como se desprende de las cartas escritas por el Gran Capitán, en las que se ponen de manifiesto los pagos recibidos por estos. Por ejemplo, el 27 de Julio de 1501 escribe una al embajador de los Reyes Católicos en Roma, en la que habla de su llegada con *mill y quinientos peones*, además de caballeros. En ella indica que *llevo toda la gente pagada y la vuestra se paga otro mes*[112]. Si bien parece que el uso de mercenarios sigue siendo frecuente, como se desprende de la misiva enviada por el Gonzalo Fernández de Córdoba a los Reyes Católicos en 1501, en la que se menciona el uso de tropas de origen alemán y los problemas ocasionados por el impago a las mismas:

> "¡Paga, Paga! Y anduvieron amotinándose para no ir adelante, como al Duque y a todos parecía, con decir que el Duque les prometió de pagar en Nápoles y que el Duque se quedaba en Nápoles y enviaba a ellos adelante por despedirlos y no pagarlos, y que no querían ir sino donde el Duque fuese. De forma que fue forzado por evitar su desver-

---

[110]   García Fitz, F., *Ejércitos y actividades guerreras en la Edad Media Europea...*, pp. 15-27.

[111]   Las guardas Reales pasaron de estar constituidas por 300 hombres durante el reinado de Enrique III repartidas en 3 capitanías de 100 lanzas cada una, a más de 3.000 durante el de Enrique IV. García Fitz, F., *Ejércitos y actividades guerreras en la Edad Media Europea...*, p. 35.

[112]   "Carta del Gran Capitán a D. Francisco de Rojas, Embajador en Roma de los Reyes Católicos (Turpia, 27 de Julio de 1501)", en Rodríguez Villa, A. «Cartas del Gran Capitán..., p. XX.

guenzamiento y mayor inconveniente decir el Duque quería que viniesen con él a Nápoles y así envió el Duque toda la gente de darmas y de caballo y los alemanes la vía de Sessa hacia los franceses con el Duque de Termes, y con orden de se detener allí fasta que el Duque fuese; y el dicho Duque traxo consigo aquí a Nápoles todos los peones españoles"[113].

El coste de estos mercenarios, lógicamente, depende de múltiples factores. Las cartas enviadas por González de Córdoba a los Reyes Católicos sugieren pagos que oscilan entre los 4 y los 6 ducados por persona:

"Por otras he escrito como Sant Vicente y Octaviano Coluna había enviado á Alemaña por dos ó tres mil alemanes con doze mil ducados para moverlos"[114].

El establecimiento de la Hermandad es otro de los aspectos que impulsan al ejército castellano hacia la modernidad, a través de su carácter permanente y profesional[115]. Institución con autoridad en todos los reinos del territorio castellano, es una entidad con un carácter entre lo civil -por el origen de sus miembros- y lo militar, por su estructura y organización. La Hermandad actúa como parte del ejército durante la guerra de Granada y como una suerte de policía rural en tiempos de paz. Las crónicas destacan tanto su creación en 1475, cuando *nace la Hermandad en Burgos -cabeza de Castilla-*[116], como la redacción de sus ordenanzas, en agosto de 1476, en la que se establece *que 100 ciudadanos sostienen un hombre de armas*[117]. La fundación de la Hermandad beneficia el control territorial por parte de los reyes, que ven en la institución una herramienta útil para garantizar el orden. Así mismo, obtienen de ella una forma de evitar los abusos de la nobleza, acostumbrada a generosas mercedes y poco habituada al control de la autoridad monárquica, que ha acabado por provocar un estallido de movimientos anti-señoriales[118].

La crónica de Bernáldez deja clara su vocación militar. En su relato menciona los desmanes de los nobles locales, que operan desde fortalezas como Monleón o

---

[113]   El Gran Capitán a los Reyes Católicos (1501). Carta número 10, en Idem, p.XXIV.

[114]   Carta número 14, en Idem, p.XXVIII.

[115]   Para más información respecto a la influencia de la Hermandad en la transición peninsular a la modernidad, ver: Olivera Serrano, C., «La Santa Hermandad», en *Los reinos hispánicos ante la Edad Moderna. Vol. I*, Estado Mayor del Ejército. Servicio de publicaciones, Madrid, 1992, pp. 556-566.

[116]   Palencia, A. de, *Crónica...* Década tercera, libro XXIV, Capítulo VI, p. 240.

[117]   Idem, libro XXIII, Capítulo VII, p. 313.

[118]   Valdeón Baruque, J., *Los conflictos sociales en el reino de Castilla en los siglos XIV y XV*, Siglo XXI de España editores S.A., Madrid, 1975, pp. 151-154.

Castronuño. En ese contexto, explica la puesta en marcha de *Hermandades,* junto con la adquisición de artillería, para hacer valer el poder regio.

> "Castronuño fue la primera fortaleza que el Rey Don Fernando tomó en aquella tierra … En este tiempo ordenaron e ficieron Hermandades el Rey y la Reyna, en tal manera que ficieron mucha gente de a caballo que les pagaban las Hermandades, e ficieron muchas lombardas, más de las que tenían e muchos tiros de pólvora, de diversas maneras, e muchos ribadoquines"[119].

La Hermandad, creada con carácter temporal durante la guerra de Portugal, muestra también su eficacia en los enfrentamientos de la guerra de Granada. Esto le servirá para convertirse en una organización "militar" de carácter permanente, que contribuirá de forma decisiva a la progresiva y necesaria centralización del ejército.

La organización, constituida en las cortes de Madrigal de 1476, es completada con las Guardas Viejas de Castilla y reorganizada en 1488 bajo el mando de un capitán general, 12 capitanes, con 833 hombres cada uno y ayudados por cuadrilleros, a razón de uno por cada cuadrilla, compuesta de 40 hombres[120]. Las crónicas muestran cómo los Reyes Católicos utilizan su estructura para organizar cuestiones militares que requieren centralización y control, como la logística o las funciones tributarias, necesarias para financiar la guerra. Así, por ejemplo, cuando en 1483 organizan el abastecimiento de Alhama, se reúnen con las Hermandades. Pulgar lo describe dejando clara su implicación en la financiación del abastecimiento y la defensa de las recuas.

> "en esta junta demandaron el Rey e la Reyna a los procuradores e diputados de las Hermandades diez e seis mil bestias e ocho mil omes que fuesen con ellas, para basteçer de mantenimientos a Alhama. E como quiera que el reyno estaba fatigado de las derramas que continuamente en él se cogían, así para la guerra de los moros como para otras necesidades que al Rey e a la Reyna ocurrían, espeçialmente para las otras llevas de mantenimientos que avían enviado, pero luego las otorgaron; e fueron repartidas, e puestas en fin del mes de mayo en la çibdat de Córdoba, segund les fue mandado, para basteçer la çibdad de Alhama"[121].

Cada cuadrilla cuenta con un alcalde al frente y un caballero. Varias cuadrillas son dirigidas por un diputado general y provincial. Alfonso de Aragón es la figura elegida como Capitán General, quien responde directamente ante los reyes. La reina Isabel acepta conceder a la Hermandad un grupo permanente de *200 hombres*

---

[119]   Bernáldez, A., *Historia de los Reyes Católicos...*, cap. XXVIII, p. 588.

[120]   García Fitz, F., *Ejércitos y actividades guerreras en la Edad Media Europea...*, pp. 27-29.

[121]   Pulgar, H. del, *Historia de los Reyes Católicos...*, cap. CXXXIX, p. 42.

de armas bien equipados, con un marcado carácter militar, lo que justifica su intervención en la guerra de Granada. Además de las funciones de auxilio militar durante esa guerra y de "policía rural" en tiempos de paz, la Hermandad supone, sin
duda, un elemento que ayuda a afianzar el poder de la monarquía, durante el
reinado de los Reyes Católicos[122]. En 1478, además de convertirse en un instrumento
de orden público, adquiere competencias en la recaudación fiscal y establece un
nuevo marco de relaciones entre la monarquía y los municipios, que fortalece a
ambas partes[123]. El establecimiento y distribución de estas hermandades guarda
también una cierta relación con la futura división territorial en provincias, aún vigente hoy en día[124].

Otro aspecto que refleja la transformación de la que es objeto el panorama bélico en estas guerras tiene que ver con los combates navales. La incorporación de la
artillería en las batallas navales es, en ese momento, un fenómeno relativamente
reciente, que comienza a finales del siglo XIV[125]. Su uso se extiende con rapidez y,
en el siglo XV, su utilización se vuelve más sencilla. Además, se mejora su precisión,
con la aparición de las primeras culebrinas navales[126]. En la guerra de Portugal, el
control marítimo del Atlántico ocupa un lugar central entre las causas del conflicto.
Por ello, los combates en el mar tienen una gran relevancia y, para algunos autores,
tienen una intensidad equiparable a lo sucedido en tierra firme. Por orden de los
Reyes Católicos se arma una flota para controlar el estrecho y rivalizar con los intereses portugueses. Por tanto, los combates tienen especial importancia en el estrecho y su objeto principal es el control de la ruta comercial del Atlántico hacia el
Mediterráneo[127]. La patente de corso es utilizada por los reyes para fomentar la iniciativa privada en los ataques a barcos enemigos y se regula el cobro de una quinta

---

[122]   Del Val Valdivieso, M.I., «Las líneas maestras de la obra política isabelina en Castilla…, pp. 280-281.

[123]   Hay tres provincias que escapan a este control directo, ya que cuentan con hermandades establecidas con anterioridad: Álava, Guipúzcoa y Vizcaya. Ladero Quesada, M.Á., *La Hermandad de Castilla:
Cuentas y Memoriales (1480-1498)*, Real Academia de la Historia, Madrid, 2005, p. 13.

[124]   Cebreiro Núñez, J.I., *Los orígenes de la división provincial en España*, Instituto Nacional de Administraciones Públicas, Madrid, 2012.

[125]   La primera batalla naval con uso significativo de la artillería tiene lugar en 1380 en Chioggia,
donde galeras venecianas destruyen la flota genovesa. Bennett, M., *La guerra en la Edad Media…*, p. 197.

[126]   Keen, M., «Armas de fuego, pólvora y ejércitos permanentes…, p. 354.

[127]   Romero Portillo, P., *Dos monarquías medievales ante la modernidad: Relaciones entre Portugal y Castilla
(1431-1479)*, Universidade da Coruña, A Coruña, 1999, p. 145.

parte de lo incautado, como medio para financiar los costes de equipar los barcos de la armada real[128].

Aragón, con una larga tradición marítima y una clara política expansiva en el Mediterráneo, cuenta con fuerzas navales de cierta relevancia, dispuestas a ayudar a Castilla. Con el apoyo aragonés, los reyes conforman una armada con una composición doble. Por un lado, cuenta con galeras aragonesas, algunas de ellas procedentes del reino de Nápoles, donde realizaban labores de vigilancia y apoyo. Tras la guerra, unas cuantas se quedan en Andalucía para realizar labores de transporte de granadinos a bebería, así como de vigilancia costera. Por otro lado, Castilla aporta naos, carabelas y alguna carraca de gran porte, con patrones vizcaínos, guipuzcoanos, cántabros, andaluces y algún genovés, contratado por temporada[129]. La flota cantábrica se desarrolla en 1484, por orden de la reina Isabel, con una fuerte implicación del cardenal Mendoza. Al frente de la misma se sitúa al conde de Castro, para dirigir la vigilancia entre ambas costas[130].

Pese a la vocación patrullera de la flota, Castilla cuenta ya con naves capaces de combatir eficazmente e, incluso, colaborar en acciones fuera del reino. Bernáldez menciona el asedio de las tropas del duque de Calabria a Otranto, en 1480. Dice que *estando en el cerco invocó ayuda del Rey Don Fernando de Castilla su primo, y del Rey de Portugal, temiendo que habrían los cercados socorros de los turcos; y fueron de Castilla veinte y dos naos de gente de socorro*[131].

Por otro lado, durante el reinado de los Reyes Católicos concluye la conquista de las Islas Canarias[132]. Su determinación por conquistar el archipiélago evidencia la política expansiva de los reyes que explica, en parte, la guerra de Granada y, más adelante, la colonización de las Indias Occidentales. Ese impulso explorador y colonizador hacia el oeste tiene un impacto decisivo en el impulso que dan a su fuerza naval. En 1478, los Reyes Católicos intentan dar el primer gran paso de esta política, enviando una armada para establecerse en Gran Canaria y, desde allí, apoyar una campaña contra las minas de oro del África continental, bajo control portugués:

---

[128]   Los Reyes Católicos, el 27 de Julio de 1475, notifican haber decidido que se den *"para nuestra ataraçana"* el quinto que les corresponda, en el arzobispado de Sevilla y obispado de Cádiz, de las cabalgadas marítimas contra Portugal, y haber nombrado para recaudarlo a Pedro de Hormisado, guarda y montero mayor de dichas atarazanas. A.G.S., R.G.S., 1475-07-27, fol. 568.

[129]   Ladero Quesada, M.Á., «Recursos militares y guerras de los Reyes Católicos…, p. 406.

[130]   Suárez, L., *Fernando el Católico…*, p. 169.

[131]   Bernáldez, A., *Historia de los Reyes Católicos…*, cap. XLV, p. 602.

[132]   Concretamente se llevará a cabo en varias campañas separadas cronológicamente. La isla de Gran Canaria se lleva a cabo entre los años 1478 y 1483, La Palma entre 1492 y 1493 y Tenerife entre 1494 y 1496.

> "Es conveniente explicar la preocupación del príncipe Juan de Portugal a quien la expedición de las flotas andaluzas a las minas de oro de Etiopía y a las Islas Afortunadas ... para perseguir (los portugueses a los castellanos) al menos hasta las costas de las Islas Afortunadas a la armada enviada por el rey Fernando, había preparado unos navíos superiores en número y magnitud, con el objeto de que al instante en que los soldados de la expedición hubieran fondeado y se dispusieran a ocupar la isla de Canaria, nuestros marinos fueran abatidos por los portugueses que se les echarían encima ... veinte naves lusitanas –de las cuales cinco iban numeradas- se empeñaban en desembarcar a sus soldados con el fin de acabar con los nuestros gracias a su abrumadora mayoría"[133].

El relato de Palencia muestra la rivalidad luso-castellana en el Atlántico y las razones económicas de la misma. También señala los esfuerzos de ambos reinos para reforzar su capacidad de acción fuera de la península ibérica, pero su estrategia demuestra que siguen primando los combates en tierra, permaneciendo el transporte de efectivos como principal objetivo de los barcos. Sin embargo, esta característica no tardará en experimentar una transformación. Pocos años después, en 1483, Pulgar describe cómo la reina Isabel ordena la construcción de una armada para la conquista de Gran Canaria. Pese a que Castilla ya se encuentra inmersa en la guerra de Granada, el apoyo logístico y militar a esta campaña no decae, como señala en su crónica:

> "Dicho avemos cómo la Reyna mandó fazer grande armada por la mar para yr a conquistar las yslas de Canaria, e cómo envió por capitán a un caballero que se llama Pedro de Vera, natural de la çibdad de Xerez de la Frontera, el qual ganó algunas yslas de aquellos canarios. Esta conquista se continuó por aquel capitán, con la gente e provisiones que la Reyna le enviaba en la flota que continuamente tenía en la mar"[134].

El texto indica la existencia de una flota organizada y en servicio permanente en el mar, independiente de los barcos fletados para la conquista canaria, pero capaces de ofrecer apoyo a los soldados destacados allí. Esta flota empieza a operar con objeto de controlar el estrecho durante la guerra de Portugal y hará lo propio en la de Granada.

En 1482, Valera propone que se construya una armada capaz de liderar acciones militares desde el mar. Su opinión no es tenida en cuenta. Por ese motivo, la armada real, pese a estar presente durante toda la guerra de Granada, es relativamente pequeña y se limita a labores de vigilancia y bloqueo de barcos con hombres, armas y

---

[133]   Palencia, A. de, *Cuarta década de Alonso de Palencia...*, libro XXXII, cap. III, pp. 51-52.
[134]   Pulgar, H. del, *Historia de los Reyes Católicos...*, cap. CXLV, p. 60.

víveres llegados de África. Si bien su labor ofensiva sí resulta destacable durante el bloqueo de Málaga, en 1487[135]. La importancia del control del estrecho se demuestra en el férreo bloqueo del que es objeto el reino nazarí, que apenas puede recibir ayuda del norte de África. Este aislamiento resulta decisivo en la victoria final del reino cristiano. En las crónicas se menciona la detención de navíos africanos que pretendían llegar a Granada, en contraste con el importante aparato de abastecimiento castellano. Las crónicas muestran también los intentos, por parte de navíos africanos, de cortar el suministro marino de Castilla. Así mismo, plasman la reacción de los Reyes Católicos, enviando barcos armados para proteger las provisiones castellanas en el estrecho, como muestra Pulgar respecto al año 1487, durante la campaña de Málaga:

> "En el real avía grand abundançia de mantenimientos, porque todos los días venían navíos... Algunos moros de África, sabido el çerco que estaba puesto sobre aquella çibdat, armaron de sus fustas, y puestos en el estrecho de Gibraltar, tomaron algunos barcos de aquellos que continuamente yvan e venían con provisiones. Y por esta causa el Rey mandó a los capitanes de la flota que pusiesen en aquella parte navíos armados que guardasen la mar"[136].

Las limitaciones de la flota castellana se ven compensadas por el apoyo aragonés tanto en el control militar de la zona como a nivel logístico. Bernáldez habla del envío de navíos, por parte del rey Fernando, tras la toma de Málaga en 1487, para combatir y apresar a aquellos que no se han rendido en las localidades vecinas.

> "Dos fuertes lugares é fortalezas, que estaban entre Málaga é Fonjirola, que llaman al uno Mijas, e a otro Osuna, que no se quisieron dar en todo el tiempo del cerco de Málaga, e siempre el Rey tuvo guarnición sobre ellos, tomada Málaga fueron requeridos, e pensando que los de Málaga habían hecho buen partido, dieronse al partido de los de Málaga, e entregaron las fortalezas, e el Rey envió las galeras de la armada por la gente de ellos, en que trujeron ochocientas personas con sus haciendas muebles, e quando se hallaron en Málaga todos a su partido, halláronse todos cautivos perdidos"[137].

En este bloqueo marítimo de Málaga, las tropas nazaríes reaccionan armando algunas embarcaciones de menor tamaño. Su clara inferioridad les obliga a realizar un tipo de ataque muy específico, basado en el factor sorpresa y una huida rápida

---

[135]   Ladero Quesada, M.Á., «Recursos militares y guerras de los Reyes Católicos...», p. 406.

[136]   Pulgar, H. del, *Historia de los Reyes Católicos...*, cap. CCXI, p. 304.

[137]   Bernáldez, A., *Historia de los Reyes Católicos...*, cap. LXXXVI, p. 630.

tras el ataque, similar a las cabalgadas en tierra firme. Pulgar narra cómo estas embarcaciones de pequeño tamaño son equipadas con artillería, dentro del marco de las medidas defensivas tomadas en la ciudad.

> "E estas esperanças que los moros tenían les dieron esfuerço para se defender, y poner dobladas guardas en todas las fortalezas e muros de la cibdat. Para lo qual se dividieron en quadrillas, cada una de çien onbres con un capitán, los unos para rondar, otros diputaron para que saliesen a pelear, otros mandaron que estuviesen sobresalientes para socorrer a los que peleasen; y todas estas gentes proveyeron de armas y de muchas espingardas y ballestas, e otros tiros de pólvora. Armaron asimismo por la mar seys albatoças, y forneciéronlas de gente e de muchos tiros de pólvora. E defendieron que ninguno de los moros respondiese a los cristianos a qualquier fabla que les dixesen; e ni ellos entre sí unos con otros fablasen en dar la çibdat, por qualquier partido que les fuese fecho, so pena de muerte"[138].

En 1490, los reyes ponen bajo protección real a *todos los mareantes* del reino[139]. Esta medida impulsa el comercio castellano, al garantizar la seguridad de los intercambios comerciales por mar. Al mismo tiempo, sienta las bases de una política militar marítima orientada al comercio internacional, llamada a experimentar un gran desarrollo en los años venideros. Hay que esperar al año 1495 para que el desarrollo naval castellano alcance cotas desconocidas. Las guerras de Italia y el Rosellón obligan a establecer un puente naval con cientos de barcos, que continuamente suministran a las tropas desplazadas con todo lo necesario. A la vigilancia permanente de costas y rutas en las guerras se le suman las flotas estacionales que vigilan las costas cantábrica, atlántica y mediterránea[140]. Victor Balaguer, en el siglo XIX, describe las contribuciones catalanas a la guerra del Rosellón de la siguiente forma: "Así como atendían los catalanes a su defensa por tierra, no la olvidaban por mar. Armaron algunos barcos y hombres expertos atrevidos dieron en embestir con ellos a las embarcaciones de los demás reinos de España, que conducían provisiones y bastimentos a las plazas del Rosellón. Entre San Feliu y Tossa, con dos barcos tomaron un bajel del rey, cargado de municiones; delante las Medas, favorecidos de la artillería de la plaza, otro bajel; y dos barcas a la vista de Barcelona"[141].

---

[138]   Pulgar, H. del, *Historia de los Reyes Católicos...*, cap. CCVII, p. 298.

[139]   Valdeón Baruque, J., «La Corona de Castilla en la época de Isabel la Católica ...», p. 315.

[140]   Ladero Quesada, M.Á., *Ejércitos y armadas de los Reyes Católicos: Nápoles y el Rosellón...*, p. 122.

[141]   Balaguer, Víctor, *Historia de Cataluña y de la Corona de Aragón. Tomo IV*, Librería de Salvador Manero, Barcelona, 1863, p. 401.

Llegada la guerra de Nápoles, la marina de guerra fletada adquiere dimensiones muy superiores a lo visto hasta entonces tanto en número como en tamaño de las embarcaciones. A principios del año 1495, parten del puerto de Cartagena 60 buques de diversos tipos, debidamente armados. Al frente de las tropas terrestres que viajan en ellos va el Gran Capitán. A ellos se les suman más naves, a medida que avanza el conflicto[142].

No solo las cifras son significativas, sino también la preparación de los navíos, cada vez mejor armados para el combate naval. Como curiosidad, encontramos en la crónica del Gran Capitán la descripción de lo que podríamos considerar, con cierto humor, un antepasado de los actuales acorazados:

> "El Capitán Pedro Navarro hizo hacer un ingenio en una barca por la mar en esta forma. Hizo toldar la barca y cubrir por encima con un muy fuerte maderamiento por respeto que la gente que por ella había de ir no recibiese daño de los franceses desde lo alto de la torre"[143].

Otro aspecto que es necesario destacar en la evolución del ejército medieval castellano hacia un ejército moderno es la centralización del poder. La centralización del poder en Castilla es temprana, observándose un proceso creciente desde finales del siglo XIV, que se acelera a finales del XV[144]. La tendencia hacia el absolutismo, entendido como la concentración de los tres poderes en una misma institución -la monarquía-, es evidente en el reinado de Isabel y Fernando. En cuestiones militares, asistimos a un proceso paralelo.

En tanto los ejércitos medievales se distinguen por la relativa independencia y falta de conexión entre las mesnadas nobiliarias, la situación en Granada se muestra claramente diferente. Ciertamente, cada noble sigue siendo libre de tener y expresar su opinión en los consejos a los que son convocados por el rey. Sin embargo, a diferencia de conflictos anteriores, los Reyes Católicos sitúan al frente de las tropas a personas de su confianza, a veces al margen de la nobleza. Nombran a un capitán general para Andalucía, ante el que los nobles tienen obligación de responder y al que deben obediencia, en ausencia del propio rey Fernando.

---

[142]   Ferrer de Couto, José, March y Labores, José, *Historia de la Marina Real Española: desde el descubrimiento de las Américas, hasta el combate de Trafalgar. Tomo I*, Imprenta de José María Duzcazcal, Madrid, 1856, p. 336.

[143]   «Crónica general de Gonzalo Fernández de Córdoba..., Cap. LXXXIV, p. 174.

[144]   Nos remitimos al trabajo de José Manuel Nieto Soria en el que expone cómo el centralismo castellano se acelera a partir del año 1369. Este se beneficia de un mayor control sobre las rentas eclesiásticas que otros reinos europeos, lo que permite una obtención de ingresos superior a estos que, en definitiva, revierte en una mayor centralización. Nieto Soria, J.M., *Iglesia y génesis del Estado Moderno en Castilla (1369-1480)*, Editorial Complutense, Madrid, 1994, pp. 313-314.

Con anterioridad al nombramiento de un capitán general en Granada, las crónicas muestran un antecedente digno de consideración. Ocurre durante la guerra de Portugal. En 1476, el rey se encuentra ocupado en Burgos. La reina ha negociado la entrega del puente de Zamora para facilitar el paso de las tropas. Deciden poner al cargo de las tropas que envían a Álvaro de Mendoza para la toma de dicha ciudad. No es la primera vez que envían a un noble a realizar una labor militar. La diferencia es que no sitúan a un personaje notable al mando de su propia mesnada, sino a alguien a cargo de las tropas que acuden a la convocatoria regia o que se encuentran permanentemente bajo su mandato. Pulgar indica claramente cómo *el rey de Portogal partido de la çibdad de Zamora, luego dende a poco espaçio llegó a la puente Álvaro de Mendoça, con la gente que el Rey e la Reyna le avían dado, e entró dentro en la çibdad*[145].

Respecto al nombramiento del capitán general, Palencia indica que:

"Los Reyes resolvieron nombrar para la Andalucía un capitán General que hiciera desaparecer las rivalidades de aquellos Grandes ... D. Fadrique de Toledo, hijo del Duque de Toledo ... eligió a Loja ... para cuartel General"[146].

Si bien la elección de don Fadrique de Toledo como capitán general no acaba con las rivalidades de los Grandes y se suceden las protestas por su gestión y errores bélicos, su nombramiento en 1486 pone de manifiesto la determinación de los reyes para avanzar en varios sentidos. Por un lado, en la centralización y profesionalización del ejército. Por otro, en la consecución de sus deseos de limitar el poder individual de los nobles, integrándolos dentro de una organización de carácter superior. Y tercero, en la centralización logística e identificación física del ejército, con un cuartel general que, a la postre, promueve la estabilización y profesionalización de la institución. Lo cierto es que don Fadrique de Toledo pertenece a una familia noble, por lo que no podemos hablar de un cambio completo hacia la profesionalización del ejército. Pero tampoco se trata de un Grande, por lo que el nuevo modelo de ejército se aleja del tradicional. Así mismo, su nombramiento refleja la intención de los reyes de imponer su autoridad, sin ser cuestionados por un noble de alta alcurnia. El descontento entre las grandes casas por su nombramiento es manifiesto, pero no llegan a revelarse, gracias a las generosas mercedes de las que se beneficiarán a partir de los territorios conquistados al reino nazarí.

La crónica de Bernáldez también utiliza el término *capitán General* para referirse a otro personaje. En este caso se trata del *marqués de Villena que había quedado como*

---

[145] Pulgar, H. del, *Historia de los Reyes Católicos...*, cap. LIII, p. 171.

[146] Palencia, A. de, *Crónica... Guerra de Granada*, libro VI, p. 168.

capitán General a cargo de las tropas castellanas en la zona de Guadix y alrededores en 1490. En ese momento teme una rebelión interior en las plazas controladas:

> "llegó allí con dos mil de a caballo, e asaz peones, e diciendo que iba a Fandarx a los lugares que se habían rebelado contra el rey Baudili Alzagal, hizo el viaje por la ciudad de Guadix, y aposentándose allí cerca de la fortaleza, bastecióla muy bien, e hizo salir todos los moros de la ciudad a facer alarde, e desque estuvieron fuera, fizo cerrar muy bien las puertas de la ciudad, e no dejó entrar en ella más los moros[147].

El nombramiento de un capitán general forma parte de un proceso más amplio de redefinición de la jerarquía militar. En el nuevo planteamiento, las tropas se agrupan en capitanías formadas por 800 hombres. El nombramiento de un capitán para cada sección, capaz de operar de forma autónoma, pero bajo un mando común, tiene por objeto crear un sistema flexible de maniobras, control y recursos. Estas capitanías dan un buen resultado en Granada y son el antecedente directo de los *tercios* que se establecen en el siglo XVI[148].

Esta jerarquía distingue, no obstante, el origen de las tropas. Así, las mesnadas nobiliarias siguen siendo comandadas por el noble al que sirven. Las tropas de las órdenes siguen respondiendo a su maestre. Las mesnadas concejiles son dirigidas por un capitán o alférez. Y la Hueste Real es liderada por adalides reales, en el caso de la caballería, y almocadenes, en el de la infantería. Lo que resulta más novedoso son los criterios de efectividad que se aplican cada vez más. Siguiendo estos criterios, durante el reinado de los Reyes Católicos, la autoridad del caballero es finalmente sustituida por la del oficial y la del noble por la del general[149]. La autoridad de la monarquía se confirma como la única autoridad máxima en campaña. Independientemente de la fuerza de cada noble en su mesnada, todos aceptan su subordinación a la figura del rey Fernando. Se trata de un auténtico ejército nacional, con jerarquía definida y preponderancia de infantería y caballería ligera, que responde a la autoridad central regia[150]. Esto sirve de modelo a Maquiavelo años más tarde, cuando define su proyecto de milicias florentinas. Para su aparato defensivo copia el sistema empleado en Granada de soldados súbditos, por encima de otras

[147]   Bernáldez, A., *Historia de los Reyes Católicos...*, cap. XCVII, p. 639.

[148]   Cook, W. F., «The cannon conquest of Nasrid Spain adn the end of the Reconquista», en *The Jounal of Military History.*, Nº 57, 1993, p. 264.

[149]   Sáez Abad, R., *La batalla de Toro 1476*, Almena, Madrid, 2009, p. 12.

[150]   Puddu, R., *El soldado gentilhombre*, Argos Vergara, Barcelona, 1984, p. 15.

fórmulas como mercenarios o la dependencia de los, ahora, ineficaces *condottieri*[151]. Se ha dicho también que el rey Fernando sirve de modelo para Maquiavelo, que ve en su figura un ejemplo inspirador de político y guerrero, para su obra *el príncipe*[152], llegando a afirmar del Rey Católico que *podemos casi llamarle príncipe nuevo, ya que de rey débil que era se ha convertido por su fama y su gloria en el primer rey de los cristianos*[153].

Esta tendencia a la concentración en torno a un profesional militar alcanza plena vigencia en las guerras de Italia, cuando los Reyes Católicos ponen al mando de todas sus tropas allí destacadas al experto Gonzalo Fernández de Córdoba. Su crónica explica su nombramiento y el número de tropas allí enviadas, tras la invasión francesa del reino de Nápoles, de la siguiente forma:

> "El Rey D. Fernando de Castilla y de Aragón mandó hacer muy buena gente para ir contra el reino de Nápoles y restituirle a sus debidos Reyes y señores. Y así hizo un ejército de dos mil infantes y trescientos caballos ligeros, en el cual dio cargo de capitán general a Gonzalo Fernández de Aguilar, natural de Córdoba, descendiente de la casa de Aguilar, caballero de mucha virtud y fortaleza, al cual por su muy crecida virtud y fortaleza mereció dársele nombre de Gran Capitán"[154].

Gonzalo Fernández de Córdoba juega un papel esencial en la modernización del ejército, no solo por ser el primer militar profesional que aglutina el control de las tropas en torno a su persona, sino por los cambios tácticos que establece. Estos cambios ayudan a definir la proporción de 1 a 10 entre la caballería y la infantería que se impone en los ejércitos modernos[155]. Como comprobamos por la información de su crónica, el número de soldados desplazados es relativamente modesto. Si bien cuenta con el apoyo de tropas locales, las cifras no pueden compararse con las manejadas en la guerra de Granada. Hasta cierto punto, podemos postular que

---

[151]   Ribot García, L., «La España de los Reyes Católicos como fundamento de la monarquía hispánica», en Valdeón Baruque, J.(Ed.), *Arte y cultura en la época de Isabel la Católica*, Ámbito, Instituto de Historia de Simancas, Valladolid, 2013, pp. 394-395.

[152]   A este respecto resulta muy interesante la lectura del apartado *El espejo del príncipe* de la obra de Bermudo Ávila que refleja perfectamente la admiración que siente Maquiavelo por el rey Católico. Bermudo Ávila, J.M., *Maquiavelo consejero de príncipes*, Edicions Univers, Barcelona, 1994, p. 238.

[153]   Maquiavelo, N., *El Príncipe*, Cátedra, Madrid, 1992, p. 159.

[154]   «Crónica general de Gonzalo Fernández de Córdoba..., Cap. XXIII, p. 30.

[155]   Forma la *Escuela Militar Española*, instituye una doctrina de empleo de las diferentes armas y establece la proporción necesaria de artillería, fijando en 44 piezas por cada 1200 jinetes y 12000 soldados de a pie. Medina Ávila, C.J., «La artillería española en el reinado de los Reyes Católicos. La época de los artilleros empíricos y el despertar de un arma», en VV.AA., *Artillería y fortificaciones en la corona de Castilla durante el reinado de Isabel la Católica 1474-1504*, Secretaría general técnica del ministerio de Defensa, Ediciones del Umbral, Madrid, 2004, p. 144.

esa limitación de recursos empuja al Gran Capitán a buscar alternativas tácticas que sientan las bases del profundo cambio en la institución castrense que lidera. ¿Es esa limitación el detonante que lleva a la futura formación de los tercios? Es, sin duda, una tesis más que razonable sobre la que hablaremos más adelante.

Sea como fuere, parece evidente que el Gran Capitán cuenta con el mando indiscutible del ejército desplazado en Nápoles. Informa por carta de forma periódica a los reyes de sus movimientos, pero opera con gran autonomía en el día a día. Aunque sigue las directrices estratégicas marcadas por la corona, es plenamente independiente en los desarrollos tácticos. Llega incluso a representar a la monarquía, asumiendo el papel no oficial de embajador y siendo recibido como tal, como vemos en la descripción que se hace en su crónica de la acogida por parte del rey de Nápoles:

> "El Gran Capitán, después de ser don Federico alzado por Rey, lo fue a visitar ... El Rey D. Federico, muy alegre y contento de las palabras y ofrecimiento del Gran Capitán de ayudarle y favorecerle en todo lo que tocase a la seguridad del reino, agradeciole mucho y con muy abundantes palabras su voluntad y díjole muy amorosamente que mucho tiempo había que de su fe y virtud y de su ánimo y esfuerzo tenía entero conocimiento"[156].

Igualmente importante resulta el hecho de que Gonzalo Fernández de Córdoba sea un militar que recibe un salario. Aunque en la primera guerra de Nápoles los reyes planean enviar al duque de Alba, al final no lo hacen y el Gran Capitán obtiene el mando de las tropas en tierra. Si bien su mando se ve supeditado al del conde de Trevento en el mar, quien está a cargo de la primera armada enviada (el Gran Capitán lidera la segunda hasta su encuentro), lo cierto es que disfruta de total autonomía en tierra, salvo por la correspondencia mensual que mantiene con los monarcas. Recibe unos honorarios denominados *mantenimiento*, que ascienden a 1.000 ducados anuales[157]. Ese salario, a cambio de sus servicios, representa un paso más en la profesionalización no solo del ejército como institución, sino también de su liderazgo.

Muy relacionado con el nombramiento de un capitán general, encontramos el nombramiento de múltiples capitanes entre las tropas enviadas a Nápoles. Con la característica de que estos capitanes son militares profesionales. Algunos de ellos son hidalgos, pero, mayoritariamente, no cuentan con vínculos nobiliarios, a diferencia de las tropas convocadas en la guerra de Granada. En el conflicto nazarí, los

---

[156]   «Crónica general de Gonzalo Fernández de Córdoba..., Cap. XXIX, p. 41.

[157]   Ladero Quesada, M.A., «Fuerzas navales y terrestres de los Reyes Católicos..., p. 39.

grandes dirigen sus mesnadas y se sientan junto al rey alrededor de la mesa de decisiones. En Nápoles no ocurre así. La crónica del Gran Capitán parece sugerir que capitanes de clase social modesta y personajes de cierto origen noble son considerados en un rango similar, cuando indica que los consulta por igual:

> "quiso tomar el parecer de los capitanes y gente principal de ejército, a los cuales les hizo saber lo que el Rey don Fernando le había enviado a decir, rogándoles dijesen en aquel caso lo que a ellos les parecía que debía hacer"[158].

Podemos interpretar esta característica de las tropas destacadas como un signo de la profesionalización del ejército. Si bien es cierto que, en gran medida, se debe a que se trata de una guerra luchada en un reino de ultramar y, por tanto, la disposición a luchar fuera de las fronteras es menos atractiva para individuos de clase social alta. Prueba de ello es que al Rosellón sí se desplazan tropas capitaneadas por un grande, el duque de Alba, o por el propio rey Fernando.

En cualquier caso, parece que la proporción de capitanes de origen llano es muy superior a la de aquellos de origen noble, en función del número de referencias que se les hace. Así encontramos numerosas menciones a militares como el capitán Escalada[159], el capitán Villalva que es mostrado "dando orden en el combate de la villa"[160], los capitanes Martín Gómez y capitán Muñoz[161] o los capitanes Cuellos y Navarro[162], frente a muy escasas referencias de capitanes nobles. Los diferenciamos porque estos últimos son citados aludiendo a su casa nobiliaria, como el *capitán Fabricio, hijo del Conde de Gonza*[163].

Un último aspecto a considerar referente a la transformación de las guerras es el incremento de los costes. Las guerras son cada vez más caras, pero, paradójicamente, suponen un esfuerzo más fácilmente asumible. La razón es que el nuevo tipo de guerra, de gran intensidad pero breve, no afecta a la capacidad productiva tanto como la guerra de desgaste medieval, poco intensa, pero continua. Por citar un

---

[158]   «Crónica general de Gonzalo Fernández de Córdoba…, Cap. XXVI, p. 34.

[159]   Rodríguez Villa, A., «Libro segundo de la conquista del reino de Nápoles hecha por el Gran Capitán Gonzalo Fernández de Aguilar y de Córdoba», en Rodríguez Villa, A., *Crónicas del Gran Capitán*, Bailliere e hijos, 1903, Madrid. Cap. XXXVII, p. 103.

[160]   Idem, cap. XXXVIII, p. 104.

[161]   Idem, cap. XXXIX, p. 108.

[162]   Idem, cap. XVLVI, p. 113.

[163]   Idem, cap. LII, p. 120.

ejemplo, la guerra del Rosellón requiere a la corona un gasto de 73 millones de maravedíes. Esta cifra representa una quinta parte de los recursos fiscales del reino[164]. Pese al elevado gasto, este conflicto no merma la capacidad productiva de Castilla. El coste de la primera guerra de Nápoles supera los 127 millones de maravedíes, principalmente pagados con recursos de la corona, pero de los que también forma parte la "contribución de la Hermandad"[165].

Pero, sin duda, la guerra de Granada supone el mayor esfuerzo económico de los conflictos estudiados y, por tanto, es la guerra que más influye en la transformación de la hacienda pública y los mecanismos de financiación. Las crónicas aportan detalles referentes a su financiación, poniendo de manifiesto lo novedosos y eficaces que resultan sus métodos. Se estima que su coste total en 1.000 millones de maravedíes, cantidad a la que se suman otros 150 en los necesarios gastos posteriores. Aproximadamente la mitad de esa suma procede de la corona y la otra mitad de concejos, nobles y órdenes[166]. Tienen gran importancia los recursos extraordinarios movilizados, entre los que destaca la bula de cruzada, por las connotaciones político-jurídicas que representa, pero que comparte importancia con los subsidios del clero procedentes del diezmo, los préstamos concedidos por ciudades, comerciantes y nobles, o la enajenación de recursos propios de la corona[167]. A estas contribuciones, teóricamente voluntarias, habría que añadir otras de forzado cumplimiento, como las contribuciones de guerra impuestas a judíos y mudéjares, o el tributo extraordinario sobre los ganados de la Mesta[168]. Se trata de un esfuerzo esencialmente castellano, en el que la reina Isabel es protagonista[169]. Su implicación particular va más allá de su empeño por buscar financiación, por lo que realiza importantes esfuerzos personales[170]. En cuanto al sector nobiliario, destaca el papel jugado por la nobleza andaluza. Son los principales beneficiados tanto de los botines obtenidos como del reparto final de tierras y señoríos. Su contribución, no solo se limita a la aportación de armas y hombres, sino también en los pagos a estos u otros esfuerzos extraordinarios cuando resulta necesario. En el cerco a Málaga, en 1487,

---

[164]   Del Val Valdivieso, M.I., «Las líneas maestras de la obra política isabelina en Castilla..., p. 270.

[165]   Ladero Quesada, M.A., «Fuerzas navales y terrestres de los Reyes Católicos..., p. 50.

[166]   Los gastos posteriores estimados corresponden a los años 1495 a 1504 y se distribuyen en dos partidas. La primera de 50 millones de maravedíes se refiere a tenencias y fortalezas, y la segunda de 100 millones destinada a pagos a guarniciones de peones. Ladero Quesada, M.Á., «Baja Edad Media..., p. 347.

[167]   Val Valdivieso, Mª.I. del, «Las líneas maestras de la obra política isabelina en Castilla..., p. 268.

[168]   Ladero Quesada, M.Á., «Milicia y economía en la Guerra de Granada: El cerco de Baza..., pp. 78-85.

[169]   Val Valdivieso, Mª.I. del, «Las líneas maestras de la obra política isabelina en Castilla..., p. 269.

[170]   Cook Jr., W.F., «The cannon conquest of Nasrid Spain and the end of the Reconquista..., p. 278.

Bernáldez indica cómo *algunos de los Grandes eran de opinión que no se diese combate, y todos los Grandes se prefirieron de ayudar al Rey con sus tesoros e faciendas fasta que por hambre tomase la ciudad, e que no quisiese poner a riesgo el real*[171].

En las guerras italianas, el uso de mercenarios es frecuente, dado que tanto españoles como franceses luchan fuera de sus fronteras. Por tanto, su poder de convocatoria es limitado y necesitan valerse de experimentados guerreros dispuestos a desplazarse a las zonas de conflicto. Los españoles reciben apoyo de soldados alemanes, enviados por el emperador. El ejército francés también se sirve de tropas mercenarias suizas:

> "Estando los franceses en aquel lugar de la puente de Losanto, viniéronles de socorro mil y quinientos suizos"[172].

El precio de estos profesionales es elevado, pero necesario. La crónica del Gran Capitán muestra cómo, a la muerte del Papa Alejandro VI, su hijo utiliza el tesoro vaticano para financiar su coste:

> "El Duque Valentino, luego murió el Pontífice, recogió todo el tesoro que su padre dejó y junto con esto se estuvo en el Vaticano con doce mil hombres de guerra"[173].

El coste de la guerra de Granada es más elevado. El reino nazarí paga por su derrota el mayor precio posible: la entrega del reino. Además, la destrucción sistemática de su estructura agrícola productiva sugiere un coste colosal por sí mismo. Para Castilla, los gastos tienen que ver con el pago de la numerosa convocatoria y recursos movilizados, el apoyo logístico y la inversión en armas, principalmente la artillería. Los reyes se implican al máximo con el coste de las operaciones. Los concejos contribuyen a la causa aportando soldados, además de bestias, mantenimientos y dinero[174]. A estos recursos se suman los obtenidos por la bula de cruzada y, como no resultan suficientes, se recurre al uso de préstamos. Palencia habla de las funestas consecuencias de usar tropas *asoldadas*, más económicas, en el asedio y toma de Loja en 1482.

---

[171]   Bernáldez, A., *Historia de los Reyes Católicos...*, cap. XVIII, p. 628.

[172]   «Libro segundo de la conquista del reino de Nápoles..., Cap. L, p. 117.

[173]   Idem, cap. C, p. 199.

[174]   Valdeón Baruque, J., «La Corona de Castilla en la época de Isabel la Católica..., p. 317. En 1485 durante la campaña de Ronda, en Sevilla hay una epidemia de peste. El 26 de marzo en Córdoba los reyes acceden a varias peticiones de Sevilla en relación con la epidemia que sufren y la guerra. La más importante concesión es que Sevilla pueda redimir con dinero su contribución a la guerra en caballeros y peones, bestias y mantenimientos. Carriazo, J de M.., *En la Frontera de Granada...*, p. 376.

"... como faltaba dinero ... el Rey prefería llamar a las tropas asoldadas ... produjo esto más tarde funestas consecuencias ... para el cerco y toma de Loja"[175].

Los malos resultados de Loja incitan a incrementar el uso de la artillería. Pero invitan también a usar tropas más profesionales que, pese a resultar más caras, son más efectivas y rentables en el largo plazo.

Sin duda, la posterior revolución militar fue posible gracias a una revolución fiscal previa llevada a cabo por los Reyes Católicos. Durante su reinado se crean nuevos tipos de rentas e impuestos o se gestionan de forma diferente, de manera que se posibilita el aumento y la mejora de los recursos militares, abriendo la puerta a los posteriores cambios profundos de la institución castrense[176].

No podemos afirmar con certeza que se diera una auténtica revolución militar en las guerras de Portugal y Granada. Sin embargo, los cambios que se producen son rápidos y profundos. Si a ellos les sumamos lo experimentado en Italia, podemos entender que lo aprendido en estos conflictos resultó fundamental para entender la revolución militar del siglo XVI. Sin duda, la profesionalización del ejército, inexistente en la guerra de Portugal y tímida en la de Granada, alcanza cotas inauditas para la Edad Media durante las campañas de Nápoles. La profunda reforma fiscal llevada a cabo permite afrontar el pago de campañas largas, no estacionales y nutridas de soldados profesionales. Así mismo, los cambios tácticos y estratégicos resultan esenciales, como comprobaremos en el siguiente apartado de este trabajo.

c) Nuevas tácticas y estrategias para un nuevo tipo de guerra

La principal premisa de este estudio es mostrar los profundos cambios que experimenta el ejército durante el reinado de los Reyes Católicos. Quizás uno de los cambios más obvios es el que afecta al modo de plantear los enfrentamientos. El reinado de Isabel y Fernando muestra una clarísima evolución de tácticas y estrategias desde un modo de entender la guerra puramente medieval a otro acorde con los cánones de la Edad Moderna. En el siglo y medio a partir de la guerra de Granada y comenzando con esta contienda, España se convierte en una de las naciones que más impulsó los cambios militares de repercusión global, que van desde la tecnificación del armamento hasta un cambio radical de la concepción táctica y social de la guerra[177].

---

175   Palencia, A. de, *Crónica... Guerra de Granada,* libro II, p. 94.

176   Ladero Quesada, M.Á., «Baja Edad Media...», p. 218.

177   Rodríguez Hernández, A. J. y Mesa Gallego, E. de, «Del Gran Capitán a los tercios...», p. 144.

Antes de nada, debemos descartar los tópicos decimonónicos sobre estrategia militar medieval que han condicionado muchos de los estudios militares sobre el periodo. Estos se refieren a una supuesta carencia de prudencia, disciplina y coordinación, así como una estructura de mando imprecisa. Estas características harían de los ejércitos entidades indisciplinadas, en las que la insubordinación sería frecuente y estarían motivadas exclusivamente por el botín obtenido en acciones puntuales[178].

Así mismo, estos tópicos inciden en carencias estratégicas, dando por sentado que los rasgos estratégico-tácticos de época clásica habrían caído en el olvido. Según el imaginario del siglo XIX, en las guerras medievales habría un claro predominio de la batalla campal. Esta estaría protagonizada por la caballería pesada, lo cual choca de frente con la realidad militar. Lo cierto es que, en la guerra medieval, las batallas campales ocupan un lugar casi irrelevante. Prácticas mucho más frecuentes son las escaramuzas, las talas, la destrucción de propiedades con fuego, además de algunos combates de cierta importancia[179].

Las batallas campales fueron más bien excepcionales en la Edad Media en general y, más aún, en la España medieval. Esta característica se debe, en gran parte, a la orografía peninsular, que dificulta el éxito de cargas con caballería pesada. Por esta razón, en Castilla se desarrolla una infantería especialista en desplegarse en orden abierto y combatir en una guerra de movimientos[180]. De este modo, encontramos tan solo dos batallas de cierta importancia en la guerra de Granada: Lucena (1483) y Moclín (1485). Podemos hablar de una preponderancia de la poliorcética, basada en la conquista y mantenimiento del territorio, con el establecimiento de bastiones defensivos en la estrategia, que acaba con el reino nazarí[181].

Pocos años más tarde, el 28 de abril de 1503, asistimos a una batalla que, por su relevancia y novedosas tácticas, rompe por completo con cualquier tradición medieval. Se trata de la batalla de Cerignola, en la que la infantería española aniquila la caballería pesada francesa, así como a los mercenarios piqueros suizos que apoyan a los gendarmes franceses. La victoria es particularmente importante por varios motivos. En primer lugar, porque es la primera vez que un cuerpo de infantería se enfrenta con aplastante éxito a las dos fuerzas con mejor reputación de la baja Edad Media en Europa. En segundo lugar, porque, también por primera

---

[178]   García Fitz, F., *Ejércitos y actividades guerreras en la Edad Media europea...*, p. 43.

[179]   Rodríguez Casillas, C.J., *A fuego e sangre: La guerra entre Isabel la Católica y Doña Juana en Extremadura (1475-1479)*, Editora Regional de Extremadura, Badajoz, 2013, pp. 125-127.

[180]   Rodríguez Hernández, A. J. y Mesa Gallego, E. de, «Del Gran Capitán a los tercios...», p. 148.

[181]   William, H., *The Art of War in Spain: The Conquest of Granada (1481-1492)*, Greenhill, Londres, 1995, pp. 13-56.

vez, se incorpora de forma masiva el uso de armas de fuego individuales, que dejan de ser meramente defensivas, para pasar a llevar la iniciativa. En tercer lugar, porque el terreno, además de ser aprovechado como ventaja, es modificado para limitar el movimiento del enemigo. Se construye un foso que ayuda a frenar a la caballería gala. Y, en cuarto lugar, porque plantea una combinación de armas que suponen la antesala de la especialización de los tercios. Así, los espingarderos son apoyados por 2.000 infantes alemanes armados con picas y otros tantos españoles con espadas[182]. La victoria española en esta batalla es tan contundente, gracias al uso combinado de la pica y la espingarda, que supone un antes y un después en la búsqueda y planteamiento de este tipo de combate.

Es verdad que en época clásica ya habían existido ejércitos profesionales y permanentes. Roma es el más claro ejemplo. Sin embargo, con el tiempo, la ausencia de recursos fiscales estables provocó la desaparición de ejércitos permanentes, capaces de añadir un grado de profesionalización de sus efectivos de forma integral. Algo que sí ocurrirá en los ejércitos modernos a partir del siglo XVI. Pero también es verdad que el siglo XV representa los antecedentes de un ejército permanente de incipiente creación[183]. Los cambios hacia la profesionalización no son perceptibles en la guerra de Portugal, se suceden a gran velocidad en la guerra de Granada y parecen estar plenamente integrados en las campañas de Nápoles. Las guerras estudiadas aceleran el proceso de lo que se conoce como la revolución militar de la Edad Moderna[184].

Esta evolución de un ejército puramente medieval a otro más cercano a lo acostumbrado en Edad Moderna tiene como pilares una serie de factores[185]. Entre ellos, podemos destacar la reorganización de los recursos militares a disposición de los monarcas. Esta reorganización ya es evidente a finales del siglo XV en Granada

---

[182]   Rodríguez Hernández, A. J. y Mesa Gallego, E. de, «Del Gran Capitán a los tercios..., p. 163.

[183]   Ladero Quesada, M.Á., «Baja Edad Media», en Ladero Quesada, M.Á. (coord.), *Historia militar de España II. Edad Media*, Ministerio de defensa-Secretaría general técnica y Ediciones del laberinto, S.L., Madrid, 2010, p. 265.

[184]   Hablar de Revolución Militar en el siglo XV parece algo aventurado, pero, sin duda, el reinado de los Reyes Católicos constituye los primeros pasos firmes hacia esa revolución consolidada en época moderna, que incluye cambios e incorporaciones como nuevas armas de fuego, una creciente profesionalización de los efectivos, nuevos diseños de barcos que transforman la guerra en el mar o avances decisivos en la navegación, Keen, M., «Armas de fuego, pólvora y ejércitos permanentes..., p. 386.

[185]   Como referencia para la comparación entre los ejércitos puramente medievales y las características novedosas que encontramos en las crónicas, resulta muy útil la recopilación bibliográfica que hace Ignacio Medel en: Medel Marchena, I., «La guerra en la Edad Media: Recopilación bibliográfica», en Casado Quintanilla, B. (Coor.), *La guerra en la Edad Media: XVII Semana de Estudios Medievales*, Nájera, del 31 de julio al 4 de agosto de 2006, Instituto de Estudios Riojanos, Logroño, 2007, pp. 533-555.

y lo es aún más en las guerras del Rosellón y Nápoles, en los primeros años del XVI[186]. Otros factores a considerar son los económicos. En este sentido, debemos hablar de la sistematización del régimen tributario. Los factores políticos también tienen una importancia destacada. Así, el afianzamiento de la monarquía y los avances hacia un gobierno absolutista tienen una relación simbiótica con el fortalecimiento de la institución castrense. También hay factores técnicos que debemos considerar. Entre ellos, destacan la generalización del uso de la artillería y los avances para la infantería con el uso de la espingarda. Por último, debemos destacar los factores sociales. Así, la progresiva integración de las órdenes militares como embrión del futuro ejército aporta experiencia y saber hacer profesional o la integración de los concejos en la estructura militar aporta la implicación en la gestión de una actividad, hasta entonces considerada exclusiva de nobles y reyes, por parte de instituciones tradicionalmente no asociadas con la misma[187].

Esta evolución es ignorada por las crónicas con frecuencia. Por el contrario, en otras ocasiones su interpretación de los cambios puede resultar exagerada[188]. Sin embargo, podemos comprobar cómo siguen predominando las estrategias y tácticas típicas de la Edad Media durante la guerra de Portugal, como se muestra en las descripciones de algunos de los importantes episodios estudiados[189]. Estas pueden ser divididas en tres grandes tendencias: la guerra de desgaste e incursiones, la guerra de asedio y fortificaciones y las batallas campales[190]. Estos son los términos utilizados por el historiador Francisco García Fitz. Si nos basamos en la nomenclatura utilizada por Miguel Ángel Ladero Quesada, entonces hablaremos de guerra guerreada, la defensa y vigilancia del territorio o "apellido" y guerra ofensiva[191].

Debemos aclarar también la diferencia entre estrategia y táctica, entendida la primera como el "arte de dirigir operaciones militares" según el diccionario de la Real Academia de la Lengua Española. Y táctica como el "arte de disponer, mover y

---

186   Ladero Quesada, M.Á., *Ejércitos y armadas de los Reyes Católicos...*, p. 115.

187   Ladero Quesada, M.Á., «Baja Edad Media...», pp. 265-268.

188   La relativa falta de objetividad es una característica frecuente en los relatos cronísticos que debemos tener en cuenta la hora de interpretarlos. Devries, K., «The use of chronicles in recreating medieval military history», en *Journal of medieval military history*. Vol. II, Woodbridge: The Boydell Press, 2004, pp. 1-15

189   Sirva de ejemplo la batalla de Toro, en la que tanto el ejército de Portugal como el castellano adoptan para entrar en combate una estructura típica medieval de tres alas, central, izquierda y derecha, reservando el cuerpo central en ambos casos a las huestes reales lideradas por el monarca. Sáez Abad, R., *La batalla de Toro 1476...*, p. 62.

190   García Fitz, F., *Ejércitos y actividades guerreras en la Edad Media europea...*, pp. 45-47.

191   Ladero Quesada, M.Á., «Baja Edad Media...», p. 242.

emplear la fuerza bélica en el combate". Es decir, debemos diferenciar, por un lado, el plan general de una campaña, ideada por reyes y nobles sobre plano, de la puesta en práctica ejecutada por los capitanes al mando sobre el terreno, en pleno desarrollo de los combates. Así, no faltan ejemplos en los que se plantean estratégicamente campañas con ataques, asedios, talas, etc., en función del conocimiento o desconocimiento previo de las fuerzas enemigas y el terreno, que, llegada la hora de la verdad, son modificadas a sobre la marcha. En ocasiones estos cambios tácticos vienen a subsanar errores estratégicos, lo que demuestra la importancia de la incorporación de profesionales en la cadena de mando. En otros casos, el saber hacer de los capitanes no es suficiente para compensar los errores estratégicos de base planteados por sus señores[192]. De esta forma, podemos deducir que el éxito del Gran Capitán en Nápoles se debe, en gran medida, a su pericia militar como soldado profesional. Su papel no se limita a la aplicación táctica de una estrategia general, sino que su planificación constituye la esencia de la estrategia en sí misma. Así, con un ejército menos numeroso y armado que el francés, consigue vencer, ideando nuevos planteamientos en el combate, que contrarrestan la inferioridad de sus tropas.

Los cambios estratégicos responden a múltiples cuestiones. Destacamos tres: cambios en la política llevada a cabo por los reyes, evolución técnica y transformación del ejército.

De forma general, podemos afirmar que los Reyes Católicos fomentan tres tipos de guerra. La primera sería el enfrentamiento en las fronteras terrestres con movilización de tropas al estilo tradicional. La segunda consistiría de asaltos y cabalgadas. La tercera implicaría la intervención organizada y ordenada de flotas[193]. La guerra de Granada encaja en la primera categoría, si bien el desarrollo de la misma difiere de la tradición por diversos motivos. La segunda categoría es palpable en los ataques marinos de la guerra de Portugal y en la conquista de las islas Canarias, así como lo será más adelante en los ataques portuarios del norte de África. En cuanto al tercer tipo, hasta la guerra de Nápoles no asistiremos a un ejemplo claro de la organización de la flota. Si bien hay un antecedente claro en el asedio a Málaga en 1487 y la llegada de pertrechos por mar al real.

---

[192]   A este respecto es necesario mencionar el estudio que hace Mathew Bennett de la *Guerra de los Cien Años*. Según su obra, la habilidad táctica del ejército inglés fue lo que garantizó sus múltiples éxitos iniciales en esta guerra, por encima de su conciencia estratégica. Esta habilidad habría sido desarrollada durante el reinado de Enrique III, basándose en el uso de arqueros y guerreros a caballo, pero desplegados a pie en posición defensiva, para hacer frente a las fuertes cargas de la caballería pesada francesa. Bennett, M., *La guerra en la Edad Media...*, pp. 169-170.

[193]   Ladero Quesada, M.Á., «Baja Edad Media...», p. 345.

En cuanto a la composición de las tropas, hay varios cambios que conducen a planteamientos tácticos novedosos. La caballería evoluciona de dos formas diferentes. La caballería pesada, al igual que ocurre en Europa, aumenta aún más su equipo con costosas armaduras. Es usada en la guerra de Portugal de forma extensa. En Granada se usa más por su efecto intimidatorio que por su eficacia. En el sur de la península tiene más importancia la caballería ligera. Los jinetes visten equipos muy livianos, con protecciones de cuero y lanza corta. Esto les permite enfrentarse a un enemigo rápido y conocedor del terreno. Las principales novedades de la infantería son la incorporación de espingarderos, que se unen a piqueros, lanceros y ballesteros. Estos llegan a constituir hasta el 80% del total de las tropas. A estos se unen un amplio número de efectivos relacionados con el manejo de la artillería de pólvora, así como peones para las talas, construcción de reales e infraestructuras necesarias para el transporte de las pesadas recuas. A partir de 1483 se le incorporan piqueros suizos mercenarios, que tendrán una gran influencia en la futura infantería y sus planteamientos estratégicos, al demostrarse muy efectivos contra la caballería enemiga[194].

Con frecuencia se ha dicho que la victoria castellana en Granada se debe a tres factores principalmente: el tamaño de su ejército, la primacía de la infantería y el uso de la artillería. El tamaño de las tropas convocadas es inequívocamente superior a las convocadas por Castilla en ocasiones anteriores, alcanzando los 60.000 hombres armados. La primacía de la infantería se muestra en el porcentaje de tropas de este origen. Quizás más importante aún que su número sea el hecho de que la estrategia se centra en las acciones de los soldados de a pie. Son ellos los verdaderos protagonistas de los planteamientos bélicos previos a los enfrentamientos, así como de los cambios tácticos durante el combate. Por último, el uso de la artillería resulta fundamental tanto para al éxito de los asedios como para la rapidez con la que se consiguen las capitulaciones. Las lombardas más poderosas son concentradas contra las partes más débiles de los muros, los pasavolantes y otros tiros medianos contra las puertas, mientras que falconetes, ribadoquines y espingardas son utilizadas a título individual[195].

Estos cambios no ocurren de forma espontánea. La guerra de Granada aporta valiosas lecciones que son utilizadas para mejorar la estrategia. La primera gran lección llega en 1482. El fracaso del asedio a Loja demuestra que los cercos deben ser diferentes. Esta experiencia conduce al contundente aumento de la artillería. La

---

[194]   Sáez Abad, R., *La batalla de Toro 1476...*, pp. 11-12.

[195]   Cook Jr., W.F., «The cannon conquest of Nasrid Spain and the end of the Reconquista...», pp. 260-261.

segunda gran lección llega en 1483. La derrota experimentada en Axarquía demuestra ineficaces las cabalgadas tradicionales y el uso de la caballería pesada. Este desastre conduce al incremento progresivo de la infantería y la sustitución de caballería pesada por jineta[196]. Estos cambios son palpables a partir de 1483. Ese año, en Íllora, la artillería es usada por primera vez no ya para poyar el asalto, sino que se convierte en la esencia del asalto. El efecto intimidatorio es tal que la plaza se rinde antes de disparar. El éxito abre la puerta, en 1484, a hacer lo propio en Alora y Setenil, empezando una nueva fase del conflicto con campañas anuales basadas en cercos y artillería[197]. A este nuevo modo de operar se le suman otras tácticas fruto del contacto con el mundo islámico, como el gran número de arqueros para contrarrestar a los jinetes granadinos, el protagonismo de objetivos económicos relacionados con la presencia de agua como molinos y huertas, efectuando talas masivas, o la importancia de atalayas y otros puntos de observación para advertir a la población. Así mismo, se incorporan otras importadas de Europa como la organización de las batallas y su división[198].

Llegada la guerra de Nápoles, los cambios se aceleran e intensifican. Esta rapidez solo puede entenderse como una combinación de tres factores: por un lado, las ordenanzas de los Reyes Católicos que anticipan un nuevo tipo de ejército. Dos, el genio militar del Gran Capitán. Y tres, la limitación de recursos de las tropas convocadas frente a un enemigo superior en número. Si la necesidad es la madre de la invención, Gonzalo Fernández de Córdoba encontró, en las difíciles circunstancias a las que se enfrentó, la inspiración para cambiar por completo los planteamientos tácticos y estratégicos imperantes hasta entonces. Experimentado profesional de las armas, en Nápoles se enfrenta a un ejército más numeroso, que cuenta con la caballería pesada más temida de Europa, asistida por los temidos piqueros suizos, así como una poderosa artillería. Para contrarrestar estos aspectos, las tropas españolas modifican sus planteamientos desde tres pilares básicos: cambios en la infantería y la caballería ligera, nuevos usos de la artillería y guerra en el mar.

---

[196]   Belenguer E., *Fernándo el Católico: Un monarca decisivo en las encrucijadas de su época...*, p. 147.

[197]   Cook Jr., W.F., «The cannon conquest of Nasrid Spain and the end of the Reconquista...», p. 272.

[198]   Cada batalla se compone de 10 cuadrillas de 50 hombres cada una y lideradas por un cuadrillero. 5 cuadrillas representan una división, aunque esta medida no está estandarizada. Nicole, D., *European medieval tactics. New infantry, new weapons (1260-1500)*, Osprey Publishing, Oxford, 2012, p. 61.

- Cambios en la infantería y la caballería ligera

Como hemos dicho, las tropas españolas se enfrentan a un enemigo superior en número y en el que la caballería pesada tiene gran importancia. El Gran Capitán aprende, en la guerra de Granada, lo eficaz que la caballería ligera nazarí puede resultar al enfrentarse con la pesada. Llegado el momento de luchar contra las tropas francesas, la agilidad de la jineta andaluza es replicada con éxito Nápoles. Así mismo, la infantería recibe un gran impulso tanto por el número de soldados de a pie movilizados como por las armas utilizadas y su posicionamiento en el combate. Estos cambios, con el tiempo, darán forma a los futuros tercios. Aunque oficialmente nacen con la ordenanza de Génova de 1536, encontramos en las crónicas un claro precedente en el año 1503, en el que la infantería española vence a la vanguardia francesa, compuesta por caballería pesada y muy superior en número de efectivos. En este episodio se muestra la importancia de las nuevas armas de la infantería, cuando la crónica dice que "andaban tantas escopetas y ballestas que mucha gente de una y otra parte caía muerta ... murieron el visorrey de Nápoles monsieur de Nemon, de un arcabuzazo ... ". A continuación, la eficacia de la infantería frente a la caballería pesada queda patente al decir que:

> "toda la otra gente de Diego García de Paredes, que sería mil quinientos hombres saltó fuera de las viñas ... la gente de armas francesa, que por se salvar de los españoles a gran prisa huía, rompiendo por un costado su propia infantería que ya combatía por la otra parte con el escuadrón de la infantería especial ... el suelo estaba lleno de espadas, picas, alabardas, muchos jinetes quebrados, mucha gente de la una parte y de la otra muerta"[199].

Esta eficacia mostrada por la combinación de infantería y caballería ligera hace que las batallas campales, típicamente evitadas en la Edad Media a favor de otras tácticas como asedios y cabalgadas, sean ahora buscadas de forma activa. Así se muestra en la batalla a campo abierto de Cerignola, también en el año 1503, en la que la artillería es emplazada en la vanguardia, seguida de la infantería, mientras que la caballería ligera ataca por detrás a la caballería pesada francesa[200]. La exitosa fórmula de esta batalla muestra una relación de 8,75 infantes por cada hombre de armas. Así mismo, ejemplifica un nuevo uso de la artillería basado en su movilidad, en el que adentraremos en el siguiente apartado.

---

[199]   «Libro segundo de la conquista del reino de Nápoles..., Cap. LXXVI, p. 160.
[200]   Idem, Cap. LXXX, p. 167.

Si bien esa proporción de infantes con respecto a la caballería parece alta, lo cierto es que en otros momentos del conflicto es mucho mayor. Así, por ejemplo, el envío de tropas el cinco de junio de 1500 capitaneadas por Gonzalo Fernández de Córdoba cuenta con una proporción infantería/caballería de 1 a 14. Si descontamos la caballería ligera, entonces la proporción aumenta hasta 1 a 29:

"Y por esta razón envió otra segunda vez al Gran Capitán Gonzalo Fernández de Aguilar, con una muy buena armada de gente y artillería ... y metió en ella siete mil infantes y trescientos hombres de armas, y más de trescientos caballos ligeros"[201].

Llegados a este punto, se nos plantean dos grandes interrogantes. El primero es si hubo un punto de inflexión concreto al que podemos atribuir el cambio que se produce entre los enfrentamientos de corte medieval y los modernos o si, por el contrario, hablamos de un proceso de cambio lento. El segundo es si las crónicas reflejan ese cambio.

La respuesta a la primera cuestión es un tanto ambigua, ya que los cambios se producen de manera progresiva, aunque con relativa rapidez. Tardan algunos años en ocurrir, lo cual, desde la óptica contemporánea, puede producir una falsa sensación de estancamiento. Sin embargo, si consideramos que la guerra apenas había cambiado en los 1.000 años anteriores, los cambios producidos durante el reinado de Isabel y Fernando resultan revolucionarios. Así, por ejemplo, la incorporación masiva de la artillería en la estrategia parece ocurrir casi de la noche a la mañana, en torno al año 1484. El incremento de la fuerza naval cuenta con un punto clave en 1487, durante el asedio a Málaga, y otro en 1495, durante la primera guerra en Nápoles. Y si tratamos de localizar un punto de inflexión a nivel táctico, no podemos ignorar la única derrota sufrida por el Gran Capitán en Italia. El 21 de junio de 1495, en Seminara, las tropas españolas caen ante el ejército francés. La principal razón es que se ven obligadas a combatir al estilo italiano, ya que están al mando del rey Ferrante II (también llamado Fernando II en las crónicas), contra un enemigo muy superior en tácticas tradicionales. Es a partir de esa derrota cuando Gonzalo Fernández de Córdoba decide dejar de luchar usando un estilo que perjudica a sus hombres, para poner en práctica las tácticas aprendidas durante la guerra de Granada. En ese punto de la contienda y con solo 2.500 hombres, de los cuales 100 eran hombres de armas y 400 jinetes ligeros, desarrolla tácticas de guerrilla, enfrentamientos de baja intensidad y golpes de mano que buscan minar el ejército

---

[201]   «Libro segundo de la conquista del reino de Nápoles...», Cap. IX, p. 62.

francés, superior en número y armamento, pero incapaz de reaccionar ante la rapidez de los españoles[202]. Como novedad, el Gran Capitán dispone sus soldados en orden abierto y los posiciona de forma que el terreno se convierte en una ventaja. Utiliza la rapidez de sus tropas para marcar el tempo más favorable y llevar al enemigo a la localización más ventajosa posible[203].

La segunda pregunta que se nos planteamos es hasta qué punto son los cronistas conscientes de estos cambios estratégicos. La respuesta es que sus relatos sí reflejan algunos de los cambios que están sucediendo, a partir de las diferencias que expresan con respecto a los modos tradicionales de guerrear.

La primera gran diferencia que llama la atención es esa búsqueda del combate en terreno abierto o batalla campal a la que acabamos de hacer referencia. Citando de nuevo a Francisco García Fitz, debemos referirnos a lo que él denomina el *mito historiográfico de la batalla campal*. Con este término se refiere a la tradicional distorsión que sufre la percepción de las guerras medievales. Distorsión que dota de mayor peso a la presencia de batallas campales en base a los numerosos estudios militares de edad moderna centrados en las mismas, como modelo del que aprender y del que extrapolar tácticas ofensivas y defensivas. Esa distorsión supondría dejar relegado a un segundo plano otras facetas de la actividad militar mucho más definitorias del periodo, como la guerra de desgaste o los asedios, eclipsados por el comportamiento del caballero pesadamente armado del medioevo. Para demostrarlo, García Fitz aporta un dato revelador. Desde la última década del siglo XI hasta la última década del siglo XIII, periodo durante el cual las fronteras castellanoleonesas pasaron desde el río Tajo hasta el estrecho de Gibraltar, apenas encontramos cuatro o cinco grandes batallas: Zacala, Uclés, Alarcos y las Navas de Tolosa[204].

Sin embargo, en la guerra de Portugal sí vemos un deseo frecuente por parte del rey Fernando de librar batalla, frente a asedios y desgastes. De esta forma, las crónicas portuguesas describen cómo el ejército castellano llega a Toro con todo su poder, dispuesto a entrar en combate.

"El-Rei D. Affonso e a Rainha se foram a cidade de Touro, e como El-Rei D. Fernando vei u sobre elle com todo seu poder"[205].

---

202 Quatrefages, R., *La revolución militar moderna. El crisol español...*, p. 121.

203 Ladero Quesada, M.A., «Fuerzas navales y terrestres de los Reyes Católicos...», pp. 11-58.

204 García Fitz, F., *Ejércitos y actividades guerreras en la Edad Media Europea...*, pp. 61-62.

205 Pina, R. de, *Chronica de El-Rei D. Alffonso V...*, cap. CLXXIX, pp. 79-80.

La reacción portuguesa, por otro lado, es evitar tal batalla. Tal vez una relativa superioridad de las tropas castellanas esté relacionada con esta decisión. Pero la razón más probable es que Portugal cuenta con la protección de los muros de una ciudad bien abastecida de agua y alimentos, que difícilmente puede caer con un asedio. En cambio, los castellanos, en una posición menos segura y más incómoda, con su real situado en la otra orilla del río Duero, dependen del clima, de la llegada de suministros y se enfrentan a una posible llegada de refuerzos de Portugal. Es decir, que el tiempo juega a favor de los portugueses, pese a encontrarse sufriendo un asedio. En estas circunstancias, el rey Fernando se dirige al portugués, ofreciendo garantías de respetar la posesión de la fortaleza durante la batalla. Llega incluso a ofrecer un combate singular entre ambos reyes, si la superioridad del ejército castellano fuera la causa final del rechazo portugués.

> "...como quiera que el justo juez y señor de los ejércitos se dignaría conceder la victoria en aquella batalla al partido que tuviese de su parte la Justicia. Más si por caso D. Alfonso presentase por excusa para rehusar el combate el sitio de la fortaleza en que estaba empeñado D. Fernando le prometía entregarla bajo juramento militar en poder de algún noble y honrado sujeto que, concluida la batalla, diese entrada al portugués. Si el motivo de la excusa fuese el temor de sus tropas al superior número de las castellanas, D. Fernando estaba pronto a entrar en singular combate con el rey de Portugal, a condición de que no le difiriese, sino que aceptase inmediatamente el reto"[206].

Queda claro, en el relato de Palencia, que el factor tiempo importa mucho a los castellanos, ya que el rey está dispuesto a combatir personalmente, a cambio de que el duelo no se demore. También quedan claros los deseos castellanos de librar batalla, evitando un asedio, dado que están dispuestos a ofrecer garantías a los portugueses de respeto a la fortaleza que estos controlan y que sea la voluntad divina quien determine el vencedor.

Ambos bandos tratan de estar preparados para una eventual batalla que parecen buscar unos u otros, según las circunstancias. Así, vemos a los castellanos agrupando tropas en Peñafiel, a la espera de un ataque portugués que parece inminente en su camino hacia Burgos y al que se espera poder contestar con batalla campal.

> "Tenía éste (el rey Fernando), cerca de 4000 peones vascongados escogidos, y había reunido, entre los nobles más de su intimidad, unas 500 lanzas; con lo que no le parecía

---

[206]   Palencia, A. de, *Crónica...* Década tercera, libro III, cap. V, pp. 212-213.

temible la llegada del Portugués con 1800 caballos, siempre que su caballería se aumentase hasta poder oponer 1200 lanzas al enemigo, con quien quería entrar en campal batalla si osaba acercarse"[207].

Vemos también cómo, de vuelta a Toro y Zamora, ambos bandos concentran fuerzas para una posible eventual batalla, que parece cada vez más segura y cuyo resultado se antoja definitivo para el desenlace de la guerra.

"Contaba el rey D. Fernando en Zamora con 2200 caballos y 5000 peones, con los que iba estrechando más el cerco de la fortaleza, y como el de Portugal, al reunírsele su hijo, podía juntar en las cercanías de Toro 3500 caballos y 20000 peones, la batalla no parecía dudosa. De su resultado era fácil conjeturar que dependería el ensalzamiento de uno de los partidos y la completa opresión del otro"[208].

Más adelante, Palencia muestra las diferencias de criterio internas del ejército portugués, ya que el rey Alfonso se muestra partidario de entrar en combate, en tanto su hijo el príncipe y su aliado el arzobispo de Toledo lo consideran demasiado arriesgado.

"Por todo esto el rey de Portugal juzgaba muy propicia para alcanzar glorioso triunfo aquella ocasión de librar combate. El Arzobispo de Toledo y el príncipe D. Juan tenían opinión contraria"[209].

Alfonso V también propone en algún momento resolver la guerra mediante una batalla campal. Para el rey portugués, la solución pasa por el enfrentamiento directo, mientras doña Isabel y doña Juana son puestas en *tercería*[210]. Propone esta opción solo cuando el apoyo francés ha sido descartado y la balanza en los combates se está equilibrando a favor de los Reyes Católicos. A este respecto, las crónicas portuguesas plantean un escenario muy diferente al señalado por las castellanas. Según Ruy de Pina, es el rey Fernando quien decide evitar la batalla, pese a que sus tropas son superiores en número y la potencia de su artillería mayor, por considerar dudosa la victoria.

---

[207] Palencia, A. de, *Crónica... Década tercera*, libro XXIV, cap. II, p. 231.

[208] Idem, libro XXV, cap. V, p. 263.

[209] Idem, libro XXV, cap. VIII, p. 270

[210] Val Valdivieso, Mª.I. del, «La Reina Isabel en las crónicas de Diego de Valera y Alonso del Palencia», en Valdeón Baruque, J. (ed.), *Visión del reinado de Isabel la Católica*, Ámbito e Instituto de Historia de Simancas, Valladolid, 2002, p. 76.

"Assemtaram seu arrayal no longo do Doiro acima de cidade…de gentes e artiharias muito mais poderosos que El-Rei D. Affonso…el-Rei D. Fernando por escusar no cometimento uma perda certa por victoia tão duvidosa, não quiz cometer o combate"[211].

En cuanto a la guerra de Granada, se observa cómo los *moros* procuran evitar la batalla campal, buscando otras tácticas como cabalgadas, incursiones, ataques por sorpresa y algaradas, todas ellas correspondientes a una estrategia de desgaste típicamente medieval[212]. Castilla abandona también la búsqueda de batallas campales. Las razones pueden ser numerosas, como la eficacia del sistema de asedios, el peligro de una batalla contra un enemigo veloz o, simplemente, la imposibilidad de encontrar a este a campo abierto por su propia estrategia, modo de combatir o su inferioridad numérica. Tan solo hay dos batallas de cierta relevancia en toda la guerra. Las crónicas destacan la de Lucena, pero el énfasis en su relato no se debe tanto a la batalla en sí, como en el apresamiento de Boabdil en la misma. De hecho, ese enfrentamiento evita en cierta medida que vuelvan a producirse choques de este tipo.

También podemos encontrar otra razón en el progresivo crecimiento de la jineta castellana. La caballería ligera se muestra mucho más eficaz que la pesada en Granada, que sigue utilizándose pero que pierde relevancia. La jineta, armada con lanzas ligeras y jabalinas, resulta una fuerza de acción rápida, que ayuda en los desplazamientos y en operaciones puntuales[213]. El ejército nazarí, inferior en número y armamento, es ligero y rápido, por lo que resulta temible en escaramuzas[214]. Paradójicamente, esta característica obliga a Castilla a evitar enfrentamientos abiertos y fortalecer la táctica del asedio que, aunque típicamente medieval, es afrontada con medios más propios de ejércitos modernos.

Es precisamente por esto por lo que, en Granada, es evidente el nuevo carácter que la actividad guerrera está adquiriendo, así como la rapidez con la que evoluciona. Sus protagonistas se dan cuenta de los cambios que están experimentando y las propias crónicas reflejan que se vive *una guerra de nuevo género*[215], en la que los modos tradicionales empleados por los moros no tienen posibilidad de éxito.

---

[211]　Pina, R. de, *Chronica de El-Rei D. AlffonsoV…*, cap. CLXXIX, pp. 79-80.

[212]　Conviene aclara que el grueso de los enfrentamientos fronterizos durante los siglos que dura la denominada "Reconquista" se atribuye a cabalgadas, asedios y operaciones de desgaste, dejando muy atrás la importancia de las batallas campales, tanto en el bando musulmán, como en el cristiano. Para más información, ver: García Fitz, F., *La guerra contra el Islam peninsular en la Edad Media*, Síntesis, Madrid, 2019.

[213]　Nicole, D., *European medieval tactics. New infantry, new weapons (1260-1500)…*, pp. 61-62.

[214]　Verdera Franco, L., «La conquista de Granada: 1382-1492…, p. 71.

[215]　Guerra de nuevo género es el término que emplea Palencia para describir los cambios que se producen en los enfrentamientos. Palencia, A. de, *Crónica… Guerra de Granada*, libro VIII, p. 213.

Esta es, probablemente, la principal razón por la que se evitan las batallas campales. Los asedios, antes ineficazmente prolongados en el tiempo, son ahora rápidos y eficientes, gracias a la artillería. La fiabilidad que muestra la artillería en el éxito de los asedios define la estrategia castellana a partir de 1485, como veremos más adelante y representa una clara evolución en el modo de guerrear.

Esta evolución implica cambios tácticos y estratégicos y, dado lo novedosos que resultan, con frecuencia llevan a los nobles a opiniones diferentes sobre el modo de ejecutar las campañas. Ya desde el comienzo del conflicto, en 1482, se vislumbra una división entre los Grandes, sobre la mejor forma de enfrentarse a un conflicto que, por otro lado, todos están de acuerdo en iniciar[216].

Palencia reconoce que los moros están acostumbrados *a toda clase de guerra*, pero los ataques castellanos se escapan a su experiencia, por ser capaces de desbaratar los muros de las poblaciones con rapidez. Así lo recoge el cronista cuando habla de la campaña en Écija:

> "en Écija se trabajaba furiosamente en la construcción de toda suerte de máquinas de Guerra ... infundían éstas gran terror a los moros que, acostumbrados a toda clase de guerra, nada les causaba en los pasados años mayor espanto que el repentino estrago de murallas y baluartes"[217].

Esta descripción, correspondiente al año 1486, es muy reveladora por varias razones. Por un lado, refleja la frenética actividad constructora de armamento en la que se ha embarcado el ejército castellano y que resultará definitiva no solo para su victoria en Granada, sino también en conflictos posteriores. Miguel Ángel Ladero Quesada habla de al menos un centenar de piezas de artillería –aunque no todas en buen uso-, sobrantes del conflicto granadino que, a partir de 1495, son utilizadas en la guerra del Rosellón. Y a las que, con la experiencia ganada en Granada, se añadirán rápidamente otras manufacturadas en Baza, Medina del Campo, Perpiñán y Málaga, a partir de 1499[218]. En segundo lugar, la cita descubre el tremendo efecto psicológico que el nuevo tipo de guerra tiene sobre el enemigo. Como veremos a continuación, las referencias del horror experimentado por los nazaríes, poco acostumbrados a la nueva tecnología empleada, es determinante y, sin duda, hizo más fácil la victoria final castellana. Por último, la descripción de Palencia plasma la inusitada rapidez con la que la guerra de Granada se lleva a cabo. Describe el cronista como *repentino estrago*

---

[216]   Palencia indica que los grandes tienen una *"opinión unánime en cuanto a romper la Guerra, no así al modo de hacerlo"*. Palencia, A. de, *Crónica... Guerra de Granada*, libro II, p. 92.

[217]   Idem, libro VI, p. 162.

[218]   Ladero Quesada, M.Á., *Ejércitos y armadas de los Reyes Católicos: Nápoles y el Rosellón...*, p. 121.

de murallas y baluartes el efecto que la maquinaria bélica castellana tiene sobre las estructuras arquitectónicas del reino nazarí. Sin duda, el uso de materiales poco resistentes a la potencia de las nuevas armas de fuego y la falta de adaptación de sus defensas contribuyeron a un éxito castellano mucho más veloz de lo anticipado. Esto animó a los Reyes Católicos a invertir sumas abultadas en la manufactura de tan eficaz armamento.

- *Carácter estacional y temporal*

En otro orden de cosas, hay que recordar que el carácter estacional es una de las características propias de la guerra medieval[219]. Esta estacionalidad responde a la necesidad de un clima favorable durante los prolongados cercos. Así mismo, su carácter temporal responde a la ausencia de tropas permanentes y profesionales, ya que los ejércitos medievales se componen, esencialmente, de mesnadas reunidas para campañas específicas. Esto quiere decir que se busca el momento idóneo en el que realizar una campaña, para evitar la desventaja de luchar en condiciones climáticas adversas. Y si la campaña se antoja prolongada, se hace lo posible por concluirla pronto tanto por cuestiones logísticas como para evitar que el clima se convierta en un factor en contra.

Durante el reinado de los Reyes Católicos, esta doble característica de la guerra medieval desparece progresivamente.

Ya la guerra de Portugal, pese a ser un conflicto casi puramente medieval, muestra indicios de escapar a esa tendencia. La intervención del reino portugués en la guerra de sucesión castellana se traduce en una invasión lusa apoyada por un sector de la nobleza castellana. En esas circunstancias, el bando isabelino no puede esperar a que el clima sea más propicio y ha de actuar independientemente de la estación en la que se encuentren. Ambos bandos cuentan con suficientes apoyos locales como para garantizar suministros y refugio en caso de necesidad. Valera y Palencia hablan en sus crónicas de los rigores del invierno burgalés durante el asedio a la fortaleza de la ciudad. Pulgar habla también de la crudeza del invierno en Zamora en 1476. Indica cómo las tropas, refugiadas del frío en sus casas, están dispuestas y deseosas de salir y enfrentarse en batalla contra los portugueses.

> "Los vuestros (ejército de los Reyes Católicos), por la gracia de Dios, todos deseosos de vuestro servicio, e de se vengar de aquella osadía que los portugueses han cometido; sus

---

[219]   García Fitz, F., *Ejércitos y actividades guerreras en la Edad Media Europea...*, p. 11.

personas e sus caballos han estado en casas, defendidos de la fortuna del invierno. Están eso mismo muy dispuestos para la batalla, porque ellos salen, e los mismos vuelven"[220].

En la guerra de Granada, en un principio, sí parece mantenerse el carácter estacional propio de las guerras medievales. Dado el elevado número de tropas convocadas, los Reyes Católicos eligen los meses de clima favorable para sus campañas, en tanto que durante los meses de invierno se dedican a asegurar los recursos necesarios para estas. Normalmente lo hacen desde Sevilla o desde Córdoba, como centros de poder político y logístico. Las campañas militares se aplazan hasta que el clima es más propicio, como la primavera y el verano o hasta que el impacto de las talas pueda ser aprovechado al máximo, es decir, en los meses de julio a septiembre. Sin embargo, no faltan ejemplos que sugieren un cambio de tendencia, muy probablemente basado en el éxito de las campañas iniciales y la constatación de que las victorias se suceden a una velocidad mayor de lo acostumbrado. Así, vemos en 1485 el primer gran ejemplo, cuando el rey Fernando se muestra confiado en poder tomar Loja en invierno y de noche.

> "D. Fernando concibió la esperanza de apoderarse de ella (Loja) sin gran dificultad si durante el invierno y de noche, el ejército lograba acercarse con el mayor silencio a las murallas y arrimar las escalas sin que el enemigo se percibiese"[221].

Si bien este ataque no llega a llevarse a cabo, entre otras razones por que la reina es advertida por don Álvaro de Mendoza de los riesgos del ataque, sí muestra un cambio en la forma de operar, lo que pone en cuestión el concepto de estacionalidad tan recurrente hasta entonces.

El cerco de Baza de 1489 es el ejemplo más claro del progresivo cambio de tendencia a este respecto. Destaca la construcción de un real con casas de piedra, pensado para soportar el frío invierno de la sierra granadina. Esta decisión castellana sorprende a los moros de Baza que, acostumbrados a campañas limitadas en el tiempo, no creen posible que el real castellano pueda sostenerse, como indica Pulgar:

> "E asimismo dezían que el caudillo e los moros de la çibdat avrían demandado partido de entregar la çibdat, salvo por algunos cristianos que se pasaban a ellos , e les daban confiança çierta que el Rey no se podría sostener, por los grandes trabajos que las gentes padecían en los muchos días que allí avían estado, e por las menguas e carestía de viandas que avía en la hueste, e por el tiempo del invierno que venía presto; en el qual

---

220   Pulgar, H. del, *Historia de los Reyes Católicos...*, cap. LXII, p. 205.
221   Palencia, A. de, *Crónica... Guerra de Granada*, libro V, p. 138.

sería ynposible, según la calidat de la tierra, estar gente en el campo. E estas informaciones que se avían acá e allá, facían a los unos y a los otros sufrir los trabajos que padecían, los unos pensando ser desçertados, e los otros esperando aver la çibdat"[222].

Comprobamos que el erróneo cálculo de los habitantes de Baza está basado en la opinión de algunos de los propios soldados castellanos. Son conscientes de las dificultades del real en invierno a causa de las bajas temperaturas, pero también a causa de las dificultades de abastecimiento y el encarecimiento de los productos básicos. Ambos se equivocan y Baza acaba cayendo ante un ejército castellano determinado a imponerse, pese a las dificultades añadidas de la estación y al colosal esfuerzo financiero requerido.

Respecto a la velocidad que adquieren las campañas, esta anima a realizar operaciones más ambiciosas y arriesgadas. No solo eso; también lleva a desestimar cercos que, en otra época, hubieran resultado atractivos. Sin embargo, en ese momento se consideran demasiado largos y, por tanto, contrarios al nuevo modo de operar, basado en la eficacia y la rapidez que otorga la superioridad técnica. Vemos así cómo, en 1486, el rey Fernando desestima cercar Montefrío, pese a su proximidad a Granada y su lógico interés estratégico, por lo prolongado que resultaría y el escaso papel que la artillería puede jugar ante sus defensas naturales.

> "No quiso D. Fernando poner sitio a Montefrío aunque muy próximo a Granada...las rocas...de antemural habían de prolongar mucho el sitio y apenas quedaba espacio para el fuego de las lombardas"[223].

Esta cita hace alusión al uso de la artillería, cuya incorporación creciente es otro de los aspectos más destacables entre los cambios que está experimentando el ejército. Su importancia es tan grande que conviene que dediquemos un apartado para hablar exclusivamente de ello.

Llegada la guerra de Nápoles, parece que la estacionalidad ha dejado de ser una cuestión determinante. Si bien el clima puede seguir teniendo importancia en los planteamientos estratégicos, como la tiene hoy en día, ya no es un aspecto incuestionable, como podía serlo hasta entonces. Cabe destacar que la convocatoria inicial de tropas se hace en el mes de junio del año 1500, lo que podría sugerir un cierto carácter estacional, pero lo cierto es que responde a la petición de ayuda del reino de Nápoles y no a la previsión del clima durante la campaña. Prueba de ello

---

[222]   Pulgar, H. del, *Historia de los Reyes Católicos...*, cap. CCXLVI, p. 408.
[223]   Palencia, A. de, *Crónica...* Guerra de Granada, libro VI, p. 166.

es que las tropas destacadas no regresan hasta cumplir su cometido, independientemente del tiempo empleado. Cuestión aparte, merece la pena mencionar las bondades del clima del reino de Nápoles, lo que, sin duda, contribuyó a restar importancia a la estacionalidad del conflicto. No obstante, eso no significa que no haya diferencias significativas de unos meses del año a otros.

- Guerra en el mar

Aunque en este trabajo el ejército -y no la armada- ocupa nuestra atención, dignos de mención son los enfrentamientos en aguas marinas, ya que constituyen un claro referente de la evolución de la guerra durante el reinado de los Reyes Católicos.

Durante la guerra de Portugal, la guerra en el mar es aún poco más que testimonial, pero empieza a dar muestras de la importancia que adquirirá con el tiempo. De acuerdo con la opinión de algunos historiadores, los combates en el Atlántico durante esta guerra son aún más violentos que los llevados a cabo en tierra. Exagerada o no, lo que parece claro es que la intensidad de la lucha en el mar crece durante toda la contienda[224]. A este aspecto contribuyen los ataques piratas llevados a cabo por individuos de ambos reinos, que se ven apoyados por sus reyes gracias a las patentes de corso. Estos permisos, que legalizan la piratería, aumentan la violencia en el mar, hasta el punto de alcanzar una especie de estado de guerra permanente[225]. Por supuesto, Castilla no es el único reino que hace uso de esta práctica. En las crónicas, encontramos referencias al pirata francés Colón, que opera en beneficio del bando enemigo. Palencia llama a este marino pirata, mientras que Valera lo denomina por el cargo de almirante que le es otorgado en Francia, lo que indica diferentes actitudes respecto al corso. Las citas indican cómo la desembocadura del Tajo en Portugal se convierte en la base de operaciones de su flota, llegada desde el reino galo[226]. Sus acciones adquieren gran importancia en el desarrollo de la guerra en el mar. Cabe destacar el hecho de que las desembocaduras de algunos ríos son elegidas como punto de partida de ataques. En ellas tiene lugar la reparación de los barcos, además de servir como puntos estratégicos para el apoyo logístico de los navíos. Esta circunstancia confiere a los puertos fluviales cierta relevancia en la incipiente guerra marítima.

---

[224]   Romero Portillo, P., *Dos monarquías medievales ante la modernidad...*, p. 144.

[225]   Córdoba de la Llave, R., «Violencia por conflictos comerciales entre Castilla y Portugal (1475-1479)», en *Congreso internacional Bartolomeu Días e a sua época*, Oporto, 1489, pp. 177-178.

[226]   Palencia, A. de, *Crónica... Década tercera*, libro XXIV, cap. VII, p. 243.

El estrecho de Gibraltar adquiere gran importancia estratégica en este conflicto. El día 10 de mayo de 1475 Portugal inicia su invasión de Castilla. El 25, el rey Alfonso se casa con doña Juana en Plasencia. Ese mismo mes la reina Isabel ordena labores de vigilancia del estrecho. Aragón contribuye a esta labor policial enviando cuatro galeras. Estas encuentran en la desembocadura del Guadalquivir su base de operaciones. El objetivo del control del estrecho es presionar a la marina portuguesa, para intentar acabar apropiándose de los derechos que reino luso ostenta sobre las aguas Atlánticas[227]. La rapidez con la que se lleva a la práctica un cambio estratégico tan importante en la política militar del reino refleja la rivalidad de ambos reinos en el Atlántico y la importancia del estrecho. Así mismo, podemos deducir el valor de este enclave como paso obligado del comercio entre el Mediterráneo y el Atlántico, lo que contribuye al interés de ambos reinos por controlarlo. En cualquier caso, la guerra en el mar adquiere relevancia gracias a la construcción, por primera vez en Castilla, de una fuerza militar marina de titularidad real.

Carlos de Valera, hijo de Diego de Valera, cuya crónica utilizamos en el presente estudio, es el encargado de reunir esta flota, siguiendo el mandato real. Su tarea no resulta fácil, debido a los intereses particulares de algunos nobles andaluces. Estos, temerosos de perder su dominio del comercio regional, complican su trabajo, interponiéndose al abastecimiento de la flota en Andalucía. No obstante, consigue sacar el proyecto adelante.

La marina castellana pasa de ser casi testimonial y dependiente de la ayuda de Aragón, a un estado embrionario, por un breve periodo de tiempo[228]. Pronto, se le une la dotación en el mar que se otorga a la recién nacida *Hermandad,* con carácter permanente y profesional. Rápidamente, esta flota se convierte en operativa y eficaz, lo que provoca que los combates en el mar ganen intensidad.

La nueva marina castellana presiona a Portugal, asaltando los barcos que llegan de Guinea. Esto provoca que Portugal pierda de facto el monopolio comercial del que gozaba hasta entonces en la zona y alienta la expansión castellana en Canarias, que culmina con la conquista de Tenerife en 1496. Paradójicamente, los comerciantes castellanos parecen tener más libertad de actuación durante épocas de guerra que en época de paz, durante el reinado de Isabel I. Los enfrentamientos en el

---

[227]   Sáez Abad, R., *La batalla de Toro 1476...*, p. 77.

[228]   A este respecto, conviene aclarar que los orígenes de la marina castellana se remontan al siglo XIII y parece consolidarse durante la guerra de los cien años, en la que Castilla actúa como baluarte de Francia. No obstante, las verdaderas dimensiones de las operaciones marítimas son difíciles de determinar por la relativa ausencia de fuentes. Para más información ver: Aznar Vallejo, E. «La guerra naval en Castilla durante la Baja Edad Media», En la España medieval, N.º 32, 2009, pp. 167-192.

mar se recrudecen en 1477. Una vez los portugueses tienen claro que el resultado de la guerra es favorable a los Reyes Católicos, buscan aumentar su poder de negociación en un futuro acuerdo, que les permita disfrutar de su potente sector comercial en el Atlántico[229]. El Tratado de Tordesillas de 1994, en el que Castilla y Portugal se reparten el derecho a reclamar tierras descubiertas en el Nuevo Mundo, es consecuencia directa de esta política. Sin una marina potente, capaz de dificultar el acceso de los barcos castellanos al Atlántico, difícilmente Portugal hubiera podido sentarse a negociar sobre un descubrimiento a todas luces castellano.

Durante la guerra de Granada, el control del estrecho de Gibraltar vuelve a ser esencial con el objetivo de incomunicar por mar este reino y bloquear la ayuda llegada desde el norte de África. Sin embargo, la flota castellana sigue siendo relativamente pequeña. Su uso es especialmente eficaz durante el asedio a Málaga en 1487. Allí, las embarcaciones de los Reyes Católicos consiguen cercar la ciudad por mar, al tiempo que el ejército cerca los accesos por tierra. Así mismo, los barcos de Castilla cumplen una importante labor logística para las tropas destacadas y garantizan la llegada de la artillería y pólvora necesarias para el asedio.

Tradicionalmente, Málaga era el centro neurálgico del comercio nazarí. De su puerto partían y llegaban las mercancías de su vibrante actividad económica, más allá de sus fronteras. Por lo tanto, los suministros llegaban a Málaga tanto por tierra como por mar. Su puerto marítimo es especialmente importante, dada la importancia del comercio exterior en la economía granadina, ya que concentra la mayoría de las llegadas y salidas de mercancías a otros reinos. De este modo, el bloqueo de la costa se convierte en una prioridad. Así mismo, una vez cercada la ciudad, las tropas castellanas también reciben una gran parte de sus suministros vía marítima. Las crónicas mencionan momentos de carestía para las tropas castellanas, debidos a retrasos en los barcos o a brotes de pestilencia en los alrededores[230]. Más interesante resulta el hecho de que mencionen la escasez de pólvora en un momento determinado y cómo es suplida con pólvora llegada de otros reinos como Aragón, Sicilia o Portugal. El énfasis puesto en esta carencia viene a demostrar cómo las necesidades logísticas del real están cambiando. Por lo tanto, el modo en el que se guerrea está cambiando también:

---

[229]   Romero Portillo, P., *Dos monarquías medievales ante la modernidad...*, pp. 144-150.

[230]   *"En algunos lugares de los que son en comarca de la çibdat de Málaga avía en aquellos días pestilencia, y las gentes de la hueste por esta causa estaban en temor, reçelando no la oviese en el real. Otrosí, acaesçió algunas veces aver carestía en los mantenimientos, quando las fustas por la mar y las recuas que los trayan por la tierra tardaban en venir con ellos"*. Pulgar, H. del, *Historia de los Reyes Católicos...*, cap. CCVII, p. 295.

"Las lombardas e otros tiros del artillería no çesavan e tirar por todas partes tan continuamente, que falleció la pólvora. El Rey e la Reyna enviaron luego tres galeas, una a la çibdat de Valençia, otra a la çibdat de Barçelona, otra al reyno de Seçilia, para que truxesen pólvora. Otrosí, enviaron al rey de Portogal a le rogar que enviase la más pólvora que se pudiese aver en su reyno, y de todas partes fue traída gran cantidad de pólvora; pero los tiros eran tantos y tan continuos, que se gastaba toda la que se trayan por la mar e por tierra"[231].

La crónica de Bernáldez menciona el trabajo logístico y de bloqueo llevados a cabo en Málaga por la *Armada del Rey*. Denominación que enfatiza la aportación aragonesa a la guerra en el mar, en un conflicto esencialmente castellano.

"Por el cabo de la mar estaba cercada Málaga con la armada del Rey, de muchas galeras é naos, é carabelas, en que había mucha gente é muchas armas, é combatían la ciudad por la mar con los tiros de pólvora. Era una gran fermosura ver el real sobre Málaga por tierra y por mar, había una gran flota de la armada que siempre estaba en el cerco, é otros muchos navíos que nunca paraban trayendo mantenimientos al real"[232].

Evidentemente, en la otra cara de la moneda del abastecimiento por mar se encuentra el bloqueo al abastecimiento del enemigo. En este sentido, además del caso Malagueño, hay otros dos escenarios destacables. Uno es, de nuevo, el bloqueo del estrecho; otro, el control de las salidas y llegadas a puertos de mar.

Durante la guerra de Portugal, el control del estrecho de Gibraltar tenía por objeto principal bloquear el comercio de este reino con el Mediterráneo y así mermar su potente economía. En la guerra de Granada, el objetivo primordial de ese bloqueo es evitar que llegue ayuda militar del norte de África. Pulgar narra de esta forma la orden de bloqueo de los Reyes Católicos dictada en 1482:

"E sabido esto por el Rey e la Reya, mandaron hazer armada de naos e galeas por la mar, de las quales eran capitanes Martín Díaz de Mena, e Charles de Valera, e Arriarán, e guardar el estrecho, que no pasasen de allende ninguna ayuda a los moros. Estos capitanes, por mandado del Rey de la Reyna, estaban continuamente en el estrecho de Gibraltar, e andaban por los puertos de África, e facían guerra a los moros, e no dexaban pasar navíos de la una parte a la otra"[233].

Evidentemente, el bloqueo militar no es el único objetivo. Si nos fijamos en las bases económicas del reino nazarí, podemos determinar que también se plantea

---

[231]   Pulgar, H. del, *Historia de los Reyes Católicos...*, cap. CCIX, p. 301.

[232]   Bernáldez, A., *Historia de los Reyes Católicos...*, cap. LXXXIII, p. 626.

[233]   Pulgar, H. del, *Historia de los Reyes Católicos...*, cap. CXXXIII, p. 25.

como medida de presión social, privando a Granada del acceso a su principal mercado: el norte de África e Italia. La subsistencia de este reino depende, en gran medida, de su comercio internacional, llevado a cabo casi exclusivamente por mar y controlado por mercaderes genoveses. Así mismo, la producción de cereales de este reino es insuficiente para sus necesidades y debe importar de África, para compensar sus carencias. Las crónicas, efectivamente, muestran cómo el bloqueo marítimo se refleja en una escasez de *mantenimientos* en el reino nazarí, que van más allá de lo puramente militar y se suma al efecto producido por las numerosas talas, como señala Pulgar:

> "e quatro vezes entró el Rey por su persona en tierra de moros, e fizo asaz daños e talas. Por las quales los moros estaban en grandes trabajos, e mengua de pan e de las otras cosas de que solían ser proveídos, así por mar como por tierra; porque el Rey e la Reyna tenían gran armada, e mandaban guardar el estrecho de Gibraltar, para que no pasasen moros de África a estas partes, ni los destas fuesen allende. E los capitanes de la armada tomaron muchos navíos, e vençieron algunas batallas marinas contra los moros de allende, que pasaban a tierra de Granada con gentes e caballos e mantenimientos, e les fizieron otros daños"[234].

Por supuesto, el bloqueo logístico que se aplica al ejército granadino se manifiesta de forma especial en los puertos de mar. En 1483, la reina Isabel ordena que no se permita la llegada ni envío de *mantenimientos* para este reino. Pulgar lo describe diciendo que *enviaron mandar que se pusiera grand guarda en los puertos, para que ninguna persona pudiese meter mantenimiento, ni paño, ni otra cosa de las que solían llevar al rey de Granada*[235].

Al igual que ocurría en la guerra de Portugal, el corso también juega un papel destacado en Granada. Este tipo de ataques, legalizado a través de las patentes concedidas, se dan con frecuencia en el estrecho[236].

En Nápoles, dada la distancia a la que se produce el conflicto, el uso de embarcaciones es primordial para el desplazamiento de tropas y para la llegada de suministros.

Más llamativo aún resulta el hecho de que la armada constituya el eje de la estrategia y aglutine la mayoría de los recursos. La participación de barcos en la guerra de Portugal es casi anecdótica. Su uso en la de Granada es algo superior, pero se limita a labores de patrulla del estrecho, bloqueo de la ciudad de Málaga y apoyo logístico. Sin embargo, en Nápoles, las fuerzas enviadas tienen como principal objeto combatir

---

[234]   Pulgar, H. del, *Historia de los Reyes Católicos...*, cap. CXXXVII, p. 38.

[235]   Idem, cap. CXLIX, p. 80.

[236]   Viguera Molíns, Mª J. (coord.), *Historia de España Menéndez Pidal. Vol. VIII. El Reino Nazarí de Granada (1232-1492): Política, instituciones, espacio y economía*, Espasa Calpe S.A., Madrid, 2000, p.243.

y servir de apoyo desde las aguas. Más adelante se intensifica el envío de tropas terrestres, pero la armada sigue contando con la mayor parte de los recursos.

Con destino a la primera guerra de Italia (1494-1497) parte de Alicante la primera armada, a comienzos del mes de enero de 1495. Al frente de ella va el conde de Trevento. Se pierden dos barcos por culpa de una tempestad y se daña un tercero que debe ser reparado en dique seco, por lo que llega a Sicilia semanas después. La armada está compuesta por una carraca, siete naos y 17 carabelas. Con los 1.873 hombres viaja también la artillería y el armamento que, por insuficiente, debe ser incrementado, más adelante.

El Gran Capitán se une a la campaña algo más tarde, viajando con la segunda flota enviada. Aunque en principio los reyes planean enviar al duque de Alba como máxima autoridad, al final Gonzalo Fernández de Córdoba es asignado el puesto de *"capitán general de cierta gente e armada que embiamos al nuestro reyno de Çeçilia"*. Si bien en lo referente a la armada, su autoridad está supeditada a la del conde de Trevento, una vez reunidos.

Esta segunda armada parte de Cádiz, con escala en Cartagena. En ella se desplazan 500 *lanzas* de capitanías de la hermandad y 500 *peones*. Llegados a Sicilia se despide a algunas carabelas, aptas para el transporte ligero pero no tanto para el combate naval, donde sí destacan naos y carracas. Un total de 29 barcos, con unos 40 hombres cada uno, permanecen en la armada de Gonzalo Fernández en Italia[237].

De forma similar, durante la segunda guerra de Nápoles (1501-1504), las tropas desplazadas inicialmente lo hacen cruzando el Mediterráneo en 22 galeras, según las crónicas[238]. A estos barcos se suman más adelante otros que se utilizan tanto para la llegada de suministros como para el desplazamiento de tropas.

Lo llamativo es la rapidez con la que evolucionan en su armamento. Anteriormente mostrábamos un antecedente de los posteriores buques acorazados. En este momento las embarcaciones ya incorporan artillería como arma principal. Los barcos dejan de ser un mero medio de transporte, para convertirse en armas en sí mismas. Con este cambio esencial, el campo de batalla se extiende de tierra firme al mar. Los enfrentamientos marinos dejan de ser puntuales, para convertirse en primordiales.

No se trata tan solo de una guerra interior con enfrentamientos puntuales en el mar, como lo había sido la guerra de Portugal, ni una guerra interior con apoyo logístico marítimo, como el asedio a Málaga en la guerra de Granada. En Nápoles se

---

237   Ladero Quesada, M.A., «Fuerzas navales y terrestres de los Reyes Católicos...», pp. 14-17.
238   «Crónica general de Gonzalo Fernández de Córdoba...», Cap. XIX, p. 23.

enfrentan marinas experimentadas, pertenecientes a poderes orientados al comercio y la expansión marítima, tales como Génova, Venecia, Francia, o la flota vizcaína, perteneciente a Castilla:

> "Acaeció asimismo en este tiempo que los genoveses, que a la sazón habían hecho una buena armada en nombre de venecianos, viniendo la armada francesa por la mar con muchas naves cargadas de lo que había habido en el despojo de Nápoles, vinieron a las manos de los genoveses, lo cual todo les fue quitado, que no gozaron cosas ninguna de ello"[239].

Las cifras desplazadas aumentan con rapidez. A las embarcaciones iniciales llegadas desde España pronto se les unen "60 velas o más", incluyendo 40 urcas, 3 carracas, 8 galeras, carabelas y fustas, "con 7.000 infantes y 300 hombres de armas y más de 300 caballos ligeros". Francia convoca cifras similares. Venecia moviliza 10.000 hombres, que se desplazan en 30 galeras y 7 carracas", de acuerdo con las crónicas[240].

Como vemos, no solo aumenta el número de barcos empleados, sino también la variedad de navíos fletados. Francia hace lo propio también, en función de las necesidades de transporte:

> "Allegaron al puerto tres carrozas y cuatro galeras y otras naos y fustas que venían en socorro del castillo y traían mil y quinientos franceses de guerra"[241].

En Nápoles resulta evidente el aumento de recursos dedicados a las tropas marítimas. Aumenta el número de navíos enviados a medida que transcurre el conflicto y la mayor parte de las piezas de artillería llevadas desde España se quedan en los navíos como parte de su armamento. Además de incrementos cuantitativos, asistimos a un claro incremento cualitativo de esos recursos. Así, durante la primera guerra, el conde de Trevento dedica 50 navíos al asedio del Castil Novo de Nápoles. Una vez acaba, para reducir gastos, despide a 10 de estos navíos. Los Reyes Católicos ordenan una nueva reducción de la armada para abaratar costes a finales de enero de 1496, pero acceden a fletar dos carracas de mayor tamaño y mejor uso en combate. La reducción de la armada no se lleva a cabo en los términos que proponen los Reyes Católicos, ya que las carabelas resultan baratas y versátiles, por lo que siguen teniendo importancia en la campaña. La composición de la armada que proponen inicialmente se compone de 12 buques con 2.243 personas[242]:

---

[239] «Crónica general de Gonzalo Fernández de Córdoba..., Cap. XXII, p. 29.
[240] «Libro segundo de la conquista del reino de Nápoles..., Cap. X, p. 64.
[241] Idem, Cap. LXXXVII, p. 179.
[242] Ladero Quesada, M.A., «Fuerzas navales y terrestres de los Reyes Católicos..., pp. 24-25.

- Dos carracas con 260 tripulantes, a los que se sumarían otros 540
- La carraca real
- Siete naos
- Dos carabelas

La transformación que proponen indica la importancia de la artillería y los combates marítimos, ya que sustituye barcos pensados para el transporte ligero -carabela-, por otros de mayor tamaño y mejor dotados para la guerra en el mar: naos y, especialmente, carracas.

Si en las guerras de Portugal y Granada decíamos que el estrecho de Gibraltar centró gran parte de los esfuerzos bélicos como medio de presión logística al enemigo, lo mismo podemos decir en la guerra de Nápoles del estrecho de Messina. Las tropas españolas parten desde la península ibérica y llegan a Sicilia. Allí se reorganizan, antes de cruzar el estrecho desde el puerto de Milazzo, para desembarcar en Calabria, en la Italia continental. La vigilancia francesa en la zona obliga a realizar los desplazamientos de noche:

> "El Gran Capitán, que estaba en Sicilia ... hizo embarcar a toda su gente, metiendo asimismo toda su artillería y todos los otros aparejos de guerra que eran necesarios para aquel viaje. Y con esto alzando velas en breve se pusieron en la Calabria, por razón que es poca la distancia de Sicilia aquella provincia. Allegaron de noche a un lugar despoblado, adonde saltando toda la gente en tierra..."[243].

Así mismo, durante la guerra de Portugal, los asedios marítimos brillan por su ausencia. En la guerra de Granada, sin embargo, veíamos como la ciudad de Málaga es cercada tanto por tierra como por mar. El asedio marítimo es todo un éxito y la ciudad capitula tras tres meses de aislamiento, en los que se agotan sus reservas de alimentos. Las lecciones aprendidas en esta campaña son aplicadas en Nápoles con éxito y el apoyo militar desde las aguas se convierte en frecuente. Así ocurre, por ejemplo, en el asedio perpetrado por Francia a la villa de San Juan Redondo. Allí, aliados napolitanos son atacados con potente artillería que amenaza derruir las murallas de la plaza. El Gran Capitán ordena que se auxilie esta plaza por mar, donde las posibilidades de éxito son mayores y la llegada de refuerzos más rápida, pese a la presencia de barcos franceses:

> "Monsieur de Alegre, con trescientos hombres de armas y quinientos caballos ligeros y mil y quinientos infantes, con siete piezas de artillería ... asentó el artillería contra el

---

[243]   «Libro segundo de la conquista del reino de Nápoles..., Cap. XXVII, pp. 89-90.

muro, el cual hizo batir con mucha fortaleza de dos día contiguos, de cuya causa vino a tierra una buena parte del muro ... El Gran Capitán ... despachó a Diego García de Paredes con ochocientos infantes ... en dos galeras y otros siete navíos ... a la mayor priesa que pudiese a socorrer aquella villa por la vía de la mar"[244].

Llama la atención cómo evolucionan las estrategias de asedio en el mar y lo imaginativas que pueden resultar las soluciones. Por ejemplo, para defender la ciudad de Nápoles de los "mil y quinientos franceses de guerra" llegados en "tres carrozas, y cuatro galeras y otras naos y fustas", los españoles idean una suerte de pasillo marítimo con botas de agua y vino, para limitar el paso de los barcos enemigos:

"Y fue que mandó sacar todas las botas que para agua dulce y vino tenían en las galeras y en las otras naos, y hízolas poner delante de su armada todas entre trabadas unas en otras muy fuertemente a la boca del puente y solamente hizo dejar una puerta por donde cupiese un navío en pos de otro y no más, por manera que si los franceses quisiesen entrar con su armada no pudiesen sino una galera en pos de otra"[245].

Llaman la atención los recursos dedicados a estos asedios marítimos. Por ejemplo, durante la primera guerra de Nápoles, el conde de Trevento asedia desde el mar el castillo nuevo (Castil Novo) de la ciudad. Para ello dedica 50 navíos, más tropas destacadas en tierra[246]. Estas cifras son muy superiores a las de conflictos anteriores, incluyendo el asedio a Málaga, en lo referente al mar. Si bien los recursos terrestres del cerco malagueño son sustancialmente mayores que los dedicados a cualquiera de los enfrentamientos en la península itálica, en estas dos guerras.

Así mismo, la creciente importancia de la guerra en el mar hace que el conflicto en tierra se desplace a zonas costeras desde las que se obtiene el necesario apoyo logístico. De esta forma, si el control de puertos de mar no es mencionado por las crónicas en la guerra de Portugal y poco frecuente en la de Granada, en Nápoles se convierte en una prioridad, como ocurre con la ciudad de Gaeta, ciudad mediterránea situada a medio camino entre Roma y Nápoles:

"Había nueva en este tiempo que venía a los franceses socorro por mar (a Gaeta) ... Diego García de Paredes ... y otros capitanes con dos mil soldados diesen la primera batalla"[247].

---

[244]   «Libro segundo de la conquista del reino de Nápoles..., Cap. LIV, p. 124.

[245]   Idem, Cap. LXXXVII, p. 180.

[246]   Ladero Quesada, M.A., «Fuerzas navales y terrestres de los Reyes Católicos...,p. 245.

[247]   «Libro segundo de la conquista del reino de Nápoles..., Cap. XCV, p. 191.

Volviendo al tema de la creciente incorporación de las armadas en las estrategias de bloqueo, podemos decir que va de la mano con el desarrollo de la artillería que se da durante este periodo, como veremos en el siguiente apartado. Esta relación simbiótica hace que el uso de la artillería de pólvora desde embarcaciones, hasta entonces limitado y casi anecdótico, pase a ser relevante e incluso protagonista, como reflejan las crónicas:

"Y lo que mayor daño hacía era el tirar de la artillería que muy a menudo les tiraban desde las galeras"[248].

Además de la artillería, hay otras armas que adquieren protagonismo y otras que lo pierden, modificando la estrategia y desarrollos tácticos, anticipando los cambios que se convierten en norma en el siguiente siglo, como veremos a continuación.

d) Destacado papel de la artillería y la infantería

La incorporación de nuevas armas y su desarrollo es uno de los aspectos protagonistas de los cambios que experimenta el escenario bélico. Especialmente el incremento del uso de pólvora y armas de fuego tanto en forma de artillería pesada contra muros y estructuras como en forma de armas individuales contra personas[249]. Así mismo, el incremento de efectivos de infantería y la evolución táctica hacia formas de ataque centradas en esta fuerza están transformando el concepto de guerra en este momento.

Durante la Edad Media, la caballería constituye la principal fuerza de los ejércitos europeos. Esto se debe, en parte, a la idealizada imagen del caballero-noble y, en parte, al importante desarrollo técnico que supone a la invención del estribo[250].

En la Guerra de los Cien años empiezan a utilizarse compañías mercenarias de infantería, muy especializadas, en las que todos sus miembros comparten una misma arma principal: normalmente, pica, ballesta o arco largo[251]. Es en esta guerra

---

[248]   «Libro segundo de la conquista del reino de Nápoles..., Cap. XLVI, p. 192.

[249]   A este respecto, resulta muy interesante el estudio que hace Carlos Rodríguez Casillas sobre el uso y evolución de las armas de fuego durante la baja Edad Media y su evolución, en el que demuestra su progresiva y relativamente rápida incorporación. Rodríguez Casillas, C.J., « Las armas de fuego en los campos de batalla europeos de finales de la Edad Media (1346-1480) », en Carriazo Rubio, J. L. (ed.), *El triunfo de la pólvora: artillería y fortificaciones a finales de la Edad Media*, Universidad de Huelva, Huelva, 2020, pp. 67-90.

[250]   Para más información referente al relevante papel de la caballería en la Guerra medieval, ver: Porrinas González, D., «Caballería y guerra en la Edad Media castellanoleonesa. El "libro del caballero Zifar" y su contexto», en *Medievalismo: revista de la Sociedad Española de Estudios Medievales*, nº15, 2005, pp. 39-70.

[251]   Fowler, K., *Medieval Mercenaries. Vol I. The Great Companies*. Blackwell, Oxford, Penguin, London, 1970.

donde hace su aparición medieval el uso de la pica, por influencia de los mercenarios suizos que, a su vez, la recuperan de las históricas falanges macedonias. Lo hacen en formaciones compactas y lineales, que resultan muy eficaces contra la caballería borgoñona. Es un arma barata y fácil de usar, que destaca por su eficiencia. Sirve tanto en posiciones defensivas como en tácticas ofensivas, si bien resulta algo lenta y estática[252].

Años más tarde, cuando Castilla se enfrenta al reino nazarí de Granada, también hace uso de mercenarios suizos que utilizan dicha arma. Pero el modelo militar español fusiona el uso suizo del arma, con la formación en escuadrones inspirada en los lansquenetes alemanes, que aportan más dinamismo y permiten desarrollos tácticos grupales sobre el terreno[253]. Además, los españoles introducen e integran las armas de fuego, que añaden el dinamismo y alcance del que carecían los mercenarios suizos originales. División, especialización e integración son las tres grandes aportaciones de los Reyes Católicos a la infantería, magistralmente puestas en práctica por Gonzalo Fernández de Córdoba durante las dos campañas italianas en las que participa. Paralelamente, esos cambios fomentados por los reyes y sus consejeros también son puestos en práctica en el otro frente contra Francia -la guerra del Rosellón-, donde la infantería es reformada a la manera suiza y alemana[254].

La pica llega a considerarse la reina de las armas en el siglo XVI, por su versatilidad, eficiencia, bajo precio y fácil manejo. Mide generalmente 26 palmos castellanos, equivalentes a 5,42 metros. Resultan especialmente eficaces como defensa ante las cargas de la caballería pesada y son muy baratas de producir, costando entre 3 y 4,5 reales en la época[255]. Son fáciles de manejar, por lo que entrenar es su uso a los soldados no requiere mucho tiempo y son producidas en masa sin dificultad. Estas características hacen que se conviertan en el arma más común de los soldados europeos a mediados del siglo XVI.

De alguna forma podríamos resumir la introducción de la pica a finales de la Edad Media de la siguiente forma:

1) Mercenarios suizos comienzan a utilizarla, recuperándola de la tradición macedonia. Combaten en orden cerrado pero en formación lineal lo que, a efectos prácticos, supone luchar de forma casi individual

---

[252]   Miller, D., *The Swiss at War 1300-1500*, Osprey, Oxford, 1979.

[253]   Richards, J., *Landsknecht Soldier, 1486-1560*, Osprey, Oxford, 2002.

[254]   Rodríguez Hernández, A. J. y Mesa Gallego, E. de, «Del Gran Capitán a los tercios...», p. 158.

[255]   A.G.S., G.A. leg. 1256. Consulta del Consejo de Guerra. 27/9/1639.

2) Los alemanes añaden una formación en escuadrones que contribuye a mejorar los movimientos tácticos grupales.

3) Los españoles incorporan armas de fuego a las unidades de infantería. Los Reyes Católicos facilitan la división, especialización e integración de las unidades.

4) El Gran Capitán concede a la infantería el papel central en el combate. Sus enseñanzas marcan las directrices a seguir por los ejércitos modernos.

La infantería se convierte de forma progresiva en la fuerza principal del ejército, limitando la importancia de la caballería. La proporción entre ambas fuerzas evoluciona a favor de la primera. La guerra de Portugal es relativamente conservadora en sus planteamientos, por lo que la proporción 3 a 1 es más o menos constante. En la de Granada, sin embargo, vemos una evolución clara desde el 2 a 1 de las campañas de los años 1482 a 1484, a una proporción de 5 a 1 en el real de Santa Fe, sin contar lo peones auxiliares para labores logísticas y de apoyo[256]. El peso relativo de los infantes es claramente dominante en las tropas aportadas por las milicias concejiles y las hermandades y, con frecuencia, soportan el peso de las acciones militares, algo que no resulta extraño en la tradición militar castellana[257].

Esta proporción sigue creciendo en los años siguientes hasta alcanzar 10 a 1 - o incluso más- en el siglo XVI. Esta tendencia se ve favorecida por las ordenanzas promulgadas por los Reyes Católicos en 1495 y 1496, que buscan mejorar la capacidad de reacción del ejército, para lo que se da un mayor énfasis a la infantería[258].

En la guerra de Nápoles se aprecia perfectamente esa evolución. En esta guerra contrasta la composición de tropas del Gran Capitán, más cercana a un ejército moderno, con las de Francia, propias de un ejército medieval, o las propias tropas italianas. Las crónicas indican cómo "en la gente del duque (Valentino, hijo del Papa Alejandro VI) no venía infantería"[259].

La evolución en la proporción de las tropas españolas, en un principio, se debe más a necesidades tácticas, que una estrategia planificada de forma anticipada. Así, en el año 1503, "cien hombres de armas, y doscientos arqueros, y doscientos infantes" son emboscados por el ejército francés en las proximidades de Tripalda, bajo dominio español. La reacción española tras la derrota inicial es contraatacar con

---

[256]   Ladero Quesada, M.Á., «Baja Edad Media...», pp. 350-351.

[257]   Power, J. F., *A Society Orgnized for War: The Iberian Municipal Militias in the Central Middle Ages 1000-1284*, University of California, Berkeley, 1988.

[258]   Rodríguez Hernández, A. J. y Mesa Gallego, E. de, «Del Gran Capitán a los tercios...», p. 151.

[259]   «Libro segundo de la conquista del reino de Nápoles...», Cap. XXIV, p. 85.

ochocientos infantes"[260], incrementando la proporción unas ocho veces a favor de la infantería.

Quizás la más importante de esas necesidades sea la necesidad de combatir a un ejército como el francés, con un destacado protagonismo de la caballería pesada, con unas tropas limitadas por la capacidad del transporte marítimo. Es decir, mientras que buena parte de las tropas francesas llegan a Nápoles por mar, la caballería pesada puede hacerlo por tierra. Las tropas españolas, en cambio, necesariamente deben llegar por mar, lo que fomenta que se dé un mayor peso a la infantería. Las crónicas registran numerosos pasajes en los que se menciona la llegada de refuerzos compuestos exclusivamente por tropas de infantería:

> "Allegó en el puerto una galeaza y cuatro navíos adonde venía cinco mil infantes"[261].

Tampoco debemos pasar por alto las lecciones aprendidas en Granada. La orografía calabresa es sorprendentemente similar a la del reino Nazarí. Por tanto, el éxito obtenido por los castellanos contra las tropas musulmanas sirve de inspiración a Gonzalo Fernández de Córdoba. De este modo, valora la eficacia mostrada por las tropas de a pie en Granada y su importancia en comparación a las de a caballo [262].

Ya sea por necesidad, por circunstancias, por lo aprendido en Granada o por pericia militar, lo cierto es que, a principios del siglo XVI, el Gran Capitán convierte la infantería en la fuerza esencial en torno a la que gira la estrategia. Es en este momento cuando, gracias a la astucia militar del Gran Capitán y probablemente ante la potencial superioridad de la caballería pesada francesa en un enfrentamiento medieval al uso, surge el embrión de los tercios españoles, que dominarán Europa los próximos 150 años. De una situación de necesidad, Gonzalo Fernández de Córdoba sabe sacar partido a una infantería que resulta letal y muestra una eficacia impensable hasta la fecha.

Así mismo, hay un aspecto asociado a la profesionalización del ejército que facilita un cambio en el imaginario popular y la percepción de los soldados de a pie. Durante la Edad Media, estos soldados son denominados "peones" y están al servicio de la caballería, realizando las tareas más duras y de carácter secundario. Esto cambia en la primera década del siglo XVI, tras las exitosas campañas del Gran Capitán,

---

[260]   «Libro segundo de la conquista del reino de Nápoles..., Cap. XXXIX, p. 105.

[261]   Idem, Cap. XCVI, p. 192.

[262]   Rodríguez Hernández, A. J. y Mesa Gallego, E. de, «Del Gran Capitán a los tercios..., p. 148.

cuando pasan a denominarse "infantes"[263]. Ese cambio de denominación y de percepción, ahora asociada al éxito de tropas profesionales, transforma el futuro ejército, ya que se convierte en una escalera de aceptación social. A partir de ese momento, la institución atrae también a privilegiados dispuestos a unirse como simples soldados, con idea de iniciar una vida militar capaz de ofrecer promoción social y ascensos[264]. La profesionalización del ejército facilita una forma de vida digna para personas sin recursos. Pero, además, facilita una forma de ascenso en la escala social que hasta entonces resultaba imposible, incluso para los privilegiados. Surge en el ideario popular, por tanto, la figura del soldado gentilhombre[265]. Este nuevo modelo militar, plenamente identificado con el cuerpo de infantería, se convierte en una alternativa al trabajo manual, visto como una actividad nada glamurosa, o al comercio, directamente visto como una actividad deshonrosa. Es percibido como una oportunidad de convertirse en hidalgo, obtener mercedes de hábitos de las órdenes militares o, incluso, títulos nobiliarios. El Gran Capitán ejemplifica esa promoción social a partir de su servicio militar, al recibir tierras e importantes títulos como duque y virrey. Y esa oportunidad social y económica que se crea explica, hasta cierto punto, el auge del ejército y los tercios en las siguientes décadas.

Por supuesto, esto no ocurre de la noche a la mañana. Ya a finales del siglo XV los combates a pie son la tónica dominante en Europa. Las grandes levas de campesinos son reemplazadas por fuerzas de infantería de mayor calidad y con mejores tácticas, armadas con picas y alabardas capaces de neutralizar la caballería[266]. En Castilla se incorporan también nuevos elementos que tienen un impacto en la estrategia inmediata y futura como la contratación de piqueros suizos mercenarios[267], o la incorporación de espingarderos[268].

El uso de armas de fuego individuales resulta ya importante en la guerra de Granada. Gracias al éxito que alcanzan, su número aumentará considerablemente poco después, en las guerras de Nápoles y el Rosellón[269]. En las crónicas, se aprecia

---

[263]   Quatrefages, R., *La revolución militar moderna. El crisol español...*, p. 246-249.

[264]   Thompson, I.A.A., «Milicia, sociedad y estado en la España Moderna», en Vaca Lorenzo, A. (ed.), *La guerra en la historia*. Universidad de Salamanca, Salamanca, 1999, pp. 115-133.

[265]   Puddu, R., *El soldado gentilhombre...*, pp. 148-175.

[266]   Bennett, M., *La guerra en la Edad Media...*, p. 202.

[267]   Esta incorporación de piqueros suizos gozará de gran aceptación y sus armas y tácticas serán imitadas en el futuro por el ejército castellano. En las guerras de Italia y el Rosellón, por ejemplo, se habla de una evolución del armamento *a la suiza* en las tropas movilizadas en el año 1502. Ladero Quesada, M.Á., *Ejércitos y armadas de los Reyes Católicos...*, p. 120.

[268]   Sáez Abad, R., *La batalla de Toro 1476...*, pp. 11-12.

[269]   Ladero Quesada, M.Á., *Ejércitos y armadas de los Reyes Católicos: Nápoles y el Rosellón...*, p. 117.

un incremento de las menciones al armamento individual de la infantería, a medida que avanza el tiempo. Así, Pulgar menciona los combates en la ciudad de Burgos, en 1475, por el control de la iglesia Santa María la Blanca. Habla del uso de *tiros de pólvora e ballestería*[270]. En Fuenterrabía, un año más tarde, se refiere a combates durante nueve días con *tiros de pólvora, e de ballestas e arcos*[271]. Poco más tarde, en la guerra de Granada, parece incrementarse la variedad de armas individuales a las que este autor hace referencia. En Setenil, en 1484, habla del uso de *cerbatanas e pasavolantes*, que se unen a los *ribadoquines y lombardas* de uso colectivo[272]. En 1485, en Ronda, llama la atención sobre las limitaciones del armamento individual de los habitantes de la ciudad, que se defienden con *saetas e espingardas e piedras*[273]. En 1486, su descripción de los combates en los arrabales de Loja *con lanças, ballestas e espingardas* deja entrever la progresiva importancia de la infantería[274]. Llegado 1487, se asombra de que en Vélez-Málaga un soldado luche *armado solamente de unas coraças, e con una espada en la mano*, lo que sugiere el grado de sofisticación que el armamento individual está alcanzando[275].

Los cambios en el armamento individual no ocurren de forma repentina. El proceso es lento y en ningún caso rompe de forma radical con la tradición. Pero sí es evidente en la evolución de algunas armas ofensivas y especialmente en las defensivas, convirtiéndose las armaduras en un elemento definitorio de finales del siglo XV[276].

En Nápoles, la infantería, armada principalmente con "Lanzas, ballestas y picas"[277], se muestra extremadamente eficaz contra la caballería pesada francesa. Este

---

[270] Pulgar, H. del, *Historia de los Reyes Católicos...*, cap. XLIX, p. 153.

[271] Idem, cap. LVI, p. 184.

[272] Idem, cap. CLXI, p. 127.

[273] Idem, cap. CLXXII, p. 167.

[274] Idem, cap. CLXXXVII, p. 222.

[275] Idem, cap. CXCIX, p. 266.

[276] La infantería se convierte en este momento en el contingente principal por número e importancia. En este contexto se desarrollan las armaduras para soldados de a pie como paradigma de invulnerabilidad. Los equipamientos se perfeccionan incorporando la defensa de placas como coracinas o brigadinas con elementos como brazaletes o quijotes. A nivel ofensivo en el siglo XV se popularizan las armas blancas de sección romboidal o elíptica cada vez más estrechas. Evolucionan también las armas de asta y se aprecia una variada tipología de alabardas. Las armas defensivas son las que mejor definen este siglo; se desarrollan y consolidan las armaduras que ahora incorporan peto y espaldar. Se habla de la era del arnés blanco por el predominio de superficies lisas y brillantes, se cuida el diseño estético buscando su fuerza visual. Los escudos evolucionan también de forma diferente en la caballería y la infantería e incorporan decoración heráldica. Soler del Campo, A., «El equipamiento militar en el medievo», en De la Iglesia Duarte, J.I. (Coord.), *La guerra en la Edad Media: XVII semana de estudios medievales, Nájera del 31 de Julio al 4 de Agosto de 2006*, Instituto de Estudios Riojanos, Logroño, 2007, pp. 179-181.

[277] «Libro segundo de la conquista del reino de Nápoles...», Cap. XCVI, p. 193.

éxito representa una victoria de la nueva forma de entender la guerra que dominará el escenario bélico durante la Edad Moderna, superando así las concepciones dominantes durante el medioevo. Este éxito aplastante y las modificaciones que aplica de forma progresiva González Fernández de Córdoba acercan, cada vez más, las tropas españolas al concepto de los temibles tercios españoles de los siglos XVI y XVII. Resulta relevante el hecho de que los cronistas sean conscientes de la importancia del cambio y la superioridad demostrada en tiempo real, reflejándolo así en los relatos:

> "del rey de Francia ... adonde allende de sesenta y más recuentros que había habido los franceses con los españoles, en los cuales casi siempre habían perdido lo mejor, según que en el proceso de esta crónica se ha dicho señaladamente en aquellas dos famosísimas batallas de la Chirinola en la Puila y de Semenara en la Calabria, adonde perdido todo el ejército, fueron rotos y muertos más de mil y quinientos franceses, siendo asimismo muerto su Capitán general y Visorrey de Nápoles monsiur de Nemos con otros muchos nobles capitanes franceses"[278].

En Nápoles, las armas de fuego individuales, sin ser mayoritarias, van ganando importancia. Ladero Quesada hace un estudio pormenorizado de las tropas terrestres enviadas a la primera guerra de Nápoles, bajo el mando del Gran Capitán. En este estudio, las cifras manejadas demuestran un crecimiento en el número de espingarderos, más eficaces en las operaciones a campo abierto, repartidos en grupos de 30 a 40 hombres, frente a un escaso interés por aumentar los efectivos de peones lanceros y ballesteros[279].

Como sabemos, las espingardas evolucionan y dan paso a las escopetas con las que conviven en esta guerra. Sus portadores son denominados "escopeteros", como vemos en el fragmento anteriormente referido, en el que una embarcación se refuerza con una cubierta a la que denominábamos el primer "acorazado" de madera de la historia:

> "(en la barca "acorazada") ... metió dentro su persona y con él cuarenta soldados, los veinte ballesteros y los otros veinte escopeteros y junto con esta, en otra barca descubierta hizo meter con el capitán Martín Gómez otras cuarenta soldados muy bien armados"[280].

¿Cuál es el secreto táctico del éxito de la infantería española contra la poderosa caballería pesada francesa? Quizás la comparación utilizada por algún autor con un

---

278 «Libro segundo de la conquista del reino de Nápoles..., Cap. XCIX, p. 196.
279 Ladero Quesada, M.A., «Fuerzas navales y terrestres de los Reyes Católicos..., p. 24.
280 «Libro segundo de la conquista del reino de Nápoles..., Cap. LXXXIV, p. 174.

enjambre de avispas que consiguen vencer a un titan incapaz de defenderse ante pequeños pero continuos ataques sea la que mejor muestra la clave de su éxito[281].

Los piqueros suizos se habían mostrado como las mejores tropas para vencer a la caballería pesada. Sin embargo, la infantería española se muestra aún superior, como sucede en el asedio de Atella, en julio de 1496, donde los infantes españoles hostigan a piqueros suizos hasta que estos rompen su formación[282]. La genialidad de los cambios aplicados a la infantería española es que combinan todo y le otorgan flexibilidad. Es decir, cuenta con picas de gran valor defensivo y eficaces en ofensivas lentas. Pero también cuenta con elementos móviles, capaces de ofrecer dinamismo y velocidad, que pueden luchar tanto en formación cerrada como en formación abierta y flexible. Y, además, se ven apoyados por una importante potencia de fuego, capaz de romper el ataque enemigo desde la distancia, especialmente cuando aprovechan las dificultades del terreno a su favor.

Durante las dos campañas en las que participa el Gran Capitán el cuerpo de piqueros es uniforme, pero, ya para mediados del siglo XVI, existen dos grupos diferenciados. Por un lado tenemos los piqueros ligeros que carecen de armadura, excepto por un casco ligero. Se les denominan *picas secas*. Por otro lado tenemos los piqueros acorazados con armaduras ligeras, llamadas *coseletes*. Estos soldados constituyen la élite de la infantería, están mejor pagados y ocupan las primeras filas de los escuadrones[283].

Como ya hemos indicado, las armas de fuego individuales son un importante factor a considerar en la evolución que está experimentando el ejército en este periodo. Sin embargo, la artillería es un factor mucho más decisivo para explicar la notable transformación de estrategias y tácticas guerreras a finales de la Edad Media y comienzos de la Moderna. Además, su rápida incorporación contribuye a aumentar la proporción de soldados de a pie, dadas las grandes necesidades de personal que su transporte y apoyo logístico requieren[284].

La pólvora es bien conocida en Europa ya en el siglo XIII, aunque no es hasta el siglo XIV cuando aparecen las primeras referencias al uso de armas de fuego. Concretamente, en un documento fechado en 1326, por el que la *Signoría de Florencia* autoriza la construcción de "cañones". Con rapidez, las armas de fuego ganan

---

[281] Rodríguez Hernández, A. J. y Mesa Gallego, E. de, «Del Gran Capitán a los tercios…, p. 159.

[282] Iglesia, E. de la, *Estudios históricos-militares sobre las campañas del Gran Capitán Gonzalo Fernández de Córdova*, Madrid, 1871, pp. 103-104.

[283] Rodríguez Hernández, A. J. y Mesa Gallego, E. de, «Del Gran Capitán a los tercios…, p. 167.

[284] El manejo de algunas piezas de gran tamaño requiere hasta 200 hombres. Nicole, D., *European medieval tactics…*, p. 60.

protagonismo en las campañas de asedio, siendo frecuentemente citadas a partir de la década de los 70 del siglo XIV. Los cañones, inicialmente construidos en bronce, son progresivamente sustituidos por otros de hierro forjado. En el siglo XV, la eficacia de la pólvora es mejorada con la técnica de *pólvora en grano mojada*, consistente en la adición de alcohol o vino y su posterior secado, para incrementar su potencia de fuego. Así mismo, los proyectiles iniciales de piedra son remplazados por balas de hierro más eficaces contra las murallas. Durante ese mismo siglo XV aumenta su uso, a la vez que el desarrollo de armas de menor tamaño e igual eficacia facilita su transporte y anima a su uso ofensivo en campaña[285].

Su incorporación de forma masiva es lenta, ya que las nuevas armas de fuego resultan pesadas y no siempre eficaces. Maurice Keen cita como principal problema la lentitud con la que son manejadas, lo que impide durante años disparar más de una vez al día. El autor habla de dos ejemplos en los que, por primera vez, la artillería resulta eficaz. El primero, su utilización por parte de los ingleses en la campaña de Gascuña y Maine en la década de 1420. El otro es su uso por parte del ejército francés durante 1449-1450, en la misma *guerra de los Cien años*. Destaca un texto de la época escrito por Berry Herald, que lo describe con las siguientes palabras. *"Tenían tan gran número de grandes lombardas, grandes cañones … ribadoquines y culebrinas, que nadie puede recordar a ningún rey cristiano con tal artillería, ni nadie tan bien provisto de pólvora, escudos y todos los demás instrumentos necesarios para aproximarse y tomar castillos y ciudades"*[286]. Sin olvidar la caída de Constantinopla a manos del ejército Otomano en 1453, en la que la poderosa artillería turca juega un papel fundamental.

Estos antecedentes revelan tanto la novedad tecnológica que las nuevas armas representan como su creciente uso e importancia. En 1464, en el contexto de la *guerra de las Dos Rosas*, la mera presencia de los grandes cañones de Eduardo IV aterroriza a las guarniciones de Alnwick y Dunstanburgh, llevándolas a rendirse, mientras que un breve bombardeo acaba pronto con el asedio de Banburgh[287]. No mucho más tarde, Castilla se ve obligada a enfrentarse al ejército portugués. En ese momento el uso de la artillería comienza a tomar importancia, como ocurre durante la toma de la fortaleza de Burgos. En algunas ocasiones su uso llega a ser decisivo, como en la toma del castillo extremeño de Vilvestre, en 1478:

> "Empezó por quebrantar con poderosos disparos de bombardas las murallas inexpugnables a juicios de todos. Y tan destrozadas quedaron las fortificaciones, que los que

---

[285] Keen, M., «Armas de fuego, pólvora y ejércitos permanentes...», pp. 348-349.
[286] Idem, p. 352.
[287] Bennett, M., *La guerra en la Edad Media...*, p. 178.

antes rehusaban salir con las armas, caballos y todo su ajuar juntamente con los dineros que los asaltantes los indemnizaban, al día siguiente tan sólo negociaban a base de salvar la vida"[288].

Es verdad que su utilización sigue resultando minoritaria y casi anecdótica, pero demuestra su eficacia y ayuda a despertar el interés de los Reyes Católicos en ella, como medio para fortalecer su potencia militar. Su uso masivo llega en la guerra de Granada, donde resulta esencial. Poco antes de comenzar esta, el ejército otomano vuelve a mostrar su utilidad en Rodas, en el año 1480. Bernáldez describe un cerco de *dos meses, en el qual tiempo la mayor parte de los muros la derribaron, con gran número de lombardas que le asestaron*[289].

Este proceso de incorporación creciente de la artillería ha sido denominado por algunos autores la *Revolución de la pólvora*[290]. A finales del siglo XV, es evidente que el cañón se ha impuesto de forma definitiva a la catapulta. Estos han hecho notorias las deficiencias del modo medieval de guerrear y abren la puerta a un cambio del orden político. La pólvora es fiable, es más potente que las armas utilizadas hasta entonces, ha mejorado su resistencia a la humedad y resulta más fácil transportarla y almacenarla. Los tipos de cañones utilizados también han evolucionado, ofreciendo múltiples opciones de ataque y defensa[291]. A finales del siglo XV se constata el uso de bombardas o lombardas, bombardetas, bombardas trabuqueras, cerbatanas o zebratanas, culebrinas, ribadoquines, medios ribadoquines, mosquetes de orejas, pasavolantes, basiliscos y esmeriles. En cuanto a artillería de uso individual, hay culebrinas de mano y espingardas y, progresivamente, aparecen mosquetes y mosquetones.

Esta evolución de los cañones se ve acompañada de una evolución y estandarización de la munición utilizada[292]. A mediados del siglo XIV, se utilizan principalmente balas de plomo. Estas son progresivamente sustituidas por balas de piedra, arenisca, mármol y alabastro. Avanzado el siglo XV se popularizan las balas de hierro, en un primer momento hechas a medida, pero más adelante estandarizadas.

---

[288]   Palencia, A. de, *Cuarta década de Alonso de Palencia...*, libro XXXIII, cap. VI, p. 96.

[289]   Bernáldez, A., *Historia de los Reyes Católicos...*, cap. XLV, p. 602.

[290]   Nos remitimos al trabajo de Mathew Bennett en el que destaca cómo los cambios en el ejército se basan en el aumento de la infantería que se muestra eficaz contra la caballería, y la incorporación en los siglos XIV y XV de nuevos elementos tecnológicos relacionados con la artillería de pólvora. Estos dos elementos conducen hacia una creciente profesionalización de los ejércitos. Bennett, M., *La guerra en la Edad Media...*, p. 183.

[291]   Medina Ávila, C.J., «La artillería española en el reinado de los Reyes Católicos...», pp. 116-117.

[292]   Contamine, P., *La guerra en la Edad Media...*, pp. 180-184.

Los cañones en el siglo XV abandonan la tendencia al "gigantismo", facilitando su transporte. Aumentan su eficacia a través de una cadencia de tiro mayor, con proyectiles más manejables, abundante pólvora y buscando un alcance medio.

En las últimas décadas del siglo XV, el uso de la artillería de pólvora pasa a ser generalizado, lo que confiere un carácter muy diferente a la guerra de Granada con respecto a la de Portugal. Esta incorporación modifica planteamientos estratégicos tanto defensivos como ofensivos. Así mismo, influye en los nuevos diseños de fortalezas y murallas. Del mismo modo, su generalización genera un cambio en la propia estructura del ejército. Sirva de ejemplo la figura de Francisco Ramírez de Madrid. Soldado de origen humilde que, sin título nobiliario, logra el reconocimiento de "Maestro Mayor". Su nombramiento revela el valor que se atribuye a su conocimiento técnico. Podemos considerar este caso como una muestra de la nueva tendencia a la profesionalización del ejército, en la que la que la jerarquía se basa más en la preparación y la valía, que en el estatus social del individuo. Francisco Ramírez de Madrid es nombrado caballero en el año 1487, tras el éxito de un *cortazgo* ideado por él mismo para la toma del castillo de Gibralfaro, en Málaga[293].

Llegada la guerra de Nápoles, la variedad de piezas resulta sorprendente incluso desde el principio del conflicto, cuando las tropas no están todavía completamente equipadas. Esta es expuesta en una carta escrita por el Gran Capitán a los Reyes Católicos en 1501:

> "La provisión de artillería que se ha fecho y fase cuenta de facer para estos cercos es que agora solo traximos con nosotros la artillería que tomamos a los franceses el día de la batalla, que es dos cañones y una culebrina y ocho falconetes. Habemos enviado a la Cerinola por la artillería que trayamos nosotros, que dexamos ahí; que es cuatro cañones y diez gerifaltes; e así facemos cuenta que para este castillo ponemos los dos cañones y culebrinas que tenemos aquí, y tres cañones y una culebrina que tiene el Marqués de Gasto en Iscla, y los cuatro cañones que facemos venir de la Cerinola, que será por todo nueve cañones y dos culebrinas y diez gerifaltes y ocho falconetes, y más ha provisto el Duque que traigan por mar de Traranto seis o siete cañones"[294].

Podemos decir que el uso de la artillería, que era casi anecdótico en la guerra de Portugal, es claramente esencial en las guerras italianas, tan solo un cuarto de siglo más tarde. A la primera guerra de Nápoles se envían por mar 300 piezas de

---

[293]   Verdera Franco, L., «La conquista de Granada: 1382-1492..., p. 90.

[294]   El Gran Capitán a los Reyes Católicos y capítulos de otra carta sin firma sobre la entrada de este en Nápoles (1501). Carta número 10, en Rodríguez Villa, A. «Cartas del Gran Capitán. Documentos relativos al mismo... p.XXIII-XXIV.

artillería[295]. Número que supera las utilizadas en Granada y multiplica varias veces las utilizadas en la de Portugal.

La artillería se convierte, durante el periodo que ocupa el relato de este trabajo, en un elemento de importancia creciente para la estrategia del ejército castellano. La guerra de sucesión supone un punto de inflexión para los castellanos, que hasta entonces iban retrasados técnicamente con respecto a otros reinos europeos, pero que ahora se dan cuenta de su valor estratégico. Con esta revelación en mente, en 1479 se establece la "Fundición de artillería" de Medina del Campo, liderada por expertos traídos de Aragón[296]. La invasión portuguesa revela la superioridad técnica de ese reino que, ya en esos años, domina la costa marroquí con asaltos desde el agua, llevados a cabo con sus cañones.

Durante este conflicto, la artillería castellana muestra ya una clara evolución con respecto a la usada en guerras anteriores, pero no resulta determinante en ninguno de los cercos más importantes[297]. Si bien sí es repetidamente mencionada por los cronistas en las fortalezas de Burgos y Zamora. En cuanto a la guerra de Granada, sin embargo, comprobamos cómo esta adquiere un mayor protagonismo[298]. En las crónicas se advierte también una tendencia a centrar cada vez más la atención del relato en los diferentes cercos realizados, yendo desde una mera forma de desgaste y de guerra psicológica, hasta el elemento protagonista del desbaratamiento de las murallas enemigas. Comparemos, a modo de ejemplo, el comentario que hace Palencia sobre el uso de la artillería en 1485, con el uso de ella que se hace en Málaga dos años más tarde. En la primera fecha dice:

---

[295]   Ladero Quesada, M.A., «Fuerzas navales y terrestres de los Reyes Católicos…, p. 21.

[296]   En Aragón hay maestros fundidores, polvoristas y un maestro mayor de artillería desde 1420. En Castilla no hay uno hasta 1463 durante el reinado de Enrique IV. En la guerra de sucesión se pone de manifiesto cómo incluso la nobleza mediana, si dispone de artillería, es capaz de poner en dificultades a ejércitos reales. En 1476 la artillería francesa pone en dificultades a los castellanos en Fuenterrabía. Sánchez Saus, R. y Ocaña Erdozain, A., «Armamento y fortificación (siglos XI a XV)», en Ladero Quesada, M.Á. (coord.), *Historia militar de España II. Edad Media*, Ministerio de defensa-Secretaría general técnica y Ediciones del laberinto, S.L., Madrid, 2010, pp. 401-402.

[297]   En la guerra de Antequera en los años 1406 a 1410 aparece el uso de artillería, pero resulta irrelevante. En 1472 Portugal demuestra sus innovaciones técnicas con los asaltos con cañón desde sus barcos a la costa marroquí. En la guerra de Portugal se da la primera aparición significativa de artillería castellana, pero no participa en ninguno de los cercos de importancia. Cook Jr., W.F., «The cannon conquest of Nasrid Spain and the end of the Reconquista…, pp. 259-260.

[298]   Íllora en 1483 es el primer cerco en el que la artillería no es un elemento de apoyo, sino el elemento central del asalto. A partir de 1484 las campañas se centran en asedios fuertemente armados. En 1485 Ronda es incapaz de defenderse por el acoso de la artillería y cae en cuestión de días, no siendo necesaria una quinta columna para abrir puertas. Vélez-Málaga capitula en 1487 ante la mera presencia de la artillería sin necesidad de disparar. Los cañones desplegados incluyen las denominadas *7 hermanas de Ximena*, de gran tamaño y con eficaz efecto intimidatorio. Idem, pp. 272-279.

"Esta vigilancia del enemigo quería quebrantar D. Fernando poniendo estrecho cerco a sus poblaciones y haciéndole más terrible por el empleo de la artillería"[299].

Dos años después de esta observación, en el abrumador cerco a la ciudad de Málaga de 1487, señala:

"Dispuso (el Rey) que las lombardas gruesas, preparadas ya para batir las murallas, suspendiesen el fuego hasta que se abriesen las bocas de las minas en el interior de la ciudad"[300].

A medida que el uso de artillería se convierte en un elemento central de la estrategia castellana, su bloqueo y eliminación se convierten también en objetivos prioritarios de los granadinos. En la decisiva campaña de Vélez-Málaga y de Málaga, en 1487, estos no dudan en destinar un elevadísimo número de tropas al bloqueo del paso de la artillería castellana, en los montes cercanos a Vélez-Málaga. Operación altamente arriesgada, pero única respuesta posible ante la inminente e insuperable amenaza de la poderosa maquinaria castellana. Evidentemente, la estrategia de bloqueo logístico de los malagueños obliga a los castellanos a reforzar las escoltas de la artillería. Momento en el que los conflictos armados cambian de escenario para trasladarse a los lugares decisivos para el transporte, en detrimento de los espacios más tradicionales, en torno a fortalezas y plazas.

"Los moros podrían atajar el paso a los que D. Fernando había apostado en varias estancias. Además, a poco que los enemigos (castellanos) flaquearan o se acobardaran, podrían (los moros) con facilidad destruir la artillería y máquinas de guerra detenidas en las gargantas próximas y así libraría a sus amigos de la única cosa que les infundía espanto, porque a los Vélez-Málaga ninguna otra cosa era capaz de amedrentarles. Sucedió muy diferente de lo que el moro suponía, porque sabida su llegada, el Rey, para mayor defensa de la artillería reforzó las escoltas ... No tardaron los nuestros en poner en precipitada fuga a 400 espingarderos granadinos enviados de avanzada contra las asechanzas nocturnas y el horrible estampido de las espingardas y ribadoquines les hizo desparramarse sobrecogidos de terror por aquellas rocas"[301].

La intención disuasoria del refuerzo de las escoltas no causa el efecto esperado y los castellanos son atacados. No obstante, el uso de la artillería ligera, más rápida y manejable, capaz de ser disparada por un ejército en desplazamiento que no ha asentado aún su real, sí consigue disuadir a los atacantes. Vemos cómo, de nuevo,

---

[299]   Palencia, A. de, *Crónica... Guerra de Granada,* libro V, p. 137.
[300]   Idem, libro VII, p. 186.
[301]   Idem, libro VII, p. 180.

el efecto psicológico que produce en el enemigo el uso de la artillería resulta eficaz y confiere una superioridad decisiva al ejército castellano.

Pocos años más tarde, en las guerras de Nápoles, la movilidad de la artillería alcanza cotas inimaginables en las dos guerras anteriores. Ahora sí, la artillería, o al menos algunas de las piezas más ligeras, son desplazadas hasta el campo de batalla de forma frecuente. Aunque el principal uso sigue siendo la protección de plazas y, a nivel ofensivo, la destrucción de sus puertas y murallas, su uso en enfrentamientos a campo abierto resulta revelador y anticipa una práctica habitual en la Edad Moderna. La artillería, aunque continúa siendo un elemento esencialmente estático, ha agregado dinamismo a su esencia con la incorporación de "artillería de campo" a su composición, como se muestra en este pasaje correspondiente al año 1503:

> "El Visorrey de Nápoles … salió de Canosa con toda su gente de armas y caballos ligeros y infantería y con la artillería de campo, vínose a esperar al Gran Capitán media milla de Canosa junto al río"[302].

No solo la artillería se convierte en una pieza dinámica, capaz de ser empleada en campo abierto, sino que también se incorpora a la vanguardia de las tropas en desplazamiento:

> "Venían delante de toda la gente francesa siete piezas de artillería entre falconetes y medios falconetes. El avanguardia de toda esta gente tomó monsiur de Aubegni con el escuadrón de los escoceses, que eran cien hombres de armas … juntándose (franceses y españoles) … comenzó a descargar el artillería en los españoles … la gente de armas escocesa arremetió contra la gente de armas española que asimismo traía en la avanguardia"[303].

Para estudiar la evolución de esta arma y su progresiva, pero rápida, incorporación al ejército castellano, merece la pena hacer un repaso cronológico de las principales menciones a su uso en las crónicas.

En ese caso, vemos cómo la toma de la fortaleza de Burgos, en la guerra de Portugal, es señalada por los cronistas como la primera acción decisiva basada en la nueva tecnología. Los autores resaltan su poder destructor contra las murallas de la fortaleza que, de otra forma, es consideraba inexpugnable.

---

302 «Libro segundo de la conquista del reino de Nápoles…, Cap. LXXV, p. 156.

303 Idem, Cap. LXXXI, p. 168.

"Porque D. Alfonso de Aragón, con tan admirable solicitud y exquisita ciencia militar había rechazado a la guarnición del castillo, y derruido con la artillería el recinto murado, dejándole desnudo de toda defensa, que a los cercados, vanamente empeñados en resistir, no les quedaba medio alguno de defensa; al paso que los sitiadores circulaban con toda seguridad por los fosos al pie del muro, y permanecían libremente junto a los cimientos"[304].

Bernáldez describe un cerco *en que le dieron muchos y muy grandes combates de lombardas, e tiros de pólvora, e quartagos, e ingenios*[305]. Pulgar deja ver en su descripción, por primera vez, un uso sistemático y continuado de la artillería en este cerco, cuando dice que el rey Fernando *mandó asimismo poner muchas lombardas, e otros tiros de pólvora, que continuamente tiraban al castillo*[306].

Pero quizás aún más relevante que estas descripciones sea el comentario que añade Palencia, refiriéndose a las causas de la rendición del castillo:

"Sobre todo se desvaneció la confianza en lo inexpugnable del castillo de Burgos. Porque, no ya por la falta de mantenimientos, ni por la traición de los sitiados, ni por la avaricia del Alcaide, sino por el perseverante y constante valor de los sitiadores y por el destrozo de las murallas, se vieron obligados a rendirse"[307].

Palencia señala la importancia de la artillería y su eficacia frente a medios más tradicionales. Un cerco que se creía duraría dos meses, plazo que la reina estaba dispuesta a conceder para su capitulación, es reducido a 10 días, como prometió el maestre de Calatrava. La crónica deja claro que no han sido las razones habituales en las guerras conocidas hasta entonces, tales como la falta de alimentos o las traiciones internas, la causa de su rendición. Sino que el uso de la artillería y el consecuente destrozo de las murallas han sido la razón principal por la que los sitiados han perdido toda esperanza, rindiéndose el 2 de febrero de 1476.

Evidentemente, tal éxito no pasa inadvertido ni para los enemigos ni para los castellanos, que incorporarán la artillería en otras futuras acciones. Así, por ejemplo, Valera se refiere al ataque a Portillo con *las lombardas con que la fortaleza de Burgos se avía ganado*[308].

A medida que la guerra de Portugal avanza, el uso de la artillería empieza a mencionarse con más frecuencia en las crónicas. Así, empieza a ser habitual su utilización

---

[304]   Palencia, A. de, *Crónica... Década tercera*, libro XXV, cap. I, p. 256.

[305]   Bernáldez, A., *Historia de los Reyes Católicos...*, cap. XX, p. 585.

[306]   Pulgar, H. del, *Historia de los Reyes Católicos...*, cap. XLVII, p. 151.

[307]   Palencia, A. de, *Crónica... Década tercera*, libro XXV, cap. III, p. 259

[308]   Valera, D. de, *Crónica de los Reyes Católicos...*, cap. XXVIII, p. 61.

en las grandes plazas, como los *yngenios e lombardas* para combatir la fortaleza de Zamora[309], pese a que no resulta particularmente eficaz en este castillo, porque *no podían en él fazer tanto daño, porque las piedras del muro que avían caydo eran grand amparo del muro de tapia que avían fecho*[310]. También aparece con fuerza en acciones contra plazas menores, donde unas pocas piezas pueden poner en jaque a toda una guarnición, como en el caso de Utrera, en 1477[311]. Y parece que los cronistas se sienten cada vez más cómodos dando detalles en su descripción de los diferentes usos que se hacen de las distintas piezas de artillería, como en Burgos, donde se especifica que *quatro trabucos de noche e de día no çesavan de tirar a las casas que estaban en la fortaleza, e las lombardas gruesas e otros tiros de pólvora tiraban a un lienço del muro continuamente*[312].

Estas experiencias empiezan a tener un claro impacto en dos direcciones. Por un lado, en la forma en la que se plantea el desarrollo del ejército, pues es en estos años cuando los Reyes Católicos empiezan su esfuerzo financiero para armar su brazo militar con numerosas piezas de artillería, como indica Bernáldez en su crónica:

> "En este tiempo ordenaron e ficieron Hermandades el Rey y la Reyna, en tal manera que ficieron mucha gente de a caballo que les pagaban las Hermandades, e ficieron muchas lombardas, más de las que tenían e muchos tiros de pólvora de diversas maneras, e muchos ribadoquines"[313].

Esta escalada armamentística se acelera aún más en la guerra de Granada. El parque artillero crece tanto que, años después en el Rosellón, se siguen utilizando un mínimo de 100 piezas procedentes de la guerra contra el reino nazarí[314]. Comprobamos, según la información ofrecida por Bernáldez, que la modernización del armamento discurre de forma paralela a la modernización y profesionalización de la institución, como indica el hecho de que al mismo tiempo se constituya la *Hermandad* y se le dé un papel militar.

El otro aspecto en el que se manifiesta un cambio de tendencia es la concepción de las estructuras defensivas. Empiezan a apreciarse detalles que indican la necesidad de adaptar las estructuras a nuevas necesidades provocadas por

---

[309]   Pulgar, H. del, *Historia de los Reyes Católicos...*, cap. LIV, p. 173.

[310]   Idem, cap. LIV, pp. 177-178.

[311]   La Fortaleza de Utrera es cercada *"en los postreros días de Noviembre de 1477"*. Esta plaza es defendida por *"quarenta o cinquenta escuderos bien aderezados"*. Es combatida *"con dos lombardas grandes e otros tiros medianos, fasta que derribaron los adarves por el suelo y horadaron la torre mayor en que le quebraron la escalera, que no podían subir"*. Idem, cap. XXXI, p. 590.

[312]   Idem, cap. LII, p. 165.

[313]   Bernáldez, A., *Historia de los Reyes Católicos...*, cap. XXVIII, p. 588.

[314]   Ladero Quesada, M.Á., *Ejércitos y armadas de los Reyes Católicos: Nápoles y el Rosellón...*, p. 121.

las nuevas armas. En 1476, la villa de Fuenterrabía es atacada por el ejército francés. Pese al excelente entorno natural que defiende la villa, sus estructuras no están preparadas para el envite de la artillería francesa. Los habitantes de la villa toman la decisión de destruir ellos mismos aquellas partes susceptibles de derrumbarse sobre ellos con los impactos de las lombardas enemigas, para evitar males mayores. Pulgar lo narra de esta forma:

> "Los de la villa acordaron de la defender por lo baxo della, desde los baluartes, e desde las cavas que tenían fechas, e para esto derribaron lo alto de las torres e de las almenas, porque si el artillería de los franceses tirase el muro e lo derribase, las piedras que del cayesen, no firiesen ni ocupasen a los que andaban debaxo en derredor de la villa por defuera para la defender"[315].

En la guerra de Granada, la artillería aumenta su importancia a partir de la campaña de Zahara, en 1483; su uso crece significativamente a partir de la campaña de Álora, en 1484; y se convierte en el elemento central de la estrategia a partir de 1485. Hasta esa fecha, el desenlace de la contienda es incierto. En el ecuador del conflicto, la toma de Ronda supone un impulso clave para la ofensiva Castellana, que desequilibra la balanza a su favor. Paradójicamente, es en esta ciudad, tomada tras solo siete días de asedio gracias a la ausencia de reservas de agua, cuando la artillería pasa a convertirse en el elemento principal en torno al cual gira la estrategia castellana. Este cambio de estrategia queda confirmado en 1486, con la rápida caída de Loja. Localidad que había resistido otro asedio en 1483 pero que, tres años más tarde, es incapaz de hacer lo mismo ante el envite de la artillería castellana.

Las carencias de las infraestructuras defensivas nazaríes, levantadas principalmente con tapial, resultan evidentes en muchas de sus plazas. La potencia de los cañones castellanos es suficiente para derribarlas con facilidad, al tiempo que el fuego lanzado sobre ellas con morteros infunde tal terror, que las capitulaciones se suceden con una rapidez inesperada. Tal es su efecto, que no faltan ejemplos de capitulaciones ocurridas ante la aproximación de las tropas, sin llegar nunca a producirse el enfrentamiento. Estos éxitos influyen, sin duda, en la decisión de los Reyes Católicos de incrementar su parque piro-balístico de forma rotunda en los siguientes años.

Las fortalezas nazaríes resultan obsoletas ante la nueva tecnología bélica. En general, podemos decir que en otros lugares de Europa -incluida Castilla-, las fortalezas de finales del siglo XV están experimentando una transformación profunda

---

[315]   Pulgar, H. del, *Historia de los Reyes Católicos...*, cap. LVI, p. 183.

que responde a necesidades tanto sociales[316] como técnicas[317]. A nivel social, las fortalezas están experimentando cambios por dos causas diferentes. Por un lado, los castillos se están convirtiendo en un símbolo de riqueza, estatus social y poder. Por esta razón, se transforman para ofrecer mayor lujo y confort, pasando de una construcción puramente militar, a otra que combina esa labor con la meramente residencial de un pudiente linaje. Diferencia clara con la proliferación de murallas en las ciudades, que responde a intereses defensivos de la población y representan la madurez política del núcleo urbano. A nivel técnico, el motivo por el que los castillos están transformándose a finales del siglo XV es la rápida extensión del uso de la pólvora. El desarrollo e incorporación de esta tecnología hace que las defensas estáticas resulten ineficaces, por lo que resulta esencial reformarlas o sustituirlas por otras de nueva planta. Para entender la derrota nazarí, es necesario señalar que sus murallas y cercas son, en la mayoría de los casos, claramente ineficaces ante la abrumadora artillería castellana.

El proceso de transformación de fortalezas y murallas, en general, se da de dos formas diferentes. Por un lado, se busca garantizar la eficacia defensiva de la plaza, a la hora de absorber impactos. Esta estrategia puede ser considerada en el marco de la defensa pasiva. Sin embargo, también la defensa activa es tenida en cuenta. Para ello, las plazas incorporan piezas de artillería con suficiente efecto disuasorio como para desanimar los intentos de acercamiento del enemigo o arruinar sus planes de instalación de un real cercano y, por tanto, sus planes de asedio.

Aunque la superioridad de la artillería castellana es evidente, debemos reconocer que el ejército nazarí también cuenta con un buen número de piezas de artillería. Como bien indican las crónicas, estas son utilizadas para mantener a distancia las fuerzas de asedio castellanas.

Es cierto que, en la guerra de Granada, hay dos claros ejemplos de capitulación a causa de las privaciones provocadas por asedios, que podríamos considerar más propias de los enfrentamientos medievales al uso. Una es la de Ronda, que cae en 1485 tras siete días de asedio, a consecuencia de la falta de agua en el recinto amurallado. La otra es la caída de Málaga, que es entregada tras tres meses de tortuosa escasez de alimentos. Ronda es una ciudad fuertemente armada. Cuenta con murallas capaces

---

[316]   Jones, R.L.C., «Fortalezas y asedios en Europa Occidental», en Keen, M. (ed.), *Historia de la Guerra en la Edad Media*, Oxford University Press y Machado libros, Madrid, 2005, p. 213.

[317]   Cara Barrionuevo, L. y Ortiz Soler, D., «Un modelo de ciudad fronteriza Nasri: urbanismo y sistema defensivo de Vera», Segura Artero, P. (coord.), *Actas del congreso: La frontera oriental nazarí como sujeto histórico. Lorca-Vera 22 a 24 de noviembre de 1994*, Instituto de Estudios Almerienses Diputación de Almería, Almería, 1997, pp. 307-324.

de resistir la artillería castellana y con una ubicación natural de incalculable valor defensivo, gracias a su elevación y el río que la rodea. Es considerada inexpugnable[318]. Algo parecido podríamos decir de Málaga. Se encuentra flanqueada por numerosas huertas con acequias, el mar mediterráneo y cuenta con suficientes hombres y armas como para plantar cara al ejército castellano.

Aunque la privación de agua en Ronda y de alimentos en Málaga resultan eficaces, es necesario reconocer que una de las principales causas de la derrota nazarí es la carencia de infraestructuras capaces de resistir la artillería castellana. Mientras que los reinos cristianos están renovando fortalezas y murallas a finales del siglo XV, el reino de Granada no está haciendo lo mismo. Cabe preguntarse por qué. Según lo expresado por diferentes autores, podría tratarse de una combinación de factores.

Para empezar, Granada atraviesa un periodo de ralentización económica. En este momento, sus principales socios comerciales -en especial los genoveses- están reduciendo sus intercambios, lo cual se traduce en menor recaudación fiscal y, por tanto, limitaciones presupuestarias para las inversiones en infraestructuras, por parte del estado. Además, se cree que durante el reinado de Muley Hacen se produce una reivindicación cultural nacional, que ensalza la estética y las armas de tradición musulmana. Esta circunstancia pudo tener cierta influencia en el mantenimiento de cercas andalusíes, de insuficiente altura y grosor, en lugar de ser sustituidas por murallas de mayor tamaño y materiales más resistentes.

También pudo tratarse de un simple error de cálculo. Cabe ser considerado un exceso de confianza en sus propias fuerzas militares por parte de los granadinos, así como un erróneo menosprecio del ejército castellano, a quien se considera agotado económicamente tras la guerra de sucesión y los esfuerzos por acabar con la invasión portuguesa. Así mismo, dada la privilegiada posición geográfica del reino de Granada -en cuanto a defensas naturales se refiere-, con abundancia de montañas y accidentes geográficos, podemos considerar que los nazaríes pecaron de exceso de confianza, al pensar poco probable la llegada de la pesada artillería castellana.

Así mismo, se intuye que las formas tradicionales de lucha medievales –cabalgadas, ausencia de grandes batallas, asedios, etc. -, pudieron seguir siendo la tónica dominante en la estrategia nazarí. En las crónicas, podemos comprobar

---

[318] *"Ronda tiene al norte el tajo del Guadalevín, al oriente al pie de la acrópolis, cerrados por una muralla de muchas torres que en gran parte conserva, teniendo casi de foso el arroyo de las culebras, que se vierte en el Guadalevín cuando esté va a lanzarse en el tajo".* Carriazo, J de M.., *En la Frontera de Granada...*, p. 388.

que la incorporación masiva de artillería por parte del ejército castellano sorprende al ejército granadino, que no es capaz de reaccionar eficazmente a tiempo. Así, los fracasos de las campañas castellanas se suceden en los tres primeros años del conflicto. Una victoria final para los Reyes Católicos parece poco probable en ese momento. Los granadinos se mueven como pez en el agua en su propio territorio y tienen sobrada experiencia en las clases de enfrentamiento utilizadas durante ese tiempo: algaradas, cabalgadas y escaramuzas. Sin embargo, a medida que los castellanos aumentan el número de piezas de artillería, las defensas nazaríes se muestran crecientemente ineficaces, lo que hace que se sucedan las victorias cada vez más rápido. Las crónicas parecen indicar que los cambios se sucedieron tan rápido que Granada no pudo reaccionar, quedando aislada de sus aliados norteafricanos y sin los recursos económicos para realizar la urgente transformación de sus infraestructuras que hubieran necesitado. Por el contrario, durante este mismo periodo, tras la guerra de sucesión y la invasión portuguesa, Castilla sí se vio inmersa en un proceso de renovación de sus fortalezas, muy en línea con lo ocurrido en otros reinos europeos[319]. Esta renovación nació como respuesta a la amenaza de la artillería enemiga y se tradujo en cambios tanto en la defensa pasiva[320] como en la defensa activa[321].

La pregunta que debemos plantearnos es ¿por qué consideramos obsoletas las defensas nazaríes para el nuevo tipo de guerra llevado a cabo?

Para empezar, porque Granada apenas modifica durante el siglo XV las construcciones andalusíes de siglos anteriores. Además, las construcciones de nueva planta mantienen los patrones de su arquitectura tradicional. Hablamos de edificaciones que incluyen una variedad de formas y funciones. Por su forma, podemos distinguir: bury (torre), hisn (castillo), ma'qil (fuerte-refugio), qal'a (fortaleza),

---

[319] Podemos hablar de cinco periodos en la evolución de los castillos en los reinos cristianos. El quinto y último periodo se corresponde con el último cuarto del siglo XV y supone una reacción a la generalización del uso de la artillería de pólvora. Este cambio evolutivo es de finales del siglo XV supone el abandono del denominado castillo gótico y su progresiva sustitución por el castillo de traza italiana. Sánchez Saus, R. y Ocaña Erdozain, A., «Armamento y fortificación (siglos XI a XV)», en Ladero Quesada, M.Á. (coord.), *Historia militar de España II. Edad Media...*, p. 408.

[320] Las torres y muros pierden altura para reducir la superficie de impacto, pero ganan en grosor, para aumentar su resistencia al impacto. Es frecuente la incorporación de montículos de tierra fuera de la muralla para frenar los disparos, así como la construcción de barbacanas fuera de los muros, con el objeto de proteger las puertas, puntos más vulnerables para los ataques. Jones, R.L.C., «Fortalezas y asedios en Europa Occidental...», pp. 215-231.

[321] Se incrementa el tamaño de los orificios para arqueros, ahora denominados troneras, desde donde el castillo puede usar su propia artillería de pólvora para mantener el cerco a distancia. Valdaliso Casanova, C., *Vivir en un castillo medieval*, La esfera de los libros S.L., Madrid, 2009, p. 122.

qasaba (alcazaba), qasr (alcázar o residencia fortificada de la autoridad), sajra (peña fortificada) y calahurra (torre Calahorra). Por su funcionalidad distinguimos: castillos, alcazabas, murallas urbanas, torres de alquería y atalayas[322]. Estos tipos de construcción son altamente eficaces en un enfrentamiento medieval al uso. Sin embargo, una vez la artillería hace acto de presencia a finales del siglo XV, su eficacia es más que cuestionable.

La segunda razón por la que podemos considerarlas estructuras obsoletas es su falta de adaptación al uso e incorporación de la artillería como defensa activa, así como su ineficacia como protección ante los impactos de la artillería atacante. Las cercas andalusíes son rara vez sustituidas por murallas de piedra y mampostería, que aguantan mejor los envites de los proyectiles[323].

Como tercera razón, además de mencionar lo obsoletas que se muestran las defensas granadinas, podemos intuir también cierta carencia de elementos defensivos específicos. Esta ausencia se justifica por las extraordinarias defensas naturales con las que cuenta el territorio. El terreno escarpado y a menudo de difícil acceso pudo distorsionar su percepción del peligro real que un ataque desde Castilla podía representar. Podemos citar a modo de ejemplo la ciudad de Vera. Esta ciudad tiene carácter fronterizo desde el tratado de Alcaraz de 1243. Dada su cercanía a tierra castellanas, sería lógico pensar que contaba con suficientes elementos arquitectónicos para garantizar su defensa. Efectivamente, cuenta con un castillo equipado con aljibe y algunos lienzos de muralla han sustituido el tapial por mampostería, buscando eficacia contra las nuevas armas. Algo que se repite en varias de las principales fortalezas granadinas, pero no en todas. No obstante, sorprende la falta de ciertos elementos defensivos como torres albarranas, barbacanas o fosos, esenciales contra la maquinaria de asedio y contra la artillería de pólvora[324]. Cabe preguntarse si la estructura de las ciudades granadinas, con calles estrechas y laberín-

---

[322]   Viguera, Molins, M.J., «El ejército», en Viguera Molíns, M.J. (Coord.), *Historia de España Menéndez Pidal. El Reino Nazarí de Granada (1232-1492): Política, instituciones, espacio y economía*, Espasa Calpe S.A., Madrid, 2000, pp. 448-449.

[323]   Las cercas del reino nazarí eran menores que las murallas castellanas alcanzando entre 5 y 8 metros de altura, por medio metro de espesor. Este reducido grosor, unido a la ausencia de piedra y mampostería o tapial, hace que sean un objetivo fácil para las potentes lombardas castellanas. Ladero Quesada, M.Á., *Ciudades de la España medieval: Introducción a su estudio*, Dykinson, S.L., Madrid, 2010, p. 99.

[324]   El Castillo de Vera es de planta rectangular-trapezoidal de unos 25m. por 14-18 de anchura. Cuenta con un aljibe y una torre interna. Situado en un cerro, su superficie es de apenas 375m. cuadrados. El aljibe está protegido por muros interiores de mampostería. Cara Barrionuevo, L. y Ortiz Soler, D., «Un modelo de ciudad fronteriza Nasrí…, pp. 322-324.

ticas, en las que la caballería se mueve con extrema dificultad, tiene alguna influencia en el exceso de confianza del que hacen gala, lo que ayudaría a entender el descuido de los muros y torres exteriores[325].

Debemos aclarar que, pese a todo lo dicho sobre la obsolescencia de las estructuras defensivas del reino de Granada, esta es tan solo una más de las causas de su derrota. La competitividad de sus armas también es cuestionada. Estas, más en línea con la estética y tradición musulmana que con las necesidades del nuevo tipo de guerra, muestran cierta impotencia ante el fuego enemigo. Así mismo, sus estrategias y desarrollos tácticos también pueden considerarse anticuados para la metodología guerrera adoptada por Castilla.

Por otro lado, Granada confía su éxito militar, en gran medida, a mercenarios extranjeros. Esta dependencia se convierte en un problema cuando el reino es aislado por mar. El aislamiento no solo resulta problemático para la llegada de tropas norteafricanas, sino también para generar los recursos económicos necesarios -vía comercio- para pagarlas. La ausencia de suficiente ayuda llegada del norte de África, en otros tiempos sumamente eficaz, a causa de luchas internas y anarquía en el Magreb de finales del siglo XV, se traduce en un desequilibrio de fuerzas para la defensa activa nazarí.

Por otra parte, Granada ha garantizado durante siglos una convivencia más o menos pacífica con Castilla, gracias a pactos y al pago de parias. Muley Hacén opta por dejar de pagar tributo, por lo que Castilla cuenta con la excusa perfecta, que elimina el único obstáculo legal para lanzarse a la invasión[326]. Desde la guerra de Portugal, Castilla -con ayuda de Aragón- establece una flota de vigilancia en el estrecho de Gibraltar. Durante la guerra de Granada, la flota se mantiene activa y su patrullaje se intensifica para evitar la llegada de ayuda externa. Esta flota establece en la desembocadura del río Guadalquivir su principal base de operaciones[327].

Como ya hemos indicado, su defensa siempre ha confiado en el valor estratégico y táctico de su geografía. Elementos que contribuyen a una exitosa defensa pasiva como sus puertos de mar, su accidentada orografía, clima en el que se alternan fríos y nevados inviernos con cálidos y secos veranos, así como la altitud de un

---

[325] El tejido urbano de ciudad fronteriza de Vera constituye una red imposible de traspasar que cerraba el paso a los atacantes. Así por ejemplo en 1453, se lanza desde Mojácar un ataque por sorpresa que conseguirá asaltar las murallas, pero no tomar la plaza. Tapia Garrido, J.A., *Historia de la Vera antigua*, Servicio de publicaciones de la Excma. Diputación provincial, Almería, 1987, p. 245.

[326] Ladero Quesada, M.Á. (coord.), «Conquistar y defender en la Edad Media: Los recursos militares de la Edad Media Hispánica», en *Revista de Historia Militar*, año XLV, 2001, Número Extraordinario, pp. 17-98.

[327] Sáez Abad, R., *La batalla de Toro 1476...*, p. 77.

territorio dominado por montañas. Todos ellos factores que, durante siglos, han hecho que las cabalgadas sean prácticamente la única forma de ataque posible[328]. Sin embargo, en esta guerra Castilla da completamente la vuelta al tablero y se embarca en una invasión sin precedentes ni en efectivos ni en el volumen y tipo de equipos utilizados. Este cambio sorprende a Granada, que no anticipa un ataque de estas características.

En cualquier caso, sería un error pensar que Granada ha abandonado completamente su interés por actualizar sus defensas. Hemos dicho que la ciudad fronteriza de Vera es claro ejemplo de falta de preparación, considerando que es una ciudad fronteriza. Aunque no podemos afirmar que haya descuidado por completo sus defensas, ya que sí existe una infraestructura capaz de repeler ataques, como veremos más adelante. Tampoco podemos decirlo de otros enclaves como Baza o Málaga. Estas plazas son descritas por los cronistas como "bien armadas y torreadas, con muros fuertes y gruesos"[329]. Así mismo, la diferencia entre fortalezas castellanas y granadinas no debe exagerarse. En los últimos años del siglo XV, los castillos cristianos alcanzan su quinta y última fase evolutiva. Pero la mayoría de esos cambios no ocurren hasta la última década del siglo XV y el primer cuarto del siglo XVI, por lo que, al comienzo de la guerra en 1482, la diferencia no es tan abrumadora como cabría pensar. Solo llegado ese momento, Castilla y otros reinos europeos suprimen toda una serie de castillos inservibles, por su ineficacia contra los ataques de la nueva artillería. En el caso específico castellano, también desaparecen aquellos castillos que han perdido su sentido defensivo tras la desaparición de la frontera, una vez anexado el territorio granadino. Aquellos que son reemplazados, lo hacen con fortalezas ideadas para satisfacer las nuevas necesidades técnicas.

Los cambios no suceden de la noche a la mañana, pero eso no significa que no se produzcan cambios de forma progresiva. Incluso en Granada, por muy obsoletos que se muestren sus diseños, se producen cambios que, hasta cierto punto, ayudan a resistir un poco más el ataque piro-balístico castellano. Por ejemplo, las típicas torres albarranas de la arquitectura nazarí dan paso a torres autónomas. La cons-

---

[328]   Verdera Franco, L., «La conquista de Granada: 1382-1492…, pp. 62-63.

[329]   La ciudad de Baza está rodeada por la sierra en tres de sus lados, aunque la separan de ella la gran cuesta de Alboaçen en la que hay una importante fuente. En el cuarto lado se abría su extensa hoya, que estaba ocupada por una huerta de una legua de ancho, complicada maraña de torres, árboles y tapias, a partir de los arrabales de la ciudad. Estos eran protegidos por un muro bajo y la ciudad por una muralla muy torreada con cuatro torres albarranas y un alcázar en el lado de la sierra. Ladero Quesada, M.Á., «Milicia y economía en la Guerra de Granada: El cerco de Baza…, p. 18.

trucción de muros con técnica de tapial o sillería, por influencia cristiana, es progresivamente abandonada por recintos dobles falsa braga. En ellos, el tapial es sustituido por *piedral* con técnica de mampostería. En otras palabras, las murallas de las ciudades granadinas cuentan con cierta preparación para resistir, en parte, los ataques de la artillería. Pero esta preparación es insuficiente. Estos muros ganan anchura, pero no lo bastante. Además, suelen carecer de troneras, que permitan el uso de su propia artillería defensiva.

Se ha debatido mucho sobre la posible existencia de una red defensiva nazarí, sobre la que hay división de opiniones. Durante la segunda mitad del siglo XIV (años 1354 a 1390), Muhammad V ordena un amplio programa de construcción de fortalezas en la frontera[330]. Además, la frontera es dirigida, a nivel político, por una jerarquía que sugiere una organización defensiva centralizada[331]. Asimismo, y a diferencia del ejército castellano, el nazarí cuenta con un grupo de tropas permanentes ubicadas en el centro de la jerarquía, rodeando la autoridad del emir. Este hecho sugiere una estrategia defensiva definida. Sin embargo, pese a la existencia de algunas fuerzas permanentes y la posible existencia de una estrategia defensiva, esta no llega a traducirse en la actualización de las fortalezas fronterizas de forma eficaz, lo cual hace que la llegada del ejército castellano resulte inevitable. La potencia de la artillería castellana y el terror desatado por su estruendo, la ruptura de murallas y los incendios provocados en el interior de las plazas hacen que las capitulaciones se sucedan con rapidez.

- Especialización

En las crónicas se aprecia también una especialización cada vez más clara en el uso de las armas de fuego de gran calibre y una ampliación de los escenarios en las que son utilizadas. Así, en los primeros enfrentamientos de la guerra de Portugal, los usos ofensivos que se describen se hacen con lombardas que arremeten contra puertas y murallas o con trabucos que disparan en parábola contra las construcciones en el interior del perímetro amurallado. En cuanto a los usos defensivos, se describe su uso disuasorio, evitando el acercamiento de las tropas enemigas. Estos

---

[330]   Sánchez Saus, R. y Ocaña Erdozain, A., «Armamento y fortificación (siglos XI a XV)...», p. 403-405.

[331]   "La frontera *nasrí* se construye a partir del *tagr*, un conjunto jerárquico jerarquizado de atalayas, torres de alquería y castillos dependientes de una ciudad, donde reside el jefe militar *qa'id*, con funciones políticas –delegado del sultán- y parcialmente judiciales. Esta circunscripción militarizada, expuesta a la defensa de la fe como *mahall ribat,* tuvo como extremo oriental la ciudad de Vera". Cara Barrionuevo, L. y Ortiz Soler, D., «Un modelo de ciudad fronteriza Nasri..., p. 311.

son los casos de Burgos y de Zamora, en el año 1476[332]. Pero, a medida que el relato avanza, se muestra cada vez más variedad en el uso que se hace de la artillería, así como de las circunstancias en las que tiene lugar. En Fuenterrabía, ese mismo año, se describe una utilización de los cañones estratégicamente defensiva, pero tácticamente ofensiva. Con ellos se ataca el real francés, situado cerca de la villa, para obligar al ejército galo a mudarse a un nuevo emplazamiento más alejado[333]. En Toro, también en 1476, la artillería portuguesa se emplaza de forma que sirve para bloquear el camino. Pulgar lo describe diciendo que el rey Alfonso *fizo poner tiros de pólvora muy cerca de la boca de la puente, por manera que ninguno podía salir della para pasar adonde su real estaba*[334]. Esta utilización sugiere cierta movilidad táctica de la artillería que, aunque es muy limitada todavía, evoluciona con rapidez, como veremos en el caso de la guerra de Nápoles.

El progresivo aumento de piezas y munición permite que en Siete Iglesias, en el año 1487, los disparos tengan por objeto hostigar a los soldados defensores hasta tal punto que no pueden ocupar las posiciones elevadas de la plaza o asomarse para disparar[335]. Este hostigamiento, basado en ataques repetidos con fuego artillero para obligar al enemigo a abandonar sus posiciones defensivas, se convierte en constante al llegar la guerra de Granada.

Las crónicas muestran múltiples ejemplos de esta nueva forma de acción, como en la Vega de Granada, en la campaña de 1483, en la que el rey Fernando *mandó a los artilleros que tirasen con los ribadoquines al muro, e a los otros lugares do estaban los moros defendiendo, e de aquellos recebían los moros tanto daño, que desempararon los lugares de donde defendían las parvas, e los cristianos ovieron lugar de ponerles fuego, aunque estaban bien juntos con el muro de la villa*[336].

---

[332]   En el caso de Zamora, Pulgar indica que el rey Fernando, una vez controlada la ciudad, *"mandó fortificar el cerco, y enviar por más gentes de artillería e ingenios para combatir la fortaleza"*. Una vez listos el rey *"mandó armar los engenios que tiraban a la fortaleza e derribaban las casas que estaban dentro; e mandó asimismo traer de las comarcas toda la artillería que había para tirar contra el muro"*. Pulgar, H. del, *Historia de los Reyes Católicos...*, cap. LVII, pp. 187 y 190.

[333]   *"Los franceses por el daño recebían en su real con quatro lombardas grandes e con los otros tiros de pólvora que continuamente les tiraban, acordaron de lo retraer, e pusiéronlo más lexos de la villa"*. Idem, cap. LVI, pp. 184.

[334]   Idem, cap. LX, p. 197.

[335]   *"Con gran ánimo llegaron a poner escalas al muro; las quales puestas, los de dentro no podían facer grande resistencia, por el grand número de artillería e vallesteros que tiraban al muro, tantos que no dejaban estar ninguno en él para lo defender"*. Idem, cap. LXXXV, p. 298.

[336]   Idem, cap. CXLVIII, pp. 75-76

Los cronistas son conscientes de los cambios que la actividad bélica está experimentando a consecuencia de este novedoso protagonismo de la artillería. Todos coinciden en que la *escaramuza* es la forma de ataque más habitual de los soldados nazaríes. Y, sin embargo, en el año 1484, en Setenil, Pulgar señala claramente cómo *visto los daños que los tiros de pólvora facían en ellos, acordaron de no salir más al escaramuça, e çerraron todas las puertas de la villa, e tapiáronlas por de dentro, e acordaron de defender el muro e las torres*[337].

El uso de los cañones para objetivos específicos se aprecia de forma cada vez más evidente. Los relatos muestran con precisión progresiva los ataques a *çiertas partes del muro e de las torres*, como en el caso de Álora, en 1484[338], o como en el de Setenil, en 1487. En este último cuentan que, *asentadas las lombardas gruesas, el Rey mandó que tirasen a dos torres grandes que estaban en la entrada de una puerta de la villa ... otros tiros de cerbatanas e pasavolantes e ribadoquines tiraban a las casas de la villa e mataban los hombres e mujeres, e niños, e derribaban las casas*[339].

La especialización en el uso de la artillería de pólvora alcanza cotas impensables hasta la fecha, llegando incluso a idearse piezas tan solo para atacar un objetivo específico. Este es el caso del *cortazgo* utilizado para tomar la fortaleza de Gibralfaro de Málaga, en el año 1487.

Su puesta en escena tiene como protagonista a Francisco Ramírez de Madrid que, sin un origen noble, llega a convertirse en "Maestro Mayor", anteponiéndose sus valoraciones técnicas a las opiniones de los aristócratas. Su promoción en el ámbito militar se entiende solo desde un claro giro a la modernización del ejército, con una nueva jerarquía basada en la preparación y la experiencia, por encima de cuestiones sociales. Un nuevo ejército en el que la artillería juega un papel esencial. Francisco Ramírez de Madrid es nombrado caballero en 1487, tras el éxito de su *cortazgo*[340].

Este uso de explosivos, testimonial en la guerra de Portugal y creciente en la de Granada, se convierte en habitual en la guerra de Nápoles. No hablamos solo de pólvora utilizada para lanzar proyectiles y bombas incendiarias desde cañones de diversos calibres. Nos referimos a su uso para crear ingenios que, debidamente colocados, puedan estallar y hagan colapsar estructuras como murallas y torres. Las crónicas muestran ejemplos claros de cómo el uso de explosivos va incorporándose o, incluso, sustituyendo la vieja técnica de minado e incendiado de los puntales, tan habitual en la Edad

---

[337]   Pulgar, H. del, *Historia de los Reyes Católicos...*, cap. CLXI, p. 127.
[338]   Idem, cap. CLX, p. 121.
[339]   Idem, cap. CLXI, p. 127.
[340]   Verdera Franco, L., «La conquista de Granada: 1382-1492...», p. 90.

Media. Con esta técnica, se excavaba un túnel hasta llegar a los cimientos de la muralla. El túnel se sostenía gracias a que se apuntalaba con maderos. Una vez concluido, se prendía fuego a los maderos que, al quebrar, hacían que la estructura colapsara. Esta técnica lleva tiempo y no siempre resulta eficaz. Con la incorporación de los explosivos de pólvora se gana tiempo y se asegura que los puntales cedan sin necesidad de oxigenar la llama, lo que facilita el excavado del túnel. Esta forma de actuar se convierte en norma para las estructuras más resistentes durante la guerra de Nápoles:

> "el capitán Pedro Navarro dio en el hacer de la mina ... el castillo de Ovo estaba sobre la mar, su edificación sobre muy fuerte y grande peña de piedra viva ... tanto se trabajó en el hacer de la mina que en espacio de nueve días hicieron siete hornos bien grandes, los cuales ... mandó henchir de pólvora y después cerrándolos con un muy fuerte muro"[341].

Las crónicas dejan ver también cómo la técnica se ha perfeccionado. Para facilitar la explosión, la pólvora se coloca en barriles y, como veíamos en la cita anterior, el tunel se sella para dirigir la onda expansiva hacia la estructura que se pretende destruir. La forma en que las crónicas hablan de la técnica empleada denota que se ha convertido en práctica habitual, como vemos en este ejemplo del asedio a Nápoles:

> "el capitán Pedro Navarro hizo hacer muchas minas y otros muchos aparejos conta la ciudadela y castillo Nuevo de la ciudad de Nápoles ... fizolas henchir, según lo acostumbrado, de muchos barriles de pólvora y junto con esto las hizo cerrar de un fuerte muro y pared gruesa"[342].

También podemos interpretar que la técnica está evolucionando en tiempo real durante el conflicto. Meses más tarde del episodio en Nápoles, encontramos el relato del castillo de Salsás, donde los barriles han sido sustituidos por botas llenas de pólvora, cuya eficacia les resulta sorprendente. En este episodio, los españoles, asediados por los franceses, sacrifican una torre cercada para causar daño al ejército enemigo que la asedia. Por este motivo, necesitan una explosión suficientemente potente como para sorprender al adversario:

> "pusieron fuego en las botas y fue tan grande la fuerza del ingenio, que cayó todo el torreón en el suelo y mató de la caída más de trescientos franceses de los que habían apresurado a subir, y lo demás que les seguían, como vieron el engaño de los españoles, retiráronse afuera faltándoles la esperanza de tomar el castillo de aquella vez"[343].

---

341   «Libro segundo de la conquista del reino de Nápoles..., cap. XCIV, p. 189.
342   Idem, cap. LXXXVI, p. 177.
343   Idem, cap. XLIX, p. 198.

En ocasiones, esta técnica de minado no es suficiente para destruir completamente el muro, pero sí para distraer a los habitantes con las pertinentes reparaciones. Ese momento es utilizado para tomar por la fuerza la plaza, siguiendo métodos que podemos considerar más tradicionales:

> "que con la violencia que aquel elemento, cerrado por donde puede respirar, rompía con grande presteza cuanto topaba ... viendo el poco o ningún daño que las minas hicieron en el muro de la villa ... dando orden para que al tiempo que vieren que su gente estaba encima de los reparos, ellos echasen la puente sobre el muro y subiesen por ella con mucha presteza"[344].

Cuestión aparte, es necesario prestar atención a la especialización de la infantería, ya que no solo resulta esencial en los cambios militares de la Europa moderna, sino que ayuda a explicar la supremacía hispana en el continente durante prácticamente dos siglos.

Sin duda, las novedades tácticas fruto de la pericia del Gran Capitán puestas en práctica en Nápoles explican, en gran medida, el éxito de sus tropas en el campo de batalla. Pero lo cierto es que el origen de los temidos tercios españoles es principalmente consecuencia de la visión de los Reyes Católicos y sus consejeros que, ya en el año 1497, definen tres grupos de especialización dentro de la infantería. Según el cronista Jerónimo de Zurita, es en ese momento, aún unos años antes de la primera campaña de Gonzalo Fernández de Córdoba en Italia, cuando se establece esa división de la infantería en tres cuerpos que, con el tiempo, pasa a conocerse como tercios. De esta forma, las tropas de a pie se dividen en una tercera parte armada con picas "como los alemanes los traían", otro tercio con escudos y espadas -además de dardos- y la última con ballestas y espingardas. Todos ellos repartidos en cuadrillas de 50 hombres[345].

Además de esta especialización en tres cuerpos, la infantería española se diferencia de la suiza por combatir en orden cerrado, lo que facilita la táctica grupal. De la alemana se diferencia en que, desde un primer momento, se le procura una potencia de fuego superior. Por tanto, ya desde comienzos del siglo XVI, las ballestas son progresivamente sustituidas por espingardas que, a su vez, son reemplazadas por escopetas y arcabuces[346].

---

[344]   «Libro segundo de la conquista del reino de Nápoles..., cap. IX, pp. 68-70.

[345]   Zurita, J., *Historia del rey don Hernando el Católico: de las empresas y ligas de Italia*. Diputación General de Aragón, Zaragoza, 1989-1996, vol. II, p. 27

[346]   Rodríguez Hernández, A. J. y Mesa Gallego, E. de, «Del Gran Capitán a los tercios..., p. 159.

- Artillería en asedios y batallas

La artillería sigue encontrando su principal lugar de acción en los asedios tanto para abrir brechas en puertas y muros como para atacar el interior de la plaza. Vemos este claro uso dual en el cerco a Loja del año 1486, en el que los *quartados* son utilizados para lanzar piedras en parábola al interior del recinto, mientras que los *ribadoquines* y otros tipos de cañón son usados para derribar las casas:

> "mandó el Rey (Fenando) que tirasen los ribadoquines e otros tiros de pólvora; los quales derribaban las casas e mataban hombres e mujeres, e destruyan la çibdad en todo lo que alcançaban. Tiraban asimismo los quartados, que echaban las piedras en alto, y cayan sobre la çibdad, e derribaban e destruyan las casas. E las piedras que se tiraban eran tantas que los moros fueron puestos en grand turbaçión, e no tenían espaçio para se remediar, ni sabían qué consejo tomase para se defender[347]".

Loja no tarda en capitular, lo que resulta especialmente significativo considerando que, tres años antes, los castellanos no fueron capaces de hacer caer la plaza. La principal diferencia entre un ataque y otro es el volumen de artillería utilizado. Además, se aprecia una progresiva extensión del área de acción de los cañones fuera del contexto específico de asedios. Por ejemplo, el real castellano es constantemente defendido por cuatro ribadoquines instalados a tal efecto. En el relato de la campaña de Vélez-Málaga de 1487, se pone de manifiesto el uso de artillería fuera del cerco, en el campo de batalla, cuando las tropas castellanas son atacadas por el camino y el rey envía al *marqués duque de Cádiz con mucha gente de a pie y de a caballo, e con muchos ribadoquines para que les tirasen*[348].

En Granada, el uso con determinación de cañones cambia el escenario bélico, consiguiendo destruir las defensas de posiciones que, hasta entonces, se habían considerado inexpugnables[349]. Así mismo, el miedo de la población al fuego y el estruendo de la artillería provoca múltiples capitulaciones de plazas que no llegan siquiera a luchar. El despliegue masivo de las piezas llevadas al frente resulta esencial para comprender la rápida caída del reino nazarí que, tradicionalmente, se había mostrado imbatible, gracias a la estratégica situación de sus plazas y las dificultades del terreno usadas a favor de su defensa.[350] Este uso aplastante de los cañones

---

[347]　Pulgar, H. del, *Historia de los Reyes Católicos...*, cap. CLXXXVII, p. 224.

[348]　Bernáldez, A., *Historia de los Reyes Católicos...*, cap. LXXXII, p. 624.

[349]　Cook, W. F., «The cannon conquest of Nasrid Spain...», pp. 43-70.

[350]　Ladero Quesada, M.A., *Castilla y la conquista del Reino de Granada*. Diputación de Granada, Granada, 1987, pp. 123-128.

contra el reino nazarí puede considerarse una de las grandes lecciones aprendidas por Gonzalo Fernández durante el conflicto y probablemente explica el énfasis que da a su uso en Italia[351].

En efecto, llegada la guerra de Nápoles, observamos cómo los cambios estratégicos desarrollados en Granada se convierten en norma. Vemos, por ejemplo, cómo en el asedio francés a la ciudad de Canosa, en 1503, el ejército galo hace uso del mismo uso dual de la artillería que habían hecho los castellanos en Loja. Por un lado, derriban los lienzos de muro más débiles, identificados gracias a un informante interno. Por otro, utilizan otro tipo de pieza artillera para lanzar sobre las murallas proyectiles que derriben casas y causen terror a la población:

> "Después de asentada, la batieron con el artillería con mucha fortaleza dos días y dos noches, sin que cesasen de quebrantar el muro por donde acertaba, pero mayor daño hacían en las casas de dentro, porque allende de derribar algún poco del muro, derrocó muchos tejados y paredes de las casas, de que se siguió gran daño"[352].

Al igual que ocurriera en Granada, en Nápoles, los ataques con artillería se convierten en uno de los ejes centrales de la estrategia. Su eficacia provoca que las plazas capitulen con rapidez, por lo que ambos bandos se lanzan a usar esta opción. Por ejemplo, tras el episodio de Canosa recién indicado, el ejército francés se dirige a Barleta para asediar al Gran Capitán. Sin embargo, se detienen en el camino para tomar la villa de Bitonto, que cae con facilidad gracias al destrozo provocado por la artillería. La toma del castillo, casi imposible sin esta, se realiza en poco tiempo:

> "Pero como los franceses hubiesen recibido aquella ciudad, y viesen que si el castillo no se tomaba era no haber tomado nada, determinaron de le combatir y sacarle por fuerza de armas ... llegaron contra la torre del castillo toda la artillería y con ella batieron la torre toda la noche y un día de cuya causa le fueron quitadas y metidas por el suelo todas las defensas que tenía ... no tenían ningún remedio, determinaron de se dar a los franceses"[353].

Como ya hemos comprobado, la artillería constituye un elemento esencialmente estático y mayoritariamente defensivo en la guerra de Portugal. En la de Granada, el factor ofensivo se vuelve esencial. Esto es así, en parte, por la propia naturaleza del conflicto. Se trata de la invasión del reino nazarí, por lo que la defensa del territorio castellano pasa a un segundo plano. Además, los Reyes Católicos hacen un

---

351   Rodríguez Hernández, A. J. y Mesa Gallego, E. de, «Del Gran Capitán a los tercios, p. 148.

352   «Libro segundo de la conquista del reino de Nápoles..., Cap. XXXVIII, p. 104.

353   Idem, cap. XLVIII, p. 116.

esfuerzo sin precedentes para facilitar el desplazamiento de la artillería hasta las plazas en disputa, movilizando miles de hombres simplemente para allanar el camino y facilitar el paso de los trenes de artillería., Comprobamos que, gracias a este esfuerzo, las crónicas empiezan a mencionar cañones emplazados para la defensa del real y para su uso en combate, si bien el relato aún no deja claro que hayan sido desplazados hasta el campo de batalla para tal efecto, sino que, al contrario, el enfrentamiento ha tenido lugar circunstancialmente donde la artillería ya se encontraba emplazada. Característica que, como ya hemos visto, cambia en la guerra de Nápoles, donde la artillería sí es portada hasta el lugar donde se anticipa el enfrentamiento.

Sí hay, sin embargo, un entorno en el que la artillería en movimiento adquiere protagonismo desde el principio: el mar. Particularmente, es durante el conflicto granadino cuando las referencias a la artillería en barcos se convierten en frecuentes, llegando a ser una constante, más tarde, en Nápoles.

En el año 1487, en el contexto de la guerra de Granada y más específicamente en el contexto de las labores de vigilancia y cerco de la costa malagueña, Valera menciona una lombarda de gran tamaño llamada "la reina", instalada en una embarcación castellana que recibe *tiros de pólvora de las galeras e albatoças les tiraban*"[354]. El relato refleja la irrupción de los combates marinos en el escenario bélico y anticipa la importancia que jugarán en el futuro los cañones instalados en las naves.

Por poner en contexto esta rápida evolución, si en Málaga hablábamos de un solo cañón de gran tamaño, tan solo quince años más tarde, Francia envía treinta para combatir al turco:

> "Venían en el armada francesa cuatro carracas gruesas, y diez y seis navíos y diez galeras, adonde iban cinco mil hombres y treinta piezas gruesas de artillería"[355].

Como ya hemos dicho, el uso de la artillería en la guerra de Granada es mucho mayor que en la de Portugal. En la de Nápoles, la descripción que se hace de su uso en tierra, por parte de las tropas españolas, parece menos intensa que en Granada, debido a las dificultades logísticas de su traslado. Lo cual no significa que no se utilice. Debemos tener en cuenta que 2/3 partes de las piezas movilizadas para esta guerra permanecen a disposición de la armada y tan solo 1/3 se encuentra disponible para el ejército en tierra. Y de estas piezas, gran parte son utilizadas en posiciones estáticas de defensa para las plazas bajo dominio español. Así mismo, los

---

[354]   Valera, D. de, *Crónica de los Reyes Católicos...*, cap. LXXXV, p. 264.
[355]   «Libro segundo de la conquista del reino de Nápoles...», Cap. XXXIV, p. 98.

franceses y sus aliados hacen lo propio en sus plazas, como se indica en los intentos de defensa de Ostia, que el Gran Capitán recupera a petición del Papa:

> "El Gran Capitán oyendo los afectuosos ruegos del Santo Pontífice fue contento de hacer este servicio ... empezó a ofender al enemigo porque pensó de sostenerse en la ciudad hasta tanto que el Rey de Francia viniese y le enviase socorro, y también porque como él tenía la ciudad bien proveída de bastimentos y municiones y bien artillada"[356].

Donde más relevante resulta el incremento de piezas de artillería durante la guerra de Nápoles y la intensidad de su uso es, indudablemente, en el mar. De las 300 piezas de artillería llegadas a Italia durante la primera guerra, tan solo 100 son reservadas para las fortalezas guarnecidas, al mando de Gonzalo Fernández de Córdoba[357]. El resto permanecen en los barcos para combates navales. De hecho, la primera acción militar del Gran Capitán en Nápoles no es otra que un bloqueo marítimo a la ciudad de Gaeta, importante plaza costera por su interés logístico, en manos del ejército francés:

> "El Gran Capitán, después de ser don Federico alzado por Rey, lo fue a visitar ... el Gran Capitán se pasó sobre Gaeta, la cual por ser fuerte y estar a la costa de la mar, por donde de cada día esperaban socorro de Francia, se estuvieron mucho tiempo sin se querer dar; pero después al fin de mucho y largo trabajo que en el cerco pasaron, así los cercados como los cercadores, el Gran Capitán la tomó a partido para el Rey Federico"[358].

Dada la importancia de la nueva arma y pese a las dificultades logísticas de su transporte, las referencias a envíos de piezas de artillería por mar desde España no son excepcionales y resultan llamativas por su volumen. De este modo, el día que el Gran Capitán sale de Málaga, el 5 de junio de 1500, lo hace con más de 60 barcos de tipos diferentes, acompañado de 7.000 infantes, 300 hombres de armas, 300 caballos ligeros y 30 piezas de artillería[359].

La creciente importancia de la artillería en la guerra hace que, ya desde el conflicto nazarí, las crónicas, además de mencionar su uso, empiecen a aportar información sobre su fabricación y sobre la llegada de nuevas piezas. Subrayan, además, las grandes diferencias entre el abrumador uso castellano de esta y el escaso uso que hace el ejército granadino. La artillería nazarí parece limitarse a labores defensivas. Se trata principalmente de piezas ligeras o piezas móviles

---

[356]   «Crónica general de Gonzalo Fernández de Córdoba..., Cap. XXX, p. 44.

[357]   Ladero Quesada, M.A., «Fuerzas navales y terrestres de los Reyes Católicos..., p. 21.

[358]   «Crónica general de Gonzalo Fernández de Córdoba..., Cap. XXIX, pp. 41-42.

[359]   «Libro segundo de la conquista del reino de Nápoles..., Cap. IX, p. 62.

individuales obtenidas, con frecuencia, de robos a las tropas castellanas en movimiento.

La cantidad de piezas utilizadas aumenta, especialmente si la comparamos con las escasas unidades utilizadas en la guerra de Portugal, pero también lo hace su variedad. Este proceso se lleva a cabo de manera rápida y, en pocos años, las menciones a piezas específicas para diferentes usos se convierten en frecuentes. Llegada la guerra de Nápoles, la evolución es ya evidente:

> "el Gran Capitán ... hizo asentar mucha artillería de cañones gruesos y culebrinas y falconetes, la cual asentó por lugares diversos contra el muro del monte, según dicho es"[360].

Si prestamos atención a la evolución cronológica del uso de la pólvora, podemos destacar lo acontecido durante el trascurso de la guerra de Granada y concluir que este conflicto representa una antes y un después en el aprendizaje sobre su uso y su producción. Comprobamos que una de las primeras medidas emprendidas por los Reyes Católicos es el envío de emisarios, en 1482, a Alemania, Francia, Flandes e Italia. Con esta acción se aseguran la adquisición de grandes lombardas alemanas e italianas, así como la llegada de maestros artilleros de Bretaña[361]. Vemos que las referencias a su uso en las crónicas empiezan en 1483, en Zahara. Hasta ese momento, podemos hablar de un uso no generalizado y con un número de piezas limitado, probablemente en la línea de lo empleado siete años antes, en la toma de la fortaleza de Burgos.

> "Para batir las murallas se emplearon una lombarda y diez ribadoquines...en pocos días quedaron arrasadas las torres"[362].

Tomada Zahara, los soldados de la ciudad se refugian en el alcázar. En ese momento, la artillería se desplaza hasta esa fortaleza y Palencia aporta dos datos reveladores sobre el desenlace:

> "se refugiaron en el alcázar ... y apenas se atrevían a mirar el transporte de la artillería ... fortaleza que sin el terror de sus defensores, difícilmente hubiera sido batida. Al día siguiente capitularon los moros"[363].

El primer aspecto a destacar es la rapidez con la que se produce la rendición. Palencia habla de un solo día hasta que se produce la capitulación, frente a las

---

[360]   «Libro segundo de la conquista del reino de Nápoles..., Cap. XCV, p. 190.

[361]   Verdera Franco, L., «La conquista de Granada: 1382-1492..., p. 72.

[362]   Palencia, A. de, *Crónica... Guerra de Granada*, libro III, p. 108.

[363]   Idem, libro III, p. 115.

semanas o meses que podrían haber sido necesarias sin el uso de artillería. Precisamente, la rapidez y el éxito con los que se producen los cercos y las rendiciones son algunos de los principales rasgos que definen esta guerra. Esta característica ejemplifica perfectamente los cambios que se están produciendo en el escenario bélico e invita a pensar en un concepto de guerra que se aleja ya de los conflictos típicamente medievales[364].

El segundo aspecto a destacar es el efecto psicológico que el uso de la artillería produce. Según el relato de Palencia, la capitulación no se produce por el batido de las murallas, sino por el terror que produce a sus defensores ver acercarse a la artillería. Esta va a ser otra de las características específicas de la guerra de Granada que difiere de conflictos anteriores. El uso de la artillería buscando el mayor impacto psicológico sobre la población es constante. A partir de este momento asistimos a numerosas situaciones en las que la artillería dispara no ya contra las murallas que desean romper, sino al interior de la población, buscando aterrorizar a sus habitantes. Esos ataques se producen de forma ininterrumpida de día y de noche, procurando crear el mayor estrés posible, que obligue a los habitantes a renunciar a la defensa de su localidad. Unido al miedo colectivo que experimenta la población de la plaza atacada, hay que destacar la confusión generada entre las tropas. El ruido, el humo y el constante peligro causado por la potencia de fuego enemigo hacen que rompan su disciplina y abandonen sus puestos, debilitando fuertemente su capacidad defensiva[365].

Esta característica se convierte en una constante en la segunda mitad de la guerra de Granada y pasa a formar parte de la descripción de los conflictos bélicos a partir de entonces. Si saltamos unos pocos años hasta la guerra de Nápoles, encontramos descripciones similares con las que las crónicas enfatizan el escenario creado por el uso de la artillería, que no dejan lugar a dudas sobre su importancia, como vemos en el ejemplo de la ciudad de Gaeta:

---

[364] La ciudad de Ronda cae en diez días según Pulgar, gracias al uso de artillería. Opinión que se aleja de la versión de Palencia que concede a la privación de agua a la ciudad, la razón de una rendición que anuncia tras siete días de cerco. Pulgar, H. del, *Historia de los Reyes Católicos...*, cap. CLXXII, p. 171.

[365] En Ronda en 1485 la artillería castellana dispara por encima de las murallas al interior de la ciudad: *"otrosí, por otras partes tiraban los quartaos e los ingenios, e tantos e tan continuamente eran los tiros que facía el artillería, que los moros que guardaban la cibdad a grand pena se oyan los unos a los otros, ni tenían lugar de dormir, ni sabían a qué parte socorrer; porque de la una parte las lombardas derribaban el muro, e de la otra los ingenios e quartaos derribaban las casas. E si los moros trabajaban por reparar lo que las lombardas derribaban, no avía lugar de lo hazer, porque los otros tiros de pólvora medianos que coninuo tiraban no les daban lugar a los reparar, e mataban a todos los que estaban sobre la cerca"*. Idem, cap. CLXXII, pp. 170-171.

"los artilleros comenzaron a batir el muro del monte, el cual se batió ocho días continuos ... era tanta la artillería que ambas partes se descargaba unos contra otros, que verdaderamente parecía que allí estaba junto todo el ejército y rumor del infierno"[366].

Volviendo a Granada y hablando en términos generales, hay un tercer aspecto que determina el uso masivo de la artillería en esta guerra y que no necesariamente se repite en otras posteriores como la de Nápoles: la ya mencionada debilidad de las estructuras arquitectónicas del reino nazarí. Un pueblo acostumbrado *a todo tipo de guerra,* como decía Palencia, no está, sin embargo, suficientemente preparado para el embate de las armas de fuego. En 1484, el marqués de Cádiz, gran conocedor del enemigo y artífice de gran parte de la estrategia castellana en el conflicto, expresa su opinión ante el rey Fernando sobre las murallas y defensas de la villa de Alora. A partir de esta valoración, se aprecia un incremento espectacular en el uso de la artillería y máquinas de guerra. Es, a partir de este año, cuando la referencia al uso de armas de fuego se vuelve constante en las crónicas y ocupa gran parte del relato.

"Expresó el marqués la facilidad de apoderarse de la villa ... por la costumbre de los moros de no proteger sus pueblos con fosos, trincheras ni robustas defensas, sino que confiados sobre todo en la posición de los lugares, levantan tapias endebles y en confuso plano (porque ellos sólo temen los ataques repentinos) y éstas no podían resistir el embate de nuestra artillería y máquinas de guerra"[367].

En 1486, cae Loja con rapidez. Curiosamente, esa ciudad había aguantado perfectamente el asedio castellano de 1483. La diferencia entre ambos ataques es el uso intenso de la artillería en el segundo. Bernáldez narra cómo *asentadas las lombardas (el rey) mandó tirar y en chico espacio les derribaron un gran lienzo de los muros de la villa; e desque los moros vieron esto diéronse al Rey*[368].

Evidentemente, no todas las estructuras granadinas se encuentran desfasadas, al igual que no todas las castellanas están actualizadas. Las tres guerras estudiadas en este trabajo -y especialmente la de Granada- constituyen la experiencia a partir de la cual los Reyes Católicos ordenan la renovación de sus principales castillos y alcázares. De forma paralela, otros reinos europeos emprenden acciones de transformación similares.

R.L.C. Jones establece una detallada evolución de las fortalezas inglesas, centro y norte europeas, en la que distingue cinco grandes fases. Según este autor, no es

---

[366]   «Libro segundo de la conquista del reino de Nápoles..., Cap. XCV, p. 191.

[367]   Palencia, A. de, *Crónica... Guerra de Granada,* libro IV, p. 121.

[368]   Bernáldez, A., *Historia de los Reyes Católicos...,* cap. LXXIX, p. 622.

hasta el final del siglo XIV y especialmente en el siglo XV –como reacción al uso de la artillería- cuando las fortalezas generalizan la construcción de fosos para evitar el acercamiento de cañones y máquinas de guerra. Es en este momento también cuando se comienzan a apilar montículos de tierra externos a los muros, capaces de absorber los impactos de bala de cañón. Este autor cita expresamente como ejemplos Medina del Campo[369], Fuensaldaña y Peñafiel, castillos que incorporan en sus diseños los adelantos llamados a contrarrestar la eficacia de la artillería[370]. Otros cambios frecuentes en las fortalezas que ocurren, tras la generalización de la artillería, son la acumulación de tierra tras el muro, que reduce la vulnerabilidad de la altura, se amplía la parte superior de la muralla para dar cabida a los cañones, aumentar el ángulo de fuego y resistir mejor los impactos. Así mismo, las torres son sustituidas por bastiones de ángulo que minimizan la exposición de la fachada al bombardeo frontal[371]. Sin embargo, parece evidente que esas transformaciones no se han producido en el reino nazarí, cuyos mandos militares están acostumbrados a un tipo de guerra diferente y de corte más tradicional, como ya hemos visto.

A partir de esta característica de la arquitectura de las ciudades y villas enemigas, los castellanos plantean, a partir de 1484, una estrategia que se apoya en dos pilares básicos: uno, la confianza en destruir fácilmente las murallas mediante el uso de la artillería; y dos, el terror ocasionado por su uso en la población civil.

Ese mismo año de 1484, la reina nombra a Francisco Ramírez *El artillero*, Maestro Mayor. No se trata de un noble, lo que apunta a esa nueva estructura militar basada en la valía profesional a la que ya nos hemos referido y en la que nos adentraremos más adelante. Ese año empieza en Álora el uso a gran escala de la artillería de pólvora[372].

A partir de ese momento, los castellanos cuentan con un arma psicológica, –el estruendo de los disparos, el humo y el miedo a los incendios resultantes- que

---

[369]   Conviene matizar que el casillo de la Mota, efectivamente, es remodelado durante el reinado de Enrique IV, pero que las transformaciones más profundas son promovidas durante el reinado de los Reyes Católicos. Antes de ellos, tanto Juan II como su hijo Enrique IV han promovido cambios que incluyen el interior del recinto y la actual torre del homenaje. Pero hasta después de la Guerra de Portugal no se construirá la barrera defensiva externa diseñada para contrarrestar ataques de artillería. Para más información, nos remitimos a la obra de Antonia Ortolá que recopila la historia del castillo. Ortolá Noguera, A., *El castillo de la Mota de Medina del Campo*, Junta de Castilla y León. Consejería de Educación y Cultura, Valladolid, 2001.

[370]   Jones, R.L.C., «Fortalezas y asedios en Europa Occidental...», pp. 215-230.

[371]   Keen, M., «Armas de fuego, pólvora y ejércitos permanentes...», p. 11.

[372]   La nueva articulación es dirigida por el artillero mayor. Le siguen en la jerarquía los capitanes, tras los cuales operan polvoristas, bombarderos, tiradores, canteros, carpinteros y herreros. Verdera Franco, L., «La conquista de Granada: 1382-1492...», pp. 72- 98.

utilizan en su beneficio y que permite el éxito en campañas que, de otra forma, resultarían poco probables y, por tanto, raramente predecibles por el enemigo, desde la lógica militar. Es el ejemplo de la citada Lora, muy bien protegida por su enclave natural, de difícil acceso incluso con artillería, pero cuyo ataque es recibido con sorpresa, ya que un ataque a Loja hubiera sido más lógico. La sorpresa y el novedoso y aterrador uso de la artillería decide el cerco a favor de los castellanos.

> "No torció hacia Loja, como pensaba Albuhacén, sino que marchó a Alora ... había puesto repentino cerco el Marqués de Cádiz el 11 de Julio. Tres días después ya estaba emplazada toda la artillería. No tardaron los terribles disparos de las lombardas en derribar parte de las murallas y el inaudito estrépito, los gritos lamentos de las mujeres, el llanto de espanto a los moradores ... creció el espanto y los lamentos al ver destruida completamente aquella parte de la muralla ... Porque después de destruida totalmente la parte baja de la muralla, única que podría batir la artillería ... protegida por un cinturón de rocas, hubiera proporcionado a los defensores inexpugnable baluarte mientras durasen los víveres y agua abundante que les suministraba el río Saduca, que corre al pie de un áspero peñasco, y al que los moros llamaban Guadalquivirejo o Betis pequeño"[373].

Cabe destacar dos circunstancias de este cerco. La primera, que, frente al uso de la artillería, los modos de resistencia habituales parecen perder importancia. Es decir, que la abundancia de víveres y agua ya no son garantía para resistir un asedio. La segunda que, en este caso particular, la potencia de la artillería no hubiera sido suficiente, dada la presencia de importantes defensas naturales. Sin embargo, el terrible efecto psicológico que causa en la población civil el uso de la artillería tiene unas consecuencias aún mayores que su poder destructor.

Algo similar ocurre en la villa de Setenil, ese mismo año de 1484. Comprobamos cómo el uso de la artillería se ha instalado de forma preferente en la estrategia castellana, así como la búsqueda del mayor impacto psicológico factible, que obligue a una rendición rápida y con el menor derramamiento de sangre posible.

> "A poco llegó la multitud de carros con la artillería y las terribles máquinas de guerra, y bien pronto aumentó el espanto de los moros ... el fragor de las lombardas. El gran destrozo de sus tiros causaban en la parte del muro que suponían más resistente. (El rey Fernando agradece al marqués de Cádiz) y de que hubiese infundido terror a los cercados con emplazar la artillería en el puesto elegido ... el 20 de septiembre se rindió la villa"[374].

---

373   Palencia, A. de, *Crónica...* Guerra de Granada, libro IV, p. 122.
374   Idem, libro IV, p. 131.

Llama la atención el hecho de que la artillería comience a utilizarse buscando más el efecto psicológico en la población, que su poder destructor. Así lo demuestra el hecho de que se utilicen contra los puntos más fuertes de las murallas o el propio agradecimiento del rey al marqués de Cádiz por la exitosa elección de su emplazamiento. Para ese mismo año, Pulgar habla de *fasta treynta mill bestias cargadas* de avituallamientos y *gran número de carros de artillería*, lo que nos da una idea de las dimensiones que está alcanzado el aparato militar con las nuevas incorporaciones[375].

Si bien 1484 es un punto de inflexión a partir del cual el uso de la artillería se convierte en fundamental, la tendencia se acentúa en 1485. En este año central de la guerra de Granada, los Reyes Católicos, conscientes del potencial de la artillería y del terror que ocasiona en el enemigo, redefinen su estrategia e invierten en la fabricación de armas de fuego y máquinas de asedio. Palencia explica la preparación de la maquinaria de guerra durante el invierno y no escatima en detalles sobre los beneficios de esta nueva orientación.

> "D. Fernando ... pasó el invierno en Sevilla, adoptando con la Reina, acertadas medidas para la futura empresa, entre ellas la preparación de poderosa artillería y máquinas de sitio...porque sabía por experiencia cuánto aterrorizaba a los moros. Aumentó, por tanto, el número y tamaño de las lombardas, a fin de que, derrocadas a los primeros tiros las murallas batidas, quedasen al descubierto los defensores. Sin esto se hubiesen mostrado acérrimos, porque los granadinos sobrellevaban pacientemente los trabajos y el hambre ... Esta vigilancia al enemigo quería quebrantar D. Fernando poniendo estrecho cerco a sus poblaciones y haciéndole más terrible por el empleo de la artillería"[376].

Estas medidas tomadas en 1485 responden a las impresiones recogidas en las campañas de 1484, en las que, según Palencia, el rey Fernando ya anticipa el éxito del empleo de la artillería en un futuro cerco a Ronda.

> "El rey Fernando ... concibió más segura esperanza de apoderarse de aquella ciudad (Ronda) al ver las pocas dificultades que ofrecía en emplazar la artillería contra sus defensas"[377].

En efecto, al año siguiente, cuando se llevan a la práctica los planes concebidos con antelación, la artillería resulta eficaz en el control de parte del arrabal de la ciudad.

---

[375]   Pulgar, H. del, *Historia de los Reyes Católicos...*, cap. CLX, p. 120.
[376]   Palencia, A. de, *Crónica... Guerra de Granada*, libro V, p. 137.
[377]   Idem, libro IV, p. 132.

"Empezaron a manifestar deseos de entrar en tratos para rendirse cuando se vieron obligados a desamparar la parte del arrabal, desnuda de toda defensa por las lombardas del enemigo"[378].

Pese a ello, la rendición de la ciudad no se produce, como anticipa el rey Fernando, por la presión de la artillería, sino por la falta de agua en el interior del recinto amurallado. Las reservas del aljibe principal de la ciudad se estiman en siete días y el acceso a la mina de agua desde la, hoy denominada, "casa del rey moro" ha sido bloqueado por las fuerzas castellanas. La ciudad capitula en una semana. Comprobamos que, pese a los cambios que la incorporación de la artillería trae consigo, algunas de las estrategias que podemos considerar más tradicionales mantienen su eficacia.

En 1485, asistimos también a una aceleración en la sucesión de eventos, gracias a esta incorporación gradual de la artillería y al éxito que supone la nueva estrategia. Así, podemos incluir en un solo año las campañas de Ronda, Fuengirola y Cambil. Éxito que no escapa a las crónicas, como se refleja en la preparación, reparación e incorporación de nuevas piezas en Écija, justo antes de dirigirse las tropas a Fuengirola.

"En Écija hizo reparar la artillería y máquinas de guerra, tan útiles en aquella feliz expedición, y las reforzó con algunas lombardas más de distinto calibre para el mejor éxito de los futuros éxitos"[379].

Destaca el hecho de que el uso de las armas de fuego no solo está aumentando, sino que también está experimentando una evolución. Algunos autores llaman a este cambio el final de la "tendencia al gigantismo", propia del siglo XIV y primera mitad del XV. Es decir, empieza a valorarse el uso de artillería más ligera, pero igualmente eficaz y más práctica, ya que permite un transporte menos dificultoso, una mayor accesibilidad a terrenos abruptos, un menor coste de fabricación, dada su estandarización, y una mayor velocidad de recarga[380]. Esta característica parece quedar clara cuando la crónica de Palencia menciona distintos calibres, para mejorar el éxito de las futuras campañas. Pulgar habla de *dos lombardas gruesas y otros tiros de pólvora medianos y pequeños* en la campaña de Ronda, en 1485[381]. Esta tendencia se hace aún más evidente en Nápoles por dos motivos: el primero, la necesidad de su transporte por mar desde la península ibérica hasta la península itálica. El segundo, la incorporación

---

[378]　Palencia, A. de, *Crónica... Guerra de Granada*, libro V, p. 145.

[379]　Idem, libro V, p. 148.

[380]　Jones, R.L.C., «Fortalezas y asedios en Europa Occidental...», p. 235.

[381]　Pulgar, H. del, *Historia de los Reyes Católicos...*, cap. CLXXII, p. 170.

de artillería ligera para tropas en movimiento. Es decir, deja de ser un arma estática de uso exclusivo en asedios y defensa de plazas, para convertirse en un arma diná-mica, fácil de movilizar y ser utilizada en plena batalla campal.

Volviendo a Granada, las crónicas reflejan que, sin el uso de la artillería, el re-sultado habría sido muy diferente. De hecho, dejan claro que la única esperanza para los cercados es que la artillería no llegue a su destino, como se muestra en la campaña de Cambil.

> "La tardanza de la artillería, retrasada por las dificultades de los caminos, hizo esperar a los soldados granadinos de las dos fortalezas que el plan de D. Fernando fracasaría. De no contar con el terrible batir de las lombardas gruesas, nada eficaz podía hacerse para rendir los castillos"[382].

Con ello, los cambios que se dan en los enfrentamientos dibujan un panorama diferente y desconocido en el campo de batalla que, sin duda, desconcierta a sus protagonistas. El olor a pólvora que invade el lugar, el ruido atronador y descon-certante y el humo blanco de los cañones, que impide ver el lugar donde se com-bate, son circunstancias nuevas en las que los ejércitos están aprendiendo a luchar sobre la marcha. Vemos a este respecto la descripción que hace Palencia de la ren-dición de Cambil, el 23 de septiembre de 1485.

> "El estruendo de los disparos y la densa humareda de la pólvora impedían ver y oír a los sitiados y sitiadores. Una fuerte ráfaga de viento permitió divisar ... el destrozo de las murallas ... se resolvieron a entregarla ... el día 23 de septiembre"[383].

El año 1486 se muestra tan prolífico como el anterior y, de nuevo, comproba-mos que la incorporación de la artillería es la garante del éxito de la campaña. Así, hablamos de tres importantes núcleos urbanos de relevancia rendidos ante el bom-bardeo continuo de las lombardas: Loja, Moclín e Íllora.

Decíamos anteriormente que 1476 es el momento inicial en el que los Reyes Católicos comprenden la importancia de la artillería en sus tropas y ordenan las primeras compras de piezas. Diez años después, en 1486, se enfrentan a la toma de Loja, en la que habían fracasado al comienzo de la guerra y cuya toma resulta esen-cial por motivos logísticos. Este es un punto de inflexión en el que los esfuerzos en artillería y en número de efectivos se disparan. Pulgar habla de la preparación de la campaña y dice que los reyes *mandaron facer este año grandes diligençias e gastos, así en*

---

382   Palencia, A. de, *Crónica... Guerra de Granada,* libro V, p. 153.

383   Idem, libro V, p. 154.

doblar el artillería como de juntar mayor número de gentes a caballo e a pie, a los quales se publicó en cómo el propósito suyo e de la Reyna era çercar la çibdat de Loxa[384].

Loja es, por tanto, la primera en caer. En esta campaña, las crónicas insisten en la rapidez con la que las murallas son destruidas, gracias al uso de lombardas y trabucos. El volumen de artillería utilizado pone de manifiesto la gran inversión que los reyes han realizado. Frente a menciones en campañas anteriores de dos a cinco lombardas de gran calibre, en esta ciudad se habla de *veynte lombardas gruesas e otros géneros de artillería*[385]. Así mismo, es destacable el uso de la artillería sobre las construcciones civiles, generando pánico y forzando una rápida rendición.

> "Empezó enseguida la artillería a batir las murallas, que pronto quedaron cuarteadas a los tiros de lombardas y trabucos. Se derrumbaron gran número de casas y los que antes habían acusado de cobardía a los de Ronda ... por haberse rendido aterrorizados por el estrépito de las lombardas, ya poseídos de igual espanto, sólo pensaban en salvarse y salvar a sus mujeres e hijos".

El mismo terror que se infunde a los habitantes de Loja es aplicable a los de Íllora que, como bien muestra la crónica, no están acostumbrados a este tipo de ataque.

> "D. Fernando puso al punto cerco a Íllora, y emplazada rápidamente la artillería, con gran sorpresa de sus enemigos, apoderose de sus ánimos el terror que poco antes habían experimentado los de Loja"[386].

Íllora se rinde el 18 de junio y con su caída se produce una suerte de efecto dominó que lleva a la rendición de localidades y fortalezas de su entorno, como es el caso de Salar. Estas rendiciones simultáneas se convierten en un fenómeno habitual a partir de ese momento, en previsión de futuros cercos imposibles de resistir por el uso de los cañones castellanos.

Y en el caso de Moclín, comprobamos que los castellanos siguen tratando de utilizar el terror como medio de presión, ante las limitaciones destructivas de la artillería. En el caso de esta población, estratégicamente situada en un lugar con importantes defensas naturales, la artillería parece no ser suficiente para romper la pared de rocas que impide el acercamiento. Ante tal dificultad, atacan con nocturnidad, buscando el efecto dramático del fuego en la oscuridad.

---

[384]   Pulgar, H. del, *Historia de los Reyes Católicos...*, cap. CLXXXV, p. 214.

[385]   Idem, cap. CLXXXVI, p. 222.

[386]   Palencia, A. de, *Crónica... Guerra de Granada*, libro V, p. 166.

"Los moros ... seguros de que el diario disparar de miles de tiros de pólvora de las lombardas no bastarían para destruir aquel baluarte de roca natural. Además ... disponían de medios para anular los efectos del fuego encerrado en aquellas pelotas que, volando por los aires durante las noches y estallando por todas partes, habían llenado de excesivo terror a los defensores de otras villas"[387].

Para la misma campaña, Pulgar habla de *seis lombardas grandes, quartados* y otros tiros medianos en el bando cristiano y para el bando musulmán menciona el uso de *ribadoquines y búzanos*[388].

La cita de Palencia es particularmente relevante por varias razones. En primer lugar, muestra el uso de la artillería con fines diferentes a la destrucción de las murallas. Dada la dificultad de quebrantar la pared de roca natural, el objetivo es otro. Ahora se trata de destruir estructuras del interior de la plaza con el fin de generar terror entre sus habitantes. Para ello emplean pellas incendiarias. Aunque en este caso no se especifica cómo están hechas (más adelante veremos otras referencias más específicas en cuanto a su composición), las crónicas hablan *de fuego encerrado en aquellas pelotas*. Estas sustituyen a las balas de cañón de hierro –más eficaces contra las murallas y generalizadas en el siglo XV- o de piedra –comúnmente utilizadas en el siglo XIV y buena parte del XV, pero mencionadas también en varias ocasiones en las crónicas, durante las guerras de Portugal y Granada.

En cualquier caso, la mención de Palencia a *miles de tiros de pólvora* diarios, por exagerada que pueda resultar, demuestra la colosal inversión que el ejército castellano ha hecho para incorporar esa tecnología en sus ataques, lo que, sin duda, supone un cambio poco menos que revolucionario de sus planteamientos militares.

El año 1487 demuestra el efecto intimidatorio de la artillería y el proceso renovador que está provocando en el ejército. La poderosa ciudad de Vélez-Málaga capitula sin luchar, al presenciar la llegada de los cañones castellanos. Para hacerlos llegar a su destino, los Reyes Católicos contratan miles de peones zapadores que allanan los fragosos caminos para las pesadas recuas. Poco después, llega a Málaga *la Katharina*, lombarda de hierro fundido enviada por el emperador Federico III, junto con dos barcos llenos de cañones y pólvora. Artilleros de toda Europa se unen al asedio castellano de la plaza[389].

---

[387] Palencia, A. de, *Crónica... Guerra de Granada,* libro VI, p. 167.

[388] Pulgar, H. del, *Historia de los Reyes Católicos...,* cap. CXX, pp. 234-335.

[389] López Martín, F.J., *Esculturas para la guerra. La creación y evolución de la artillería hasta el siglo XVII,* Ministerio de Defensa, CSIC, Madrid, 2011, p. 454.

El asedio de Málaga dura tres meses. Su capitulación, tras constantes enfrentamientos, se produce por la falta de alimentos en la ciudad. Sin embargo, la rendición del poderoso castillo de Gibralfaro, que domina la ciudad, sí se produce por efecto de la artillería. En concreto, gracias a un *cortazgo* ideado específicamente para tal empeño[390].

Si el cerco a Málaga se alarga tres meses, el de Baza en 1489 lo hace durante nueve, incluyendo los duros meses de invierno de la sierra. Para entonces, el ejército castellano ya tiene muy poco que ver con una hueste medieval tradicional. Los *hombres de guerra* han cedido su protagonismo a la infantería y a la artillería de fuego, tal como ocurre en los ejércitos modernos[391]. En Baza, dada la duración y dureza del clima, se construye, por primera vez, un real equipado con viviendas construidas con piedra y madera. En un primer momento y por motivos de seguridad, los castellanos sitúan su real lejos de la ciudad. Ante la falta de agua en ese lugar, se ven obligados a reubicarlo en las huertas, donde las acequias pueden cubrir sus necesidades. Poco más tarde, debido a los múltiples ataques recibidos, vuelven a alejar el real y, en ese momento y ante la inminente llegada del invierto, construyen las infraestructuras necesarias que le confieren un carácter casi permanente[392]. Esa construcción de estructuras de carácter duradero en el real resulta evidente en el asedio a la ciudad de Granada dos años más tarde, dando lugar a la actual ciudad de Santa Fe. Es en este real, durante tal campaña, cuando los Reyes Católicos firman con Cristóbal Colón las famosas capitulaciones del mismo nombre, que cambian el curso de la historia.

Pero los castellanos no son los únicos que están transformando su armamento. Si bien es cierto que lo hacen más rápido, en mayor cantidad y más eficazmente, no podemos decir que los granadinos se hayan limitado a la utilización de su armamento tradicional. Su uso de la artillería también va en aumento. Con frecuencia, los cañones usados por el ejército nazarí son piezas previamente robadas a los cristianos, como ocurre con los interceptados en el cerco de Cambil[393].

Podemos decir que la artillería nazarí es, a todas luces, inferior a la castellana tanto en número de piezas como en la pericia de la que hacen gala. Su uso se centra, casi en exclusiva, en la defensa estática de sus plazas. Por otra parte, Castilla, además de en número de piezas superior, disfruta de acceso a pólvora casi

---

390　Verdera Franco, L., «La conquista de Granada: 1382-1492...», p. 90.

391　Suárez, L., *Fernando el Católico...*, p. 181.

392　Ladero Quesada, M.Á., «Milicia y economía en la Guerra de Granada: El cerco de Baza...», p. 19.

393　Viguera, Molins, M.J., «El ejército...», p. 445.

ilimitado, lo que le permite hacer un uso ofensivo masivo, sin precedentes en la península[394].

Las crónicas incluyen pocas referencias al uso de artillería por parte del ejército nazarí. Estas muestran cómo la utilizan en sus guerras internas. Así sucede en 1487, tal y como lo describe Palencia. El ejemplo resulta revelador por dos motivos. Primero, por el uso que hacen de la artillería en las luchas internas de poder en el reino nazarí –enfrentamiento entre sobrino (Boabdil) y tío (Zagal), a quienes se refieren como *rey joven y rey viejo*-. Y segundo, porque representa una de las raras referencias a su uso en movimiento por parte de este ejército. Esta es la primera vez que las crónicas muestran la capacidad de los nazaríes para desplazarse y emplazar ataques con sus piezas de artillería.

> "...a favor del increíble avance de los zapadores y del batir de la artillería, abrió cuatro brechas en los muros y ocupó la plaza (Albaicín) antes que Boabdil. Al cabo ... el sobrino, que logró arrojar a su tío de sus posiciones y en la persecución apoderarse del alcázar contiguo al albaicín de que antes era dueño Abohardillas. Veían ya al viejo Rey enemigo estrechar el ataque ... ir acercando más y más la artillería a los más robustos edificios de la mezquita mayor ... que conservaban como baluarte"[395].

También hay algunas referencias a su uso contra los castellanos. Son pocas, pero suficientes para constatar su existencia, como sucede durante la toma de Moclín. En ese asedio, Palencia indica cómo *uno de los morteros (castellanos) lanzó ... una bomba que fue a caer casualmente donde (los moros) habían almacenado la pólvora, el azufre, el nitro y las provisiones y lo consumió el fuego. Sin pólvora era inútil la artillería (del ejército nazarí) además de la falta de alimentos*[396].

Pese a las escasas referencias encontradas sobre el uso de artillería por parte de los soldados nazaríes, esta cita deja clara su presencia. Es posible que los cronistas hablen con más frecuencia de la artillería castellana, simplemente, por falta de objetividad en su relato. Pero también evidencia una aplastante diferencia de cantidad y de eficacia en su uso, en comparación con el ejército castellano. Dicho de otra forma, Castilla invierte más en artillería, porque resulta más útil para derrumbar murallas que para protegerlas. Realidad que, como hemos mencionado anteriormente, está transformando el panorama de la construcción de fortalezas en Eu-

---

[394]   Cook Jr., W.F., «The cannon conquest of Nasrid Spain and the end of the Reconquista...», pp. 267-269.

[395]   Palencia, A. de, *Crónica... Guerra de Granada*, libro VII, p. 176.

[396]   Idem, libro VI, pp. 167-168.

ropa, pero parece no haber llegado a tiempo a Granada. Moclín se rinde inmediatamente después del impacto al que alude la crónica. Pulgar deja claro que su capitulación se debe a la ausencia de pólvora, afirmación que dibuja un panorama bélico claramente diferente a lo acostumbrado en la Edad Media:

> "Los maestros de artillería armaron un quartado e tiraron una pella confaçionada, de las que lançaban en llamas de fuego e subían por el aire. E vino a caer por caso en un cubo pequeño de la fortaleza, donde los moros tenían guardada, apartada de todo fuego toda su pólvora. E las llamas e çentellas questa pella lanzaba de sy, alcançaron al lugar do la pólvora estaba, e quemóla toda, e quemó çiertos moros e provisiones, e todas las otras cosas que estaban cercanas a aquel lugar. Los moros, visto aquel daño que súbitamente les vino, e que por fallecimiento de la pólvora no les quedó ninguna cosa de defensa, luego fueron privados de todo esfuerço, fallecieron en las fuerzas que primero tenían, e no fallaron otro remedio a sus vidas, salvo venir a la fabla e demandar seguro de sus personas e bienes para se yr de dexar la villa"[397].

Las crónicas muestran varios ejemplos del uso de balas incendiarias lanzadas con cañones. Los ingredientes utilizados varían ligeramente, pero suelen tener como base *lino, o cáñamo, bañados en aceite y pez ardiendo*. Estos materiales aparecen mencionados previamente en relatos que narran cómo son arrojados a mano desde las almenas, para quemar los *bancos pinjados y mantas* de los soldados que tratan de aproximarse a la muralla[398]. Una vez aplicados al lanzamiento en cañones, se incorpora a las pellas incendiarias *pólvora y açufre* extra. Las primeras referencias al uso de estas balas incendiarias ocurren en 1485, en la campaña de Ronda. La narración del asedio a esta plaza contiene también las primeras menciones a balas de hierro, que sustituyen la munición de piedra utilizada mayoritariamente hasta entonces. No significa esto que no se utilizaran balas de hierro con anterioridad. Simplemente las crónicas no lo reflejan, por lo que su uso debió ser muy limitado, lo que coincide con el estudio cronológico al que nos hemos referido anteriormente. Estos dos cambios nos dan una idea precisa de la importancia que la artillería está alcanzando y de la ampliación de las posibilidades de uso de las que es objeto.

> "Otrosy, ficieron los maestros del artillería unas pellas grandes de filo de cáñamo e pez e alcreuite e pólvora, confaçionadas con otros materiales, de tal compostura, que

---

[397]   Pulgar, H. del, *Historia de los Reyes Católicos...*, cap. CXC, p. 235.

[398]   La primera mención se hace en el castillo de Tájara en 1483 y corresponde a la defensa de la villa por parte de los moros. La medida resulta eficaz ya que, como indica Pulgar *"los cristianos que estaban debaxo, desampararon los bancos, e no los pudieron sostener, por el fuego que los moros de arriba avían lançado. E por esta causa aquel día no se pudo tomar el castillo"*. Idem, cap. CXLIX, p. 78.

poniéndoles fuego echaban de sy por todas partes çentellas e llamas espantosas, e quemaban todo quanto alcançaban; y el fuego que lançaban de sy duraba por grande espaçio, y era tan riguroso que ninguno osaba matarlo. Ficieron asimismo pelotas redondas grandes e pequeñas de fierro, e destas facían muchas en molde, porque en tal manera templaban el fierro, que se derretía como otro metal, e estas pelotas facían grand estrago do quier que alcançaban"[399].

Estas dos incorporaciones en Ronda resultarán fundamentales en el futuro. Por un lado, las pellas incendiarias sembrarán el terror entre la población del interior de los recintos sitiados, provocando con frecuencia su capitulación. Por otro lado, la sustitución de la piedra por el hierro en la elaboración de balas de cañón se demostrará mucho más eficaz en el derribo de murallas y estructuras claves, lo que acelerará las conquistas.

Bernáldez también señala la influencia que tiene el fuego lanzado en la moral de la población. Según su crónica, los moros *vieron tanto fuego de alquitrán que les echaban con los cuártagos que ardía la ciudad, temieron la muerte, y que les entrarían por fuerza de armas, e demandaron partido, e que cesase el combate, y el Rey mandó cesar, y los moros de Ronda pidieron que los dejasen ir con los suyos do quisiesen, e les asegurasen fasta que fuesen en salvo, e él se lo otorgó*[400].

Un año más tarde, su uso parece hacerse más frecuente. Junto al citado caso de Moclín, se describe su uso en Loja, también en 1486. El tipo de cañón utilizado en este caso es el *quartao* (cuartago o mortero pedrero). Su ancho calibre y su corto tubo permite el lanzamiento en parábola de balas de gran grosor. Según Pulgar, el terror que despiertan las balas incendiarias juega un papel de gran importancia en la capitulación de la plaza.

"Estando los moros en esta turbación, los maestros del artillería tiraron con los quartaos tres pellas confeçionadas de fuego, las quales subían en el aire echando de sy llamas y çentellas, e cayeron sobre tres partes de la çibdad, e quemaron las casas do açertaron, e todo lo que alcançaron. Los moros, espantados de aquel fuego, e viéndose por tantas partes combatidos, no podiendo ya más sufrir las muertes y estragos que padecían e veyan padecer a los suyos, visto asimismo cómo el rey moro estaba ferido, e que todos los otros sus capitantes dellos eran muertos e dellos feridos, demandaron seguro para algunos moros que viniesen a fablar de entregar la çibdad, e el Rey mandóselo dar"[401].

---

399   Pulgar, H. del, *Historia de los Reyes Católicos...*, cap. CLXXII, p. 170.

400   Bernáldez, A., *Historia de los Reyes Católicos...*, cap. LXXV, p. 619.

401   Pulgar, H. del, *Historia de los Reyes Católicos...*, cap. CLXXXVII, pp. 224-225.

Las crónicas no recogen el uso de este tipo de balas incendiarias por parte del ejército nazarí. Los materiales incendiarios arrojados desde el castillo de Tájara, en 1483, no parecen experimentar evolución alguna. En 1487, en Málaga, siguen arrojando a mano desde las *almenas pez e resyna con lino e con cáñamo* con los que *quemaron las escalas e los otros pertrechos que estaban arrimados a la torre*[402]. Y los cronistas tampoco documentan la incorporación del hierro a la munición, lo que indica una creciente diferenciación técnica entre ambos enemigos.

El año 1487 resulta decisivo en el desarrollo del conflicto, en gran parte, por el efecto intimidatorio que produce la artillería. No se escatima en recursos para hacer llegar las piezas a su destino, pese a las dificultades orográficas. Miles de zapadores trabajan consiguiendo que *todos los cerros e puertos hechos caminos y carriles llenos de carretas* para hacer llegar *la gran artillería con carretas y bueyes con las grandes lombardas y con multitud de pólvora, e ingenios, e ribadoquines*[403]. Ese año, las campañas se centran en los núcleos urbanos vecinos y de gran importancia estratégica de Vélez-Málaga y Málaga.

El primero de ellos se encuentra en un entorno con excelentes defensas naturales, que hace sentir seguros a sus habitantes, ya que piensan que la artillería no será capaz de acercase a su remota ubicación.

> "Marchó Don Fernando a Antequera...de allí se dirigió a Vélez-Málaga ... de notables defensas ... muy superior en cuanto a seguridad (a Málaga) ... pero más remota y de más difícil acceso por mar ... no había vecino que temiese ver la artillería y máquinas de guerra por ningún artificio humano franquear los montes que la servían de barrera...nada causa a los moros mayor terror que el batir de la artillería"[404].

En ese momento, la estrategia de ambos bandos se centra en interceptar la artillería a su paso por los montes o defenderla para garantizar su paso[405]. Los castellanos consiguen superar el obstáculo y llegan a Vélez-Málaga. El acercamiento

---

[402]   Pulgar, H. del, *Historia de los Reyes Católicos...*, cap. CCVI, p. 293.

[403]   Bernáldez, A., *Historia de los Reyes Católicos...*, cap. LXXXII, p. 624.

[404]   Palencia, A. de, *Crónica... Guerra de Granada*, libro VII, p. 178.

[405]   En el caso del reino de Granada, los robos de pólvora y piezas de artillería resulta fundamental dado el aislamiento del que es objeto y las prohibiciones expresas de Castilla de comerciar con Granada. No obstante, no debemos pensar que esos robos son exclusivos del reino nazarí. Se trata de una práctica estratégica frecuente para minar el poder ofensivo del atacante, como prueba el hecho de que Portugal hiciera lo mismo unos años antes cuando invadió Castilla. Pulgar relata el intento del rey Alfonso de interceptar la artillería castellana que en 1476 va de camino hacia Zamora. Pulgar, H. del, *Historia de los Reyes Católicos...*, cap. LVII, p. 187.

de la artillería a la ciudad, que antes se consideraba imposible, causa tal conmoción en sus habitantes, que inmediatamente pactan su rendición.

> "Sabida la fuga del rey viejo y viendo cerca la artillería, perdida toda esperanza de defensa...(se rinden)...quedó pactado que...pudiesen marchar libremente"[406].

La elección de Vélez-Málaga en la estrategia de conquista castellana responde a varios motivos. Málaga podría considerarse un objetivo más lógico. Su puerto es la salida natural de Granada al mar, lo que supone tanto un protagonismo económico indudable como la posibilidad de recibir ayuda del exterior. Además, la llegada de tropas castellanas, así como el transporte de artillería y máquinas de guerra, habría resultado relativamente sencilla si se hubiera realizado por mar. Sin embargo, el rey Fernando prefiere atacar Vélez-Málaga en primer lugar.

Tomar esta plaza supone cortar toda conexión de Málaga con ayuda proveniente del interior. En un posible cerco a Málaga, con una Vélez-Málaga aún en poder de los granadinos, los reales castellanos habrían podido ser objeto de innumerables ataques rápidos y por sorpresa, en los que se considera expertos a los nazaríes, además de ser grandes conocedores del terreno. Contra este tipo de ataque, la superioridad de la artillería no habría servido de mucho.

Otro motivo para la elección de Vélez-Málaga es el conocimiento del rey Fernando y su consejo de dos factores: por un lado, los castellanos están seguros de poder llegar a su objetivo, transportando la pesada artillería por el accidentado terreno de los montes malagueños. Esa misma cuestión supone un colosal error de cálculo para los granadinos, que se muestran confiados en que no conseguirán llegar y no envían suficientes efectivos para neutralizar su paso. Por otro, Vélez-Málaga es considerada uno de los grandes baluartes militares del reino. Una vez tomado tan poderoso enclave militar, el efecto desmoralizador no se hace esperar. Al igual que ocurriera tras la caída de Ronda, en 1485, su capitulación produce un efecto dominó con las poblaciones y fortalezas de su entorno, que pasan a rendirse sin presentar batalla. Su toma rompe la línea defensiva de los montes de la comarca y da libre acceso a los castellanos hasta las puertas de la ciudad de Málaga.

> "Rendida Vélez-Málaga se entregaron a Don Fernando 12 villas fortísimas, con cerca de 50 fortalezas y aldeas"[407].

---

[406]   Palencia, A. de, *Crónica...* Guerra de Granada, libro VII, p. 181.

[407]   Idem, libro VII, p. 182.

Tomada Vélez-Málaga, los esfuerzos se centran en Málaga. Para ello, se establece un bloqueo por tierra y mar, como indica el relato de Palencia a continuación. A esta ciudad llega por tierra la artillería pesada y por mar, la ligera.

> "el Rey … resolvió sitiar inmediatamente a Málaga y al efecto mandó traer la artillería gruesa que estaba en Antequera y embarcar las más ligeras".

Esta diferenciación en el transporte de piezas por mar y tierra merece ser señalada porque, pocos años más tarde, en la guerra de Nápoles, las piezas llegan necesariamente por mar. Esto nos da una idea de cómo la marina se está adaptando al transporte de artillería pesada, al tiempo que los barcos se transforman para albergar cañones cada vez más numerosos y potentes.

Volviendo a la campaña malagueña, la artillería más pesada, de probado éxito en campañas anteriores de la guerra de Granada, se encuentra en el cuartel general de Antequera. Se encuentra allí y no en Vélez-Málaga, porque su uso es descartado, por las dificultades de su transporte hasta ese lugar. Ese dato puede explicar el mencionado error de cálculo de los granadinos, al no contar con la mayor facilidad de maniobra transportando solo artillería ligera. Una vez tomada Vélez-Málaga, los esfuerzos se centran en la propia ciudad de Málaga. Las tropas castellanas, ahora sí, se plantean el uso de la artillería pesada. Las crónicas reflejan la necesidad de usar las mayores piezas para derribar las murallas malagueñas.

> "D. Fernando había mandado traer artillería gruesa de Écija y de otras ciudades de Andalucía, para batir con eficacia las murallas de Málaga. En el interior de la ciudad ya no quedaba edificación que no hubiesen alcanzado los terribles efectos de las balas de piedra disparadas por los morteros desde las primeras horas de la noche hasta el amanecer con muerte de muchos habitantes"[408].

Esto nos lleva a plantearnos hasta qué punto las murallas de Málaga están preparadas para el envite de los cañones. Hasta ahora, hemos dicho que las plazas menores del reino nazarí no están adaptadas para resistir este nuevo tipo de ataque. Esto no es necesariamente así en el caso de plazas importantes y fronterizas, ya que tienden a tener una vocación militar más marcada. Por ejemplo, la ciudad fronteriza de Vera ha sido estudiada en profundidad por Cara Barrionuevo y Ortiz Soler. Aunque las investigaciones iniciales apuntaban a una cierta debilidad de su lienzo

---

[408]   Palencia, A. de, *Crónica… Guerra de Granada*, libro VII, p. 185.

amurallado[409], lo cierto es que indagaciones posteriores de los mismos autores han demostrado una fortaleza mucho mayor de lo anticipado, en unas murallas que no son destruidas durante la guerra, ya que es entregada por capitulación pactada, sino a consecuencia de un terremoto sufrido años más tarde.

El hecho de que Málaga sí sea capaz de resistir el ataque castellano puede hacernos pensar que sus murallas están más capacitadas para los ataques piro-balísticos que otras plazas. Por otro lado, podemos pensar, en función de lo expresado por Palencia, que la resistencia se debe principalmente a la imposibilidad de hacer llegar hasta la ciudad parte de la artillería pesada, que tan eficaz ha resultado en otros lugares. Bernáldez ofrece en su relato la respuesta a dichos interrogantes:

> "E desque esto vido el Rey, mandó asentar el artillería, e mandó tirar con los ribadoquines, y con algunos tiros medianos por todas partes, por les facer mal daño; más la ciudad era muy grande e muy fuerte, abarbada y torreada, e no le podían hacer daño mucho, e no le podían tirar con las lombardas grandes por no dañar la ciudad"[410].

Del relato de Bernáldez se deduce, en primer lugar, que las murallas malagueñas, efectivamente, están mejor preparadas que en otras plazas. Estos muros son capaces de resistir los impactos de piedras y balas de hierro de calibre pequeño y mediano. En segundo lugar, el texto muestra que, pese a su fortaleza, un ataque con lombardas de gran calibre sí hubiera resultado eficaz. El texto indica también que este ataque no se produce, no porque las lombardas no hayan llegado, sino porque se decide no *dañar la ciudad*. La explicación más lógica a la prudencia castellana es puramente estratégica. Parece obvio que el rey Fernando está tratando de forzar una rendición por hambre y que el hostigamiento con artillería de calibre menor es utilizado para provocar terror y acelerar la decisión de capitular. Parece evidente que el ejército castellano no contempla una toma por la fuerza que, en una ciudad

---

[409]   Los autores Cara Barrionuevo y Ortiz Soler estudian en profundidad la ciudad fronteriza de Vera y por extensión la arquitectura militar nazarí. Una de sus conclusiones es que la obsolescencia generalizada de estructuras defensivas es clave para entender la derrota de Granada, frente a la potente artillería castellana. Para más información ver: Cara Barrionuevo, L. y Ortiz Soler, D., «Un modelo de ciudad fronteriza Nasri…. Esta información es publicada en el año 1997 y está basada en una ponencia de los autores tres años antes. Estos mismos autores, junto con otros expertos en la materia publican una monografía sobre la ciudad de Vera en el año 2019. En este segundo trabajo queda demostrada la solidez de sus murallas que, efectivamente, no se ven castigadas por la artillería, ya que se entrega por capitulación pactada de antemano, sino que son derruidas, tiempo más tarde, por el terremoto sufrido en el año 1518. Para más información ver: Caparrós Perales, M. y Luque de Haro, V.A. (ed.), *La tierra de Vera. Nuevas contribuciones sobre un territorio de frontera*, Editorial Universidad de Almería, Almería, 2019.

[410]   Bernáldez, A., *Historia de los Reyes Católicos…*, cap. LXXXIII, p. 626.

tan grande y poblada como Málaga, podría haber resultado fatal para las tropas que se aventurasen a cruzar una posible brecha en el muro.

También hemos mencionado que los ataques se producen a menudo con nocturnidad, buscando causar el mayor impacto psicológico posible en la población. En este ejemplo se ven claras las intenciones de esta táctica, ya que los ataques empiezan al anochecer, concluyen por la mañana y se centran en los edificios interiores, en lugar de las murallas.

Otro aspecto que es necesario destacar es el uso de *balas de piedra* como proyectiles. Como ya hemos indicado, a finales del siglo XV se extiende el uso de balas de hierro. Unido a este hecho, el aumento en la velocidad de recarga y el mayor radio de acción hacen que las armas de fuego superen en eficacia a las tradicionales. Sin embargo, el uso de las -aún poco generalizadas- balas de hierro tiene sentido para destruir las poderosas murallas de la localidad a conquistar. Si se trata simplemente de generar terror o destruir el interior de la ciudad, tiene más sentido utilizar balas incendiarias de brea y pez, como veíamos en el caso de Moclín, o balas de piedra, mucho más económicas y fáciles de obtener. Aparte de que, como hemos indicado, en el caso malagueño parece procurarse no dañar en exceso el caserío.

Con todo lo señalado hasta aquí, parece claro que, a medida que la guerra de Granada avanza, se revela la creciente dependencia del éxito militar en el correcto uso de la artillería, especialmente en la segunda mitad del conflicto. Así lo indica Palencia en el cerco de Málaga, al señalar la preocupación del rey Fernando por racionar la pólvora, protegerla de incendios y su convicción de que el ataque fracasaría sin esta.

> "El Rey ponía gran cuidado en evitar los casuales incendios de la pólvora y economizar el consumo diario, principalmente porque había sabido por los sectores enemigos que todo ataque fracasaría sin el auxilio de la artillería"[411].

Paradójicamente, Málaga acaba rindiéndose por falta de alimentos, tras un largo asedio de más de 3 meses. Rendición que sugiere más una resolución al estilo típicamente medieval que un nuevo concepto de guerra, como los vistos en Moclín o en Vélez-Málaga.

Si nos trasladamos a la guerra de Nápoles, comprobamos que la artillería ocupa un lugar central en la estrategia desde el primer momento. Protagonismo que comparte con la infantería, lo que le confiere características de estrategia de guerra moderna. Como ejemplo, las crónicas relatan la toma de Gaeta del año 1501,

---

[411]   Palencia, A. de, *Crónica... Guerra de Granada*, libro VII, p. 188.

al comienzo de la segunda campaña. Dejan claro que la estrategia principal es la de toma por la fuerza, facilitada por la destrucción de las murallas con artillería.

La cita también pone de relieve el origen de la artillería utilizada. Las piezas más ligeras se desplazan con el ejército. Otras más pesadas son traídas para la ocasión de los barcos, donde han quedado 2/3 partes, como ya hemos visto. El tercer grupo de piezas es trasladado desde castillos controlados por los españoles:

> "El Gran Capitán ... porque el artillería que tenía era poca y por batir la ciudad envió a Nápoles por la artillería de los castillos y la que había quedado en las galeras"[412].

Un último aspecto a tener en cuenta, en el contexto de la incorporación de la artillería, es la rápida evolución que experimenta el uso de diferentes calibres y tipos de armas de fuego. Durante el reinado de los Reyes Católicos, los ingenios de pólvora superan por primera vez a la artillería neurobalística. Durante su reinado, se acelera la lenta introducción experimentada desde el siglo XIV y se expande la variedad de cañones, incluyendo calibres grandes, medianos y portátiles.

Hasta la guerra de Granada, se cuenta con fundidores y herreros privados. A partir de la experiencia en esa guerra, se crean las *Reales Fundiciones* y *Casas de Maestranza*. En 1495, por Real Decreto, se organizan las fundiciones de Baza y Medina del Campo[413].

La evolución de la institución transforma las piezas de estilo gótico, en otras renacentistas, con influencias alemanas y francesas. Ya durante la guerra de Granada se incorpora el hierro fundido, aunque se sigue haciendo y desarrollando artillería de hierro forjado, con sistema de barras y duelas[414]. Pese a la variedad de calibres, estos siguen sin ser regularizados, pero lo serán poco después de la guerra[415].

En la guerra de Portugal, las crónicas mencionan solamente algunas lombardas y trabucos. En la guerra de Granada, sin embargo, ya durante los primeros años del conflicto encontramos referencias a lombardas de diferentes tamaños, aunque con especial énfasis en las más grandes, que se consideran más eficaces. En los años centrales, aparece alguna referencia a trabucos y algún ribadoquín. Pero es en los años finales cuando este tipo de armas adquiere una mayor importancia. Concretamente, es en la campaña de Baza, en 1489, cuando la falta de movilidad de las grandes lombardas, debida a las escaramuzas de los

---

[412]   «Libro segundo de la conquista del reino de Nápoles..., Cap. XCV, p. 190.

[413]   Sáez Abad, R., *La batalla de Toro 1476...*, pp. 13-16.

[414]   López Martín, F.J., *Esculturas para la guerra. La creación y evolución de la artillería...*, p. 454.

[415]   Soler del Campo, Á., *La evolución del armamento medieval en el reino castellano-leonés y al-Ándalus (siglos XII-XIV)*, Universidad Complutense de Madrid, Madrid, 1991, p. 182.

nazaríes, lleva a los castellanos a utilizar *ribadoquines y otras piezas de transporte*, con gran éxito.

> "Mandó traer las piezas de artillería más gruesas dejadas en Vera el año anterior...(los moros atacan desde torres de vigilancia en las huertas) los nuestros pudieron responder al ataque de los moros con los ribadoquines y otras piezas de transporte...(escaramuza en el real castellano) y la artillería ligera, porque para las piezas grandes no había espacio suficiente, destrozaba en derredor a cuantos enemigos se aproximaban"[416].

Por otra parte, hay que resaltar el éxito del uso de la artillería móvil y de menor calibre ante ataques veloces o ante objetivos de tamaño menor y, por tanto, con necesidad de una mayor precisión, como las torres de vigilancia, así como el éxito de la incorporación de la artillería ligera en la defensa del real.

Llegada la guerra de Nápoles, la variedad de piezas utilizadas aumenta aún más. Destacan por su novedad el uso de piezas móviles y el énfasis que se da al uso de artillería en el mar[417]. Así mismo, el incremento del protagonismo de la infantería hace que la utilización de armas de fuego individuales empiece a extenderse.

Podemos resumir que, desde 1474 hasta el final de la guerra de Nápoles, durante el reinado de los Reyes Católicos, se utilizan grandes cañones como lombardas de calibre 12, bombardetas de variados calibres desde 15 a 30, bombardas trabuqueras, trabucos, morteros o pedreros cortos de tiro curvo para superar las murallas. Como calibres menores son frecuentes las cerbatanas, los ribadoquines o mosquetes con orejas y los pasavolantes. Además de esos, se usan otros como versos y falconetes u órganos con tres tubos de pequeño calibre, usados para lanzar metralla. Entre los ingenios portátiles destacan las culebrinas de mano, las espingardas que sustituyen progresivamente a las anteriores, los mosquetes y los mosquetones[418].

Una vez los combates llegan a la propia ciudad de Nápoles, parece evidente que la estrategia de toma por la fuerza pasa por un ataque total, basado en un uso desbordante de la artillería en todos los frentes:

---

[416]   Palencia, A. de, *Crónica... Guerra de Granada*, libro VII, p. 223-232

[417]   Con respecto a esta cuestión, resulta muy interesante el trabajo de Jesús Hernández Sande, en el que se muestra la evolución que experimenta el uso de la artillería de fuego en la marina de los Reyes Católicos. Hernández Sande, J., El uso de la pólvora en el mar en tiempos de los Reyes Católicos, en Carriazo Rubio, J. L. (ed.), *El triunfo de la pólvora: artillería y fortificaciones a finales de la Edad Media*, Universidad de Huelva, Huelva, 2020, pp. 415-460.

[418]   Sáez Abad, R., *La batalla de Toro 1476...*, pp. 13-16.

"El Gran Capitán dio cargo de combatir el castillo Nuevo al capitán Pedro Navarro y a Diego de Vera, capitán del artillería ... vido muy bien la disposición del castillo y el lugar adonde mejor podía estar el artillería asentada ... después de asentada, comenzó a batir el castillo por aquella parte ... y a la otra parte ... y contra la ciudadela ... asentaron otras tnata piezas de artillería ... junto a la marina contra la torre asentaron otras tantas y en un jardín ... contra la misma torre de San Vicente asentaron otras tantas piezas"[419].

La incorporación de la artillería da superioridad al ejército que sabe hacer uso de ella. Así mismo, ayuda a equilibrar fuerzas ante un enemigo superior, en condiciones de combate tradicionales. Así se muestra en un momento decisivo de la contienda napolitana, cuando los españoles pierden accidentalmente la pólvora:

"saltó una centella en el suelo, donde desde el rastro de la pólvora fue el fuego a delante hasta dar en la bota. Encendida la bota saltó de ella en los carros de munición, por manera que en el tiempo de la mayor necesidad que tenían de la artillería fue Nuestro Señor servido de se la quitar ... se quemó toda la pólvora ... siendo ellos tan desiguales en número con los franceses, hacíales muy gran falta la artillería"[420].

Afortunadamente para las tropas españolas, la estrategia de la infantería consigue compensar la desventaja inicial. Las tropas del Gran Capitán consiguen una decisiva victoria, que incluye la muerte del virrey de Nápoles, *Monsieur de Nemos*, de la que hablaremos más adelante en este relato.

En general, podemos decir que la evolución de la artillería pirobalística y la incorporación masiva de piezas resultan clave en el resultado final de la guerra de Ganada, pese a haber sido factores no siempre valorados. En el momento central del conflicto, llegan a usarse hasta 180 cañones. Esto marca un hito clave como antesala de la revolución militar. Para algunos autores como Ladero Quesada o Juan de Mata Carriazo es importante, pero no decisiva en el resultado. Para otros, como Weston F. Cook, sí lo es y sin ella Castilla nunca hubiera ganado el enfrentamiento[421]. Así mismo, su influencia en la velocidad con la que se suceden los eventos es incuestionable. La rapidez con la que se suceden las victorias es común a otros ejércitos europeos que están pasando por el mismo proceso armamentístico[422]. En

[419]   «Libro segundo de la conquista del reino de Nápoles..., cap. LXXXIV, p. 173.

[420]   Idem, cap. LXXVI, p. 159.

[421]   Cook Jr., W.F., «The cannon conquest of Nasrid Spain and the end of the Reconquista..., pp. 253-257.

[422]   En 1450 en el contexto de la Guerra de los 100 años la ciudad de Horfleur se rinde tras 17 días de bombardeos, inmediatamente otros capitanes ingleses se rinden sin presentar batalla al reconocer que las murallas no aguantarán. En los años 1494 y 1495 Carlos VIII de Francia lanza una campaña relámpago para la conquista de Nápoles en la que la artillería se muestra eficaz aliado de esta estrategia. Keen, M., «Armas de fuego, pólvora y ejércitos permanentes..., p. 153.

Castilla, esas victorias sorprenden tanto a cristianos -según la crónica de Valera, están *atónitos en ver y oír* cuan rápido caen las plazas- como a musulmanes, que no consiguen reaccionar a tiempo y organizar una defensa eficaz[423].

Por otro lado, la transformación de la artillería se da de forma paralela al auge de la infantería. Este impulso nace de las ordenanzas al respecto firmadas por los Reyes Católicos y se ve reforzado por la estructuración en el campo de batalla impulsada por el Gran Capitán. Ambas acciones sientan las bases de los futuros tercios, llamados a dominar Europa durante los siglos XVI y XVII.

Se nos plantean las preguntas de cuándo y por qué tiene lugar esa transformación. El por qué puede ser explicado por una serie de circunstancias y la pericia militar del Gran Capitán, sin menospreciar la del rey Fernando, que ayuda a facilitar esos cambios, ni el apoyo de la reina Isabel, sin la que no habrían podido llevarse a cabo, ni financiarse.

Las circunstancias más destacables son, como ya se ha indicado con anterioridad, la necesidad de luchar en Nápoles contra un enemigo, Francia, con una caballería pesada muy superior a la española. En este contexto, la infantería española, a priori menos preparada para la guerra, cuenta con una ventaja: está compuesta por soldados profesionales. Para sacar partido al máximo de esa única ventaja se idean nuevas tácticas de ataque y defensa que, combinadas con la incorporación de nuevas armas, resultan eficaces contra los *hombres de armas* y *hombres de guerra* enemigos. Lo cierto es que, ya durante la guerra de los 100 años, los ingleses demuestran que arcos largos, disparando nubes de flechas, apoyados por líneas de estacas, zanjas y fortificaciones, pueden causar estragos contra la élite militar gala. Medidas todas ellas, tan eficaces, como económicas[424].

En cuanto al caso de la península ibérica, parece evidente que, ya en la guerra de Granada, empiezan a darse algunos cambios. Sin embargo, estos cambios se centran más en la incorporación de la artillería y el incremento del peso de la jineta, en detrimento del de la caballería pesada. Estos cambios tienen sentido considerando dos aspectos. Por un lado, el incremento de la artillería se justifica por la debilidad de las fortificaciones nazaríes y, por tanto, la eficacia de tal arma. Por el lado de la jineta, su extensión se explica por la rapidez de los ataques nazaríes, gracias a la ligereza de su caballería y la necesidad de contrarrestarlos. La jineta andaluza resulta ideal, por su rapidez, para luchar en la áspera orografía granadina. Así mismo, se muestra superior para facilitar ataques y repliegues veloces: flanqueo y

[423]   Carriazo, J de M.., *En la Frontera de Granada...*, p. 385.

[424]   Contamine, P., *La Guerra de los 100 años*, Rialp, Barcelona, 2004.

acoso al enemigo, para dividirlo con retiradas fingidas o para perseguirlo en su huida. Lucha armada al estilo musulmán, con adarga, espada y lanza. Monta sillas con estribos cortos (con piernas flexionadas), lo que permite dar mayor impulso con las piernas y disfrutar de mayor movilidad[425].

La caballería ligera mantiene su importancia durante la guerra de Nápoles. Por un lado, por las similitudes de la orografía calabresa con la granadina. Por otro, con su uso se busca ganar velocidad frente a la caballería pesada -más fuerte pero más lenta- y agilidad, a la hora de aplicar otras tácticas, como escaramuzas o robos de ganado:

> "Los caballos ligeros españoles con aquella orden del Gran Capitán comenzaron a correr todos aquellos términos en que hicieron presa de más de treinta mil cabezas de ganado"[426].

La derrota española en la batalla de Seminara (1495) demuestra la superioridad de la caballería pesada francesa. El Gran Capitán plantea, a partir de entonces, nuevas tácticas para contrarrestar esa superioridad. Como ya hemos indicado, esas nuevas tácticas se centran en la infantería. Sin embargo, el papel de la caballería es revisado de tal modo que resulta esencial, pese a convertirse en un elemento secundario y de apoyo a la infantería. A partir de ese momento, se evita el enfrentamiento a campo abierto, donde resulta inferior, llevando a cabo tácticas de hostigamiento, escaramuzas y emboscadas. Contabilizan, solamente, entre un 10 y un 15% del total de las fuerzas, pero se convierten en un elemento exitoso y esencial en la estrategia general de la guerra[427]. En caso de batalla campal, su labor se define por maximizar la posible victoria con una posterior persecución del enemigo. Así mismo, en caso de derrota, su labor consiste en minimizarla con cargas que permitan dar tiempo adicional a la infantería para reorganizarse o para huir[428]. Si bien es cierto que, después de Seminara, las tropas del Gran Capitán no volvieron a sufrir derrota alguna, por lo que ese uso de la caballería en este supuesto no fue necesario hasta mucho más adelante.

Hemos destacado la importancia de la caballería pesada entre las tropas francesas. Lo cual no significa que no cuenten con caballería ligera que, de hecho, es utilizada para poder competir con la rapidez de la española:

---

[425] Contamine, P., *War in the Middle Ages*. Blackwell, Oxford, 1984, p. 58.

[426] «Libro segundo de la conquista del reino de Nápoles...», Cap. LXVI, p. 140.

[427] Quatrefages, R., *La revolución militar moderna...*, pp. 120-121.

[428] Rodríguez Hernández, A. J. y Mesa Gallego, E. de, «Del Gran Capitán a los tercios...», p. 174.

"Allegaron a aquel lugar ... con cien hombres de armas y cien caballos ligeros, y atacaron en el camino a los caballos ligeros españoles"[429].

El protagonismo de la infantería no llega hasta la guerra de Nápoles. En este contexto, el Gran Capitán debe enfrentarse a la caballería pesada considerada más poderosa de toda Europa, con unas fuerzas cuyo número de efectivos, caballos y en volumen de armas utilizadas se ven limitadas por la capacidad de transporte de los barcos partidos desde la península ibérica. El hecho de que la guerra se produzca en un reino tan distante merma también la participación de la nobleza, tradicionalmente ligada a la caballería pesada. Circunstancia que refuerza la necesidad de movilización de militares profesionales, entre los que predominan los infantes.

Lo cierto es que esa necesidad de combatir a la poderosa caballería pesada con una infantería más lenta y menos equipada hace que el ingenio supla la desventaja inicial, desarrollando nuevas tácticas y usos del armamento disponible. La infantería incorpora picas como herramienta eficaz para mantener a la caballería a distancia. Las picas aprovechan en empuje de los caballos enemigos que chocan con el filo en un ataque frontal. Así mismo, ballestas y armas de fuego desbaratan el ataque de los hombres de armas desde la distancia, sin dar pie a que estos hagan uso de sus armas, superiores en la corta distancia. Armas y usos que adelantan las características de los futuros tercios:

"Los españoles, como vieron a los franceses contra sí, tornaron atrás y comenzaron de se defender con mucha virtud y comenzaron de se defender con mucha virtud y corazón, porque mezclándose con los franceses, así de las lanzas como de las ballestas y picas, hacían muy bien conocer sus fuerzas"[430].

Los éxitos no se hacen esperar. Independientemente del hecho de que ese protagonismo de la infantería fuese, hasta cierto punto, circunstancial, rápidamente se convierte en una seña de identidad de las tropas capitaneadas por Gonzalo Fernández de Córdoba. Los franceses reconocen la eficacia de ese modo de lucha que asocian inmediatamente con las tropas españolas:

"Acaeció, pues, que al tiempo que los franceses tenían su real cerca de Barleta, hubo entre los franceses, quien dijo que los españoles no sabían pelear a caballo, y que todo su hecho era acometer a los enemigos a pie, y que en aquella manera de pelear era buena gente y se sabían bien valer, pero que a caballo ellos les tenían muy gran ventaja"[431].

---

[429]   «Libro segundo de la conquista del reino de Nápoles..., Cap. LXIV, p. 138.
[430]   Idem, cap. XCVI, p. 193.
[431]   Idem, cap. LIII, p. 120.

A medida que transcurre el conflicto de Nápoles, se aprecia un decrecimiento en la proporción de caballería pesada a favor de la caballería ligera y, por su supuesto, de la infantería. La infantería, no solo crece en proporción a las otras fuerzas, sino que, incluso, empieza a mencionarse en solitario en algunos enfrentamientos:

> "El capitán Ariarán luego movió de Manfredonia con cuatrocientos infantes españoles e italianos y salió de allí a dos horas de noche y con mucho secreto, caminando toda la noche llegó sobre aquella villa ... metió en orden su gente y aderezó sus escaladores"[432].

Es difícil establecer un punto de inflexión a partir del cual el papel de la infantería resulta protagonista, ya que el proceso de cambio es progresivo. Además, la estrategia del Gran Capitán sigue contando con una combinación de fuerzas que incluyen artillería, caballería pesada y ligera, además de infantes. Sin embargo, hay una batalla específica en la que, por una serie de circunstancias, parece que el modo de batallar de la infantería toma la forma que definirá los ejércitos españoles de las siguientes décadas.

En el año 1503 se produce, en Cerignola, una batalla decisiva en la contienda. En ella, el virrey de Nápoles -*monsieur de Nemos*- dirige sus tropas contra las del Gran Capitán. Los españoles cuentan con un número menor de efectivos y una caballería, tanto pesada como ligera, insuficiente para hacer frente a la francesa. Por si esto fuera poco, la pólvora española ha sido quemada accidentalmente, tal y como hemos descrito con anterioridad, por lo que la posibilidad de compensar carencias mediante el uso de artillería queda descartada.

Ante tales desventajas, Gonzalo Fernández de Córdoba decide aprovechar la ventaja que confiere el terreno de las viñas de la Cerignola a un potencial ataque con infantería. Los franceses, confiados en su superioridad numérica y la casi total ausencia de artillería española, se ven sorprendidos en un terreno en el que la infantería se mueve con agilidad y en el que utiliza armas que equilibran la balanza y anticipan el impulso que recibirán en los años siguientes:

> "estaban bien seguros los franceses que la artillería no les estorbaría el paso, no dudaron en acometer ... salieron de las viñas a fuera a recibir quinientos infantes españoles ... allende las espadas, andaban tantas escopetas y ballestas, que mucha gente de una y otra parte caía en el campo muerta ... rompieron toda la vanguardia francesa y mataron más de treinta franceses entre los cuales en este primero acometimiento murieron el visorrey de Nápoles, Monsieur de Nemos de un arcabuzazo"[433].

---

432 «Libro segundo de la conquista del reino de Nápoles..., Cap. LXII, p. 134.
433 Idem, cap. LXXVI, p. 160.

Conviene destacar varios aspectos de esta cita. En primer lugar, demuestra la eficacia de la infantería contra la caballería pesada, que tradicionalmente lidera la vanguardia de los ejércitos medievales. Segundo, señala la eficiencia de las armas de fuego individuales, que permiten acabar con la vida del virrey. Autoridad bien protegida en las batallas, para quien resulta inútil vestir una armadura frente a este tipo de armas. En tercer lugar, vemos cómo las tres armas principales de los futuros tercios: espadas, picas/alabardas y armas de fuego individuales ya son utilizadas en el contexto de un eje central de estrategia basada en la infantería. El relato continúa diciendo:

> "...los franceses desmayaron viendo muertos a sus capitanes y caudillos, y no pudiendo sufrir más a los españoles volvieron las espaldas, y toda la gente de aquel escuadrón de Diego García de Paredes, que serían mil y quinientos hombres, saltó luego fuera de las viñas ... de tal manera los siguieron que la gente de armas francesa, que por se salvarse de los españoles a gran prisa huía, rompiendo por un costado su propia infantería ... El suelo estaba lleno de espadas, picas, alabardas, muchas jinetas quebradas, mucha gente de la una parte y de la otra muerta, el campo teñido de la mucha sangre que se derramaba".

e) Internacionalización de los conflictos

Un aspecto más a considerar es la internacionalización de los conflictos. Durante la Edad Media, la labor militar se privatiza. Los ejércitos profesionales desaparecen con la caída del Imperio Romano. La atomización del territorio en pequeños señoríos da lugar al nacimiento de una clase social especializada en la defensa de la tierra y de sus vasallos. Estas características necesariamente limitan el alcance geográfico de cualquier campaña. Esto no quiere decir que no existan conflictos de carácter internacional. Las cruzadas son probablemente el más claro ejemplo de esta afirmación. Sin embargo, podemos decir que, en general, los conflictos adquieren un carácter local.

La guerra medieval cuenta con una serie de características que la diferencian de periodos posteriores. Las estrategias de asedio y ataques por sorpresa son dominantes, en tanto las batallas campales son escasas y rara vez resultan relevantes. La guerra de desgaste mediante cabalgadas y talas es frecuente. La mayoría de los enfrentamientos se producen en tierra, quedando la guerra en el mar en un plano secundario, pocas veces digno de mención. Las armas utilizadas apenas cambian durante siglos. Espadas, lanzas, mazas, arcos y, posteriormente, ballestas marcan la tónica general. La artillería de pólvora solo empieza a extenderse en la segunda mitad del siglo XV. Fechas que coinciden, así mismo, con la popularización de las armaduras metálicas. La caballería pesada es la fuerza por excelencia. Temporalidad y estacionalidad son dos características definitorias de los conflictos medievales. La duración de las campañas es limitada, debido a la ausencia de capacidades logísticas de relieve. Además, suelen suceder durante los meses de verano, principalmente por la relevancia de las talas en la estrategia.

Con la llegada de la Edad Moderna, los antiguos reinos medievales se consolidan en estados, que profesionalizan sus ejércitos. Estos ejércitos garantizan la unión territorial del estado, a menudo forjada a partir de la unión de pequeños reinos. Además, la fuerza de la milicia permite a los estados más poderosos expandirse y colonizar nuevos territorios.

La guerra de la Edad Moderna no abandona por completo las armas medievales, pero sí las actualiza y complementa con otras de nueva creación. Las armas de fuego individuales se implementan y comparten protagonismo con la ballesta, en la larga distancia. En los combates a corta distancia, la pica gana protagonismo. Las espadas se vuelven más ligeras. La artillería se convierte en un elemento esencial de la estrategia. La infantería supera en protagonismo a la caballería que, a su vez, evoluciona a formas más livianas. Así mismo, la guerra en el mar se convierte en un elemento central de la guerra, con barcos cada vez más grandes, veloces y armados con artillería pirovalística. La temporalidad y la estacionalidad de las campañas dejan de definir la guerra. Las campañas se alargan durante meses y dan paso a conflictos que duran años, con enfrentamientos en todas las estaciones. Las batallas campales y los combates marinos adquieren protagonismo y resultan decisivos en el desenlace de los enfrentamientos.

Todas estas características hacen que la internacionalidad de los conflictos no solo sea posible, sino que resulte prácticamente inevitable. Los intereses expansivos de los nuevos estados provocan enfrentamientos continuos entre vecinos que, a su vez, buscan alianzas con poderes externos para afianzar su estatus o para defenderse.

El reinado de los Reyes Católicos marca un antes y un después en las relaciones de los reinos españoles y los principales poderes europeos. Es precisamente tras la proclamación de Isabel I como reina de Castilla, cuando se dejan atrás las guerras privadas entre nobles[434]. Esta ausencia de conflictos a pequeña escala permite

---

[434]   Para más información referente al alcance de la Guerra como actividad de ámbito privado ver: Etxebarría Gallastegui, E. y Fernández de Larrea y Rojas, J.A. (coord.), *La guerra privada en la Edad Media. Las coronas de Castilla y Aragón (siglos XIV-XV)*, Universidad de Zaragoza, Zaragoza, 2021

concentrar los esfuerzos en las guerras exteriores, que se convierten en las más relevantes durante los siguientes siglos[435]. Esta convergencia de recursos permite, primero, hacer caer el, hasta entonces, inexpugnable reino nazarí de Granada. Más tarde, facilita la victoria, en Nápoles, contra la principal potencia militar europea del momento: Francia.

Empezando por el propio matrimonio entre Fernando de Aragón e Isabel de Trastámara, que sienta las bases del futuro estado español, y concluyendo con la política matrimonial practicada con sus hijos, su diplomacia marca los destinos de Europa durante décadas. Así mismo, las alianzas creadas durante las tres guerras presentadas en este trabajo definen buena parte de la política del continente durante los años de su reinado.

Lo que en este estudio hemos denominado la guerra de Portugal, no es otra cosa que la intervención de Portugal en la guerra de sucesión castellana. Isabel y su sobrina Juana de Trastámara, apodada la Beltraneja, luchan por hacerse con el trono tras la muerte de Enrique IV, hermano y padre de las candidatas respectivamente.

Isabel cuenta con el apoyo aragonés. Su esposo Fernando es príncipe heredero de este reino. Juana contrae matrimonio con el rey Alfonso V de Portugal, que combate con su ejército a favor de su candidatura. Así mismo, consigue sellar una alianza con Francia, que abre otro frente a Castilla en la frontera vasca.

La guerra de Portugal tiene lugar, casi exclusivamente, en suelo castellano. Sin embargo, la intervención de dos potencias extranjeras de primer orden incide en la idea de internacionalización de los conflictos que caracteriza la Edad Moderna. Encontramos, por tanto, un claro precedente de dicho rasgo en este enfrentamiento. Así mismo, la enorme movilización de tropas tanto en la cuenca del Duero como en la frontera de Fuenterrabía da una idea de las dimensiones que los conflictos están a punto de alcanzar en las décadas siguientes.

"Púsose en marcha el ejército (castellano), y no lejos de Tordesillas, a la orilla opuesta del Duero, se hizo el alarde contándose 8.500 jinetes, casi 2.500 lanzas y cerca de 30.000 peones, escuderos y ballesteros"[436].

---

[435]   Hernando Sánchez, C.J., «Non Svfficit orbis?», en Ribot, L. (coord..), *Historia Militar de España. Edad Moderna II. Escenario europeo*. Ministerio de Defensa, Madrid, 2003, pp. 29-77.

[436]   En esta cita vemos como las tropas reunidas en Tordesillas, parten en dirección a Zamora para enfrentarse al ejército portugués. Para ello, cruzarán el río y se desplazarán por la orilla sur del mismo, en tanto los portugueses permanecen en la orilla norte. Palencia, A. de, *Crónica...* Década tercera, libro III, cap. III, p. 208.

La guerra en el mar aún no adquiere grandes dimensiones durante la guerra de Portugal, pero ya empieza a mostrar signos de importancia, incluyendo desplazamientos y enfrentamientos a distancias poco habituales hasta entonces, como la flota de diez barcos llegada desde Francia a Galicia[437] o las batallas navales por el control del estrecho de Gibraltar, entre portugueses y castellanos.

A nivel diplomático, la política matrimonial de los Reyes Católicos, una vez acabada la guerra, busca una futura alianza permanente con Portugal. Lo intentan mediante el matrimonio de dos de sus hijos, María e Isabel, con dos herederos de la dinastía lusa.

La guerra de Granada, pese a ser un conflicto geográficamente limitado al pequeño territorio que ocupa el reino nazarí, se convierte en un enfrentamiento con claras ramificaciones más allá de la península ibérica.

Esta guerra enfrenta el reino de Castilla, con Isabel I como reina y Fernando de Aragón como consorte, con el reino de Granada. El reino nazarí, a su vez, se ve sumido en una serie de enfrentamientos internos por el control del emirato, entre el Zagal y Boabdil, tío y sobrino respectivamente.

Europa, tras la caída de Constantinopla en el año 1453 a manos del Imperio Otomano, se encuentra sumida en un estado de conmoción, ante la amenaza que supone el avance del islam para los reinos cristianos. De esta forma, la guerra de Granada adquiere tintes de cruzada, en lo que se considera el último territorio musulmán de la península y de la Europa occidental. De este modo, Castilla cuenta con la ayuda de caballeros y voluntarios llegados desde múltiples reinos europeos. Roma, por su parte, materializa su apoyo a través de la bula *Ortodoxo fidei*, concedida el 10 de agosto de 1482 por Sixto IV y prorrogada en dos ocasiones más durante el conflicto. Con esta bula no solo se consigue la necesaria financiación, sino que también se establece el marco que justifica la contienda, en el contexto de defensa de la fe cristiana[438]. Granada, por su parte, cuenta con el apoyo de los pueblos norteafricanos que aportan soldados voluntarios y soporte logístico. Esta circunstancia hace que Castilla se vuelque en el bloqueo del estrecho, consiguiendo cortar la llegada de ayuda exterior y asfixiando económicamente a un reino que depende, en gran medida, de su comercio exterior.

---

[437] Las crónicas mencionan la llegada de 10 barcos liderados por un *pirata* francés llamado Colón. Palencia se refiere a él como pirata, en tanto que Valera lo denomina almirante, cargo que recibe como reconocimiento a su labor en Francia. No solo señala la importancia que la guerra en el mar está adquiriendo, también muestra la relevancia que las patentes de corso desempeñan a partir de estos momentos. Idem, libro XXIV, cap. VII, p. 243.

[438] Goñi Gaztambide, J., *Historia de la bula de cruzada en España*, Apéndice 12, Vitoria, 1958, pp. 656-668.

Aragón colabora con Castilla no tanto aportando tropas terrestres, como apoyando en el mar. En tierra ya ha cumplido con su parte en el reparto de territorios y obligaciones de la *Reconquista,* planificado siglos antes entre ambos reinos y Portugal. En el mar, sin embargo, Aragón cuenta con una amplia tradición mediterránea y una armada superior a la castellana. Su colaboración es principalmente de apoyo logístico, si bien su labor en el bloqueo de la ciudad de Málaga, en 1487, y sus labores de vigilancia del estrecho resultan fundamentales para desequilibrar la balanza a favor de Castilla. Además, no debemos olvidar que el mando del ejército sobre el terreno recae en la figura del rey Fernando. Como consorte, sigue las directrices marcadas por su esposa Isabel, pero, en el campo de batalla, sigue correspondiendo al hombre la responsabilidad táctica. Por tanto, es un aragonés la figura más determinante en el desarrollo de la contienda.

Además de caballeros y voluntarios llegados de otros reinos cristianos, Castilla contrata los servicios de mercenarios llegados de Europa. Las crónicas destacan, de forma específica, la importancia de los *hombres de guerra* alemanes. Los Reyes Católicos contratan así mismo los servicios de artilleros europeos, para satisfacer las necesidades del nuevo modo de guerrear[439]. Las crónicas también mencionan en varias ocasiones la participación de piqueros suizos. Más allá de su contribución específica en esta guerra, podemos destacar la influencia que tiene su forma de guerrear en la configuración del futuro ejército español. La prevalencia de la infantería y su uso de la pica como arma estratégica contra la caballería son elementos que, sin duda, llaman la atención de un, aún joven, Gonzalo Fernández de Córdoba. Este, más tarde, redefine la forma de actuar de la infantería española e incorpora la pica como arma definitoria -aunque no única- de la misma. No solo el Gran Capitán toma buena nota de la eficacia de esa arma. El rey Fernando también ve en esos mercenarios suizos, armados con picas y espingardas, un modelo en el que se basa el posterior sistema de infantería de las ordenanzas[440].

La logística también juega un papel esencial en esta guerra. Como ya hemos indicado, la duración de las campañas se alarga, acabando con las características de temporalidad y estacionalidad típicamente medievales. Las nuevas necesidades obligan a desarrollar un aparato de intendencia capaz de hacer llegar alimentos al

---

[439]   Rodríguez Hernández, A. J. y Mesa Gallego, E. de, «Del Gran Capitán a los tercios…, p. 149.

[440]   Liebeskind Rivinus, A., «Las relaciones hispano-suizas en tiempo de don Fernando el Católico y la imagen de España en los espíritus suizos de la época», en VV.AA., Pensamiento político, política internacional y religiosa de Fernando el Católico. Instituto Fernando el Católico, Zaragoza, 1956, pp. 223-251.

frente. Así mismo, los Reyes Católicos se encargan de negociar la compra de granos hasta con un año de antelación, para asegurar el suministro.

Además de las recuas y barcos llegados desde territorio peninsular, hay otro suministro que implica la colaboración con otros reinos europeos. La implementación masiva de la artillería en la estrategia castellana conlleva la necesidad de pólvora, con frecuencia llegada de lejos. Las crónicas mencionan los envíos llegados desde Alemania e Italia, facilitados por barcos aragoneses.

A nivel diplomático, la victoria en Granada supone un antes y un después para los Reyes Católicos. Si bien el reino nazarí es incorporado a la corona y, por tanto, no requiere de alianzas específicas, el reconocimiento a tal gesta, por parte de los reinos cristianos y Roma, abre las puertas al éxito de su política matrimonial. El 19 de diciembre de 1496, cuatro años después de la victoria, el Papa Alejandro VI concede a Isabel I y su esposo Fernando el título de *Reyes Católicos*, a través de la bula *Si Covenit*. Entre las razones esgrimidas por el Papa para tal concesión destaca la conquista de Granada y la pacificación de los distintos reinos españoles. Esto mejora su imagen entre los reinos cristianos, lo que, a su vez, facilita sus vínculos con otras dinastías, a través de los matrimonios orquestados para sus hijos y amplía su influencia a todo el continente. La reina Isabel se convierte en un icono de las monarquías cristianas, mientras que su esposo Fernando llega a ser un referente político y militar, de quien se piensa pudo influir como modelo en la escritura de *El príncipe* de Maquiavelo[441].

Las guerras de Italia representan el primer conflicto enteramente internacional en el que los reinos españoles se convierten en protagonistas. Sienta las bases del dominio español de Europa en las décadas sucesivas, así como el inicio de la política y diplomacia modernas. Consisten en una serie de guerras que comienzan en 1494 y concluyen en 1559. Principalmente enfrentan a Francia y a España por el control de la península itálica, aunque en ellas participan otros actores como el Sacro Imperio Germánico, Venecia, Milán, Florencia, los Estados Pontificios, por supuesto Nápoles, en el que encontramos el origen del conflicto y, en algún momento, incluso Inglaterra y el Imperio Otomano.

La primera, entre 1494 y 1498, empieza con una invasión de la Francia de Carlos VIII a la península itálica, reclamando sus derechos al trono napolitano. Tras el enfrentamiento a las tropas del pontificias, el Papa convoca una alianza de reinos dando lugar a La Liga Santa. Esta se establece en marzo de 1495. Los Reyes Católicos se unen a ella, al entender que el enfrentamiento contra el papado incumple el Tratado de Barcelona, firmado con Francia. Además del papado

---

[441]   https://www.ngenespanol.com/el-mundo/monarcas-espanoles-recibieron-titulo-reyes-catolicos/

y los reinos hispánicos, la liga incluye el Sacro Imperio Romano Germánico, Venecia, Génova y Milán. Castilla aporta la mayor parte de los recursos humanos y económicos movilizados por los Reyes Católicos, si bien es cierto que su participación responde a intereses aragoneses principalmente. El conflicto concluye con la retirada de Francia por miedo a verse rodeada de enemigos y la renuncia de Carlos VIII a sus derechos al trono de Nápoles.

La segunda guerra italiana transcurre entre los años 1501 y 1504. Estalla porque el nuevo rey Luis XII de Francia incumple el tratado de Granada, que explicaremos a continuación.

En 1499, el ejército francés parte desde Lyon con 8.000 soldados, 2.600 lanceros y 58 piezas de artillería. Viene acompañado de 5.000 mercenarios suizos. Entran en la península itálica. A estas fuerzas se les une las de Venecia, con las que se alían para dominar el Milanesado, atacando por el este. Más tarde, se les unen las tropas del Papado, con Cesare Borgia al frente, así como más mercenarios suizos, financiados por Alejandro VI. Florencia también se alía con Francia. Lombardía se rinde con facilidad, así como Génova. Cremona hace lo propio, decantándose por sus aliados venecianos.

Ludovico Sforza, duque de Milán, que se había refugiado en la corte del emperador Maximiliano, regresa contratando también mercenarios suizos y borgoñones, 800 y 500 respectivamente. Los refuerzos franceses llegan en el año 1500 y ahora están formados principalmente por mercenarios suizos: 10.000, frente a los 6.000 soldados franceses. Apresan a Ludovico, que muere ocho años más tarde. Paralelamente, se da la participación de tropas gasconas, borgoñonas y alemanas.

Es la rápida caída de Milán lo que despierta el interés de Fernando el Católico, que teme una pérdida de influencia aragonesa en el Mediterráneo, a favor de Francia. Por ese motivo -y ante las enormes dimensiones del ejército francés- promueve unas negociaciones que concluyen en el Tratado de Granada, por el que se reparten Nápoles: norte para Francia y sur (Apulia, Calabria y Sicilia) para Aragón. Así mismo, Francia renuncia a la Cerdaña y el Rosellón. Ambos mantienen el acuerdo en secreto hasta la ratificación papal, una vez llegados a Roma. El rey Fadrique de Nápoles no es siquiera consultado, ya que ambas partes lo consideran ilegítimo.

El Papa sanciona el tratado de Granada, aludiendo que Fadrique ha pactado con los turcos. En ese momento se convoca a las fuerzas castellano-aragonesas lideradas por Gonzalo Fernández de Córdoba. Parten de Málaga en 70 naves 3.800 infantes y 600 jinetes. Francia desplaza 10.000 infantes y 1.000 lanzas, a las que se unen 6.500 soldados genoveses.

Aunque, en un principio, cada bando se dedica a tomar la parte del reino que les corresponde, Francia no tarda en incumplir el tratado, ocupando un territorio asignado a Aragón. Comienza el enfrentamiento directo entre españoles y franceses.

Podemos considerar la primera y segunda guerras de Nápoles o guerras italianas, como dos campañas dentro de un solo conflicto. En este relato hablamos de ambas, aunque prestamos especial atención a la segunda, ya que en ella se desarrollan la mayor parte de los cambios que acaban por transformar el ejército medieval en una institución más propia de la Edad Moderna.

El ejército que comanda el Gran Capitán está compuesto por fuerzas españolas y napolitanas. Aunque la expansión en el Mediterráneo ha sido tradicionalmente una cuestión aragonesa -Castilla está más centrada en la expansión atlántica-, los españoles enviados son de origen castellano, principalmente. La participación en la guerra, por parte de ambos reinos, supone un avance considerable hacia la unificación y profesionalización del ejército, bajo un único mando, en el futuro estado español. La participación de soldados alemanes enviados por el emperador Maximiliano también es destacable. Las crónicas se hacen eco de ello:

> "Después que el Gran Capitán mandó venir sus capitanes y gente de guerra a Barleta, viniéronle de socorro dos mil alemanes que había enviado a pedir al Emperador Maximiliano, según dicho es, los cualoes se desembarcaron en Manfredonia y de ahí por mandado del Gran Capitán se vinieron a Barleta"[442].

Tras el asedio a Barletta por parte de los franceses, el duelo terminado en tablas entre caballeros de ambos bandos en esa localidad y el asalto a Ruvo, llegan nuevos refuerzos desde España.

Parten de Cartagena, a mediados de febrero de 1503, 40 naos con 2.000 infantes y 600 caballeros a bordo. El 21 de abril las tropas españolas vencen en la segunda batalla de Seminara -ocho años después de la primera, única derrota del Gran Capitán en el conflicto, que tiene lugar en ese mismo enclave-.

El 28 de abril de 1503 tiene lugar la batalla de Cerignola (o Ceriñola). Es en esta batalla donde el Gran Capitán da forma casi definitiva a los futuros tercios. Distribuye las fuerzas en tres grupos: la vanguardia, compuesta de 1.000 jinetes. La retaguardia, con 2.000 lansquenetes mercenarios alemanes, 700 hombres de armas y un pequeño grupo de jineta capaz de actuar con rapidez. Y, por último, el bloque central de las tropas, formado por 2.000 infantes. Este último grupo ocupa una posición elevada y se encuentra protegida por un foso, estacas y picas, que hacen

---

[442]   «Libro segundo de la conquista del reino de Nápoles..., Cap. LXXV, p. 156.

muy difícil la llegada de los caballeros franceses, en tanto los arcabuces y espingardas dan cuenta de ellos desde la distancia. La infantería está dividida en compañías de 250 hombres cada una. Tres compañías forman una bandera. Y dos banderas forman una coronelía, con un total de 1.500 hombres.

La victoria española es tan aplastante que las siguientes ciudades caen en manos españolas sin apenas resistencia. Las crónicas hablan de un mínimo de 3.664 bajas francesas, contra solo 100 españolas. Entre las bajas francesas se encuentra el propio duque de Nemours que capitaneaba las tropas galas. Las llaves del reino de Nápoles son ofrecidas al Gran Capitán por una victoria que otorga a los Reyes Católicos el control del reino. Tan solo unas pocas plazas, entre las que destacan Gaeta y Venosa, permanecen en control francés, donde se refugian las tropas que han sobrevivido a la batalla.

En ese mismo año de 1503, el Gran Capitán vuelve a vencer en la batalla de Garigliano y se asedia la plaza de Gaeta, que capitula el 1 de enero de 1504. Los últimos pequeños enclaves en poder francés no tardan en rendirse. Gonzalo Fernández de Córdoba es nombrado virrey de Nápoles.

Como podemos ver, la implicación de múltiples reinos en ambos conflictos napolitanos pone de manifiesto cómo las guerras han abandonado el entorno local o fronterizo, para convertirse en verdaderos conflictos internacionales.

PARTE II:

Portugal, Granada y Nápoles, ¿últimas guerras medievales?

En el apartado anterior hemos presentado la posibilidad de que estos conflictos constituyan la antesala de las guerras modernas, en función de cómo son percibidas en su momento por los cronistas. En base a los numerosos cambios y novedades que presentan las crónicas, parece razonable afirmar que en el último cuarto del siglo XV y especialmente durante la guerra de Granada se sientan las bases del ejército permanente en Castilla. Tendencia que se confirma de forma definitiva en las guerras de El Rosellón y de Italia, donde se da una profunda reorganización de los recursos militares disponibles, su movilización y organización para uso y fines distintos de los tradicionales[443].

Factores como el volumen de efectivos, la importancia de la artillería, el desarrollo de sistemas logísticos y fiscales, la centralización del mando militar -en detrimento del poder nobiliario- o la creciente asimilación de las órdenes militares como profesionales al servicio de la corona son factores que evidencian esa evolución y son claramente documentados por las crónicas de la época.

Así mismo, la evolución de tácticas y estrategia desde la guerra de Portugal a la de Nápoles resulta evidente. Los relatos iniciales reflejan la convocatoria de una hueste medieval liderada por la caballería pesada, dominada por la nobleza. En un tiempo realmente breve se da paso a un ejército en el que la infantería es responsable de la mayor parte de sus éxitos y en el que la caballería pesada ha perdido importancia, al tiempo que la caballería ligera ha adquirido relevancia en su nuevo papel de apoyo a la infantería. La artillería, junto con la infantería, se convierte en el eje central de la estrategia. Los largos asedios dan paso a tomas por la fuerza más breves, facilitadas por una potencia de fuego capaz de derribar puertas y murallas. La intimidación, la fractura de estructuras defensivas y la destrucción del caserío interior de las plazas con artillería pirobalística pasan a ser la nota dominante. Así mismo, las batallas campales, sumamente escasas en la Edad Media, se vuelven habituales. En ellas domina una infantería que ha ganado eficiencia, gracias a novedosas formas de organizarse y nuevas armas. Estas incluyen picas, que se muestran eficaces contra la caballería pesada y armas de fuego individuales, que desbaratan

---

[443] Ladero Quesada, M.Á., *Ejércitos y armadas de los Reyes Católicos: Nápoles y el Rosellón...*, p. 115.

la validez de las armaduras. Del mismo modo, asistimos a las primeras incursiones de la artillería en los campos de batalla, así como en el mar, gracias a una creciente variedad de calibres y pesos que facilitan su movilidad.

Sin embargo, este trabajo no estaría completo si no ejerciéramos de "abogado del diablo" y cuestionáramos la validez de lo presentado hasta ahora. Debemos, por tanto, buscar en las fuentes -y con el mismo interés- elementos de continuidad en el ejército, acordes con la tradición más puramente medieval. Solo así podremos afirmar con contundencia si realmente el reinado de los Reyes Católicos fue revolucionario a nivel militar o constituyó una simple evolución.

Sin duda, estas guerras mantienen también numerosas características propias de las guerras medievales. Resultaría demasiado aventurado afirmar que tanto Portugal como Granada son guerras modernas. Quizás sea más realista hablar de dos guerras medievales en las que aparecen por primera vez y se desarrollan elementos característicos de los conflictos modernos. Estas dos guerras -y especialmente la de Granada- son un punto de inflexión a partir del cual la historia castellana y de España experimentan un giro relevante, basado en la transformación de los ejércitos. En cuanto a Nápoles, parece claro que podemos hablar de un incipiente ejército de características modernas que se enfrenta a otro -el ejército francés- de carácter cláramente medieval. Esta diferencia es la que, pese a la inferioridad numérica de las tropas españolas, facilita su victoria e impone un nuevo modo de guerrear, que se convierte en norma durante las siguientes décadas. Pero es que, incluso en Nápoles, no podemos afirmar que las características modernas aparezcan de la noche a la mañana. De hecho, debemos diferenciar entre la primera y la segunda campaña. La primera expedición, entre los años 1495 y 1498, se caracteriza por estar formada, en gran medida, por veteranos de la guerra de Granada. Gonzalo Fernández de Córdoba lidera 5.000 peones equipados con lanzas, espadas, escudos, ballestas y espingardas, que aún no están entrenados en tácticas de combate modernas[444]. En la segunda, las tácticas experimentan cambios profundos. La infantería se divide en los grupos que vislumbran los inminentes tercios y está armada a tal efecto. Las espingardas van dando paso a las escopetas y, poco más tarde, a los arcabuces, que rompen la vanguardia enemiga desde la distancia. Las picas dominan la vanguardia. El terreno se modifica a voluntad para la batalla. La caballería asume un papel de apoyo a la infantería que, paradójicamente, le otorga un carácter esencial. La caballería ligera hace gala de su agilidad para desbaratar y desorganizar las líneas enemigas. Y la artillería, en otros

---

[444]   Quatrefages, R., *La revolución militar moderna. El crisol español...*, p. 159.

tiempos limitada a labores estáticas y defensivas, asume papeles ofensivos en movimiento tanto en los campos de batalla como en el mar.

Tradicionalmente, se ha denominado *Revolución Militar* a los profundos cambios que experimenta la actividad bélica en Europa durante la segunda mitad del siglo XVI y el siglo XVII. Esta denominación sugiere una cierta desinformación sobre los importantes cambios ocurridos durante el siglo XV. Estudios más recientes inciden en la idea de *evolución*, frente a la de *revolución*. Con esta idea en mente, podemos hablar de un cambio progresivo, facilitado por elementos dinamizadores como el cañón. Prueba de esta opinión son las mínimas variaciones estratégicas que se dan desde la Edad Media hasta el siglo XVII. Los cambios más significativos, como los sistemas defensivos, responden a una continua adaptación a los avances técnicos de las armas ofensivas. A estos se les une una evolución en el ejército, en cuanto a número de efectivos, organización, estructuración y financiación, que necesita largos periodos de tiempo para llevarse a cabo[445]. No podemos hablar de una transformación radical y veloz en el ejército, en tanto la institución castrense es un reflejo de la sociedad y el entorno político de cada época y las transformaciones en estos también requieren de tiempo. Castilla, en época de los Reyes Católicos, es un reino cambiante, en transición de lo medieval a lo moderno. Así, del mismo modo que dos tendencias artísticas como el gótico tardío y el renacimiento conviven durante las décadas finales del siglo XV[446], lo hacen dos formas de concebir la actividad militar, facilitando una transición pausada. Por otro lado, la característica principal con la que se identifica la Edad Moderna, a nivel militar, es la aparición de los ejércitos permanentes. Las primeras fuerzas permanentes y profesionales al servicio de la monarquía en la península ibérica no aparecen hasta 1495. Por lo tanto y pese al considerable incremento en el número de guardas reales antes de esta fecha, no podemos hablar de un ejército permanente ni en la guerra de Portugal ni en la de Granada[447]. Y aún en 1495, pese a que se constituye un importante contingente de carácter permanente, el grueso de las tropas enviadas al Rosellón y a Nápoles acuden de forma temporal, ante la

---

[445]   Rodríguez Casillas, C.J., *A fuego e sangre: La guerra entre Isabel la Católica y Doña Juana...*, pp. 217-218.

[446]   En tiempos de los Reyes Católicos, por ejemplo, se construye la iglesia San Juan de los Reyes en Toledo, claro ejemplo de arte gótico y, al mismo tiempo, el palacio de Santa Cruz en Valladolid, primer ejemplo renacentista de la península. Valdeón Baruque, J., «La Corona de Castilla en la época de Isabel la Católica...», p. 324.

[447]   Las Guardas Reales pasan de 900 efectivos en 1480 a 1400 en 1495 y a 3000 en 1498, al unírseles personal de la Hermandad. Sáez Abad, R., *La batalla de Toro 1476...*, p. 10.

llamada en función de sus compromisos adquiridos por el régimen de *acosta-miento*[448], en el caso de la primera, o por contrato, en el caso italiano.

Las tropas convocadas para la guerra de Portugal son claramente heterogé-neas. La convocatoria es temporal y responde tanto a un llamamiento general como a variadas obligaciones militares, según el origen de los individuos. Estas caracte-rísticas difieren enormemente de los ejércitos modernos, con contingentes homo-géneos, permanentes, estructurados y con preparación militar[449]. La convocatoria general responde a la tradición medieval. Las normas al respecto quedan definidas en las *Partidas*, considerándose traición la falta de respuesta a la convocatoria[450]. La normativa establece claramente las *escusas derechas* o casos en los que la convoca-toria es excusada[451].

Las tropas convocadas en Granada son consideradas la última hueste medieval de las guerras peninsulares. Se trata de un grupo muy numeroso y heterogéneo, formado por hombres llegados de diversas formas. Sus tres elementos principales son las Guardas y Artillería Reales, por un lado, las mesnadas nobiljarias y las órde-nes militares, por otro y, por último, las milicias urbanas y Hermandades. Aunque a estos tres componentes hay que añadirle otros menos numerosos, como los vo-luntarios llegados de Aragón y otros reinos, los mercenarios contratados para cam-pañas específicas y los *homicianos* o delincuentes alistados para redimir su pena; to-das ellas aportaciones marginales[452]. Estas tropas heterogéneas y poco organizadas, sin embargo, resultan altamente eficaces en Granada. Su éxito responde a varias razones, como la superioridad de su armamento y el elevado número de efectivos, como ya hemos señalado. No obstante, algunos autores apuntan a otra razón muy vinculada con las ideas que tratamos de exponer en este apartado. Las sociedades medievales se caracterizan por unos elevados niveles de militarización entre la po-blación civil, mientras que en Granada ese nivel es muy bajo.

El reino nazarí es vasallo de Castilla. Su pueblo es principalmente agrícola y orientado a la exportación de algunos productos muy rentables, como la seda o el

---

[448] Los acostamientos permiten constituir lo que puede entenderse como una mesnada real de ca-balleros y escuderos, repartidos por todo el territorio, que recibían un sueldo por su servicio pasivo. A cambio debían acudir al frente cuando eran convocados. Ladero Quesada, M.Á., *Ejércitos y armadas de los Reyes Católicos: Nápoles y el Rosellón...*, p. 179.

[449] Rodríguez Casillas, C.J., *A fuego e sangre: La guerra entre Isabel la Católica y Doña Juana...*, pp. 75-77.

[450] Bonachía Hernando, J.A., «El Agua en las Partidas», en Val Valdivieso, Mª.I. del y Bonachía Hernando, J.A. (coords.), *Agua y sociedad en la Edad Media Hispana*, Universidad de Granada, Granada, 2012, p. 63.

[451] Casos como las crecidas de los ríos que dificultan el desplazamiento son considerados *escusa de-recha*. Part. II, XIX, III; t. II, p. 182.

[452] Ladero Quesada, M.Á., «Recursos militares y guerras de los Reyes Católicos...», p. 405.

azúcar. Con los beneficios obtenidos de estas actividades pueden pagar las necesarias parias a Castilla, que garantizan su seguridad. Así mismo, pueden permitirse contratar mercenarios extranjeros para su defensa, en caso de que esa seguridad se vea comprometida[453]. Cuenta con un pequeño ejército profesional, centralizado en torno a la figura del emir. Por ello, no desarrolla una estructura similar a la feudal, lo que contribuye al alejamiento de las armas de la población civil. La sociedad castellana, siguiendo la tónica general de otros reinos cristianos, está organizada y preparada para la guerra. Los torneos a caballo, luchas y concursos de tiro son prácticas habituales, con las que los vecinos de una localidad se divierten y preparan para una eventual intervención[454]. Paradójicamente, la temprana profesionalización nazarí dificulta las posibilidades de defensa de sus ciudadanos, ante una hueste tan numerosa como la castellana. El ejército cristiano, aunque heterogéneo y menos adiestrado, cuenta con ingentes cantidades de peones que, aún en el peor de los casos, están perfectamente familiarizados con el uso frecuente de armas.

Los cronistas son conscientes de los cambios, más lentos o rápidos, que se están produciendo y, como ya presentamos en el apartado anterior, hacen frecuente mención a los mismos. No obstante, es en esas mismas crónicas donde encontramos las claves que llevan a afirmar que estas guerras -o al menos Portugal y Granada- son todavía puramente medievales en muchos sentidos. Veamos cuáles son las características propias de la actividad bélica del medievo que se repiten, de forma recurrente, en los relatos estudiados.

a) Los conceptos de *guerra santa* y *cruzada* como esencia de la guerra de Granada

La guerra de Granada es, de los dos conflictos de la península ibérica estudiados, el que mayores avances técnicos y de organización ofrece. Sin embargo, es el enfrentamiento más enraizado en la tradición medieval. La guerra de Nápoles se aleja de esa tradición, si bien las negociaciones del cristiano rey napolitano con el musulmán Imperio Otomano son utilizadas como excusa por el Papa para justificar la intervención y llegada de ejércitos europeos a la península itálica. No obstante, centrémonos en este apartado en las dos guerras luchadas en la península ibérica.

---

[453]   Viguera Molins, M.J., «La organización militar de Al-Andalus», en *Revista de Historia Militar*, Madrid, 2001, n. Extra 1, pp. 46-47.

[454]   Lourie, E., «Spain in the Middle Ages: A society organized for war», en Powers, J.F., *A society organized for war. The Iberian municipal militias in the Central Middle Ages*, University of California Press, Berkeley, 1988, pp. 54-76.

La guerra de Portugal comienza como una guerra civil provocada por la sucesión al trono. Pronto se transforma en un conflicto internacional. Esta internacionalización empieza con la invasión de un reino a otro. Se extiende con pactos y alianzas entre casas reales europeas. Le sigue una política matrimonial diseñada por los Reyes Católicos para sus hijos, que busca afianzar esas relaciones tras el enfrentamiento. Así mismo, sus consecuencias se traducen en una serie de tensiones e implicaciones con los territorios conquistados y por conquistar en el Océano Atlántico, que definen el futuro colonial del Nuevo Mundo, así como el de otros territorios de ámbito global[455]. Estas características resultan perfectamente compatibles con el estilo de guerra que se convierte en habitual en el siguiente siglo.

La guerra de Granada, en cambio, responde a la definición de guerra santa y, hasta cierto punto, de cruzada. Estamos ante un conflicto básicamente castellano, en el que un aragonés -el rey Fernando- dirige las tropas. Como varón y dadas las costumbres de la época, es a él a quien corresponde dirigir al ejército en campaña y no a la reina Isabel, pese a ser solo consorte de esta. Aunque no debemos olvidar el papel de la reina en numerosas funciones, que incluyen su labor directiva y estratégica en la preparación de las campañas, así como su compromiso con la financiación del conflicto. Tampoco debemos ignorar su presencia en el real en numerosas ocasiones, por su valor simbólico, su labor de aliento a las tropas en campaña y de desmoralización -y quizás provocación- al enemigo.

El protagonismo de Castilla en esta guerra se remonta a los acuerdos firmados entre Aragón y Castilla en el siglo XIII, por los que se reparten los futuros territorios conquistados a Al-Ándalus. Según lo pactado, Aragón completa su parte del acuerdo en el siglo XIII, por lo que, a partir de ese momento, la *Reconquista* se convierte en una empresa exclusivamente castellana[456]. El hecho de que sea considerada y presentada como cruzada no hace variar esa consideración de empresa castellana, como afirma Palencia.

"...a los de Castilla y León incumbía combatir al feroz enemigo del catolicismo"[457].

Se trata, por tanto, de una guerra esencialmente castellana, pero que cuenta con los elementos propios de las cruzadas, tales como la concesión de bula de

---

[455]　Ohara, S., «Las relaciones internacionales en torno al conflicto sucesorio de Enrique IV», en Ribot, L., Valdeón, J., Maza, E. (coor.), *Isabel la Católica y su época. Actas del congreso internacional 2004. Valladolid-Barcelona-Granada 15 a 20 de noviembre de 2004. Volumen I*, Universidad de Valladolid e Instituto Universitario de Historia Simancas, Valladolid, 2007, pp. 387-400.

[456]　Valdeón Baruque, J., «La Corona de Castilla en la época de Isabel la Católica...», p. 316.

[457]　Palencia, A. de, *Crónica... Guerra de Granada*, libro I, p. 92.

indulgencia papal para los soldados que participan en ella o para quienes contribuyen económicamente. Las motivaciones de caballeros y soldados, aparte de económicas, de promoción social o por obligaciones contraídas, incluyen la idea de servicio a Dios y redención de los pecados. Características, todas ellas, enraizadas en el ideario medieval y que resultan fácilmente identificables en los relatos de la época. Así, vemos en la crónica de Palencia cómo esa guerra es entendida como cruzada no solo en Castilla, sino también en otros reinos cristianos, de donde llegan algunos refuerzos en busca de perdón para sus pecados.

> "Por estos días arribó a las costas de Sanlucar de Barrameda, procedente de Inglaterra el duque Eduardo, Señor de Villascalessi ... Embarcóse con rumbo a Sevilla en compañía de 300 caballeros principales, movidos todos de igual impulso, por confiar los ingleses, cansados de luchas intestinas, en obtener el perdón de todos sus pecados si peleaban contra los moros granadinos"[458].

Esta motivación religiosa es extensible a los caballeros castellanos que participan en la contienda. Evidentemente, factores como el prestigio y la promoción social o el enriquecimiento personal juegan una labor decisiva en su compromiso. Pero no por ello debemos ignorar esa motivación espiritual en una sociedad como la del siglo XV, en la que las creencias religiosas marcan con fuerza la vida cotidiana y las decisiones políticas. Pulgar cita las variadas razones que llevan a ciertos caballeros a acompañar al marqués de Cádiz en su incursión en Axarquía, en el año 1483. Dice que hay *dellos movidos por servicio de Dios, otros por ganar honra, e otros por aver robos, se movieron de su voluntar a yr con ellos*[459].

Dadas las dificultades económicas a las que se enfrenta Castilla para emprender esta guerra, especialmente tras el coste de la guerra civil y la invasión portuguesa, los aportes de la bula de cruzada son fundamentales. Pero la concesión de la bula de indulgencia no resulta fácil para Castilla. Palencia no duda en criticar la avaricia del Papa por negarse a prorrogarla:

> "El Papa en aquellos días ... se había negado a prorrogar la bula de indulgencia ... tan tenaz avaricia"[460].

Para obtenerla, los Reyes Católicos ponen en marcha una maquinaria diplomática que acaba adquiriendo un carácter permanente. Hasta cierto punto, podemos

---

[458] Palencia, A. de, *Crónica... Guerra de Granada*, libro VI, p. 163.

[459] Pulgar, H. del, *Historia de los Reyes Católicos...*, cap. CXLVI, p. 62.

[460] Palencia, A. de, *Crónica... Guerra de Granada*, libro IX, p. 219.

considerar que el reinado de Isabel y Fernando sienta las bases de la diplomacia moderna, que se establece de forma definitiva durante el reinado de su nieto Carlos I.

La guerra de Granada trasciende el enfrentamiento entre dos reinos, castellano y nazarí, para convertirse en una *guerra santa*, en la que intervienen otros elementos. En el caso castellano, por ejemplo, interviene un grupo de soldados liderados por el duque inglés Eduardo -señor de Villascalessi-, noble inglés que busca en la lucha la redención de sus pecados. Esto ejemplifica la consideración de cruzada en el mundo cristiano, aunque también puede entenderse como muestra de la internacionalización de los conflictos. Aunque lo cierto es que la presencia de extranjeros en las campañas contra el reino nazarí no es, en absoluto, nueva. Más bien, representa la continuidad con un enfrentamiento enraizado en la tradición medieval castellana[461]. En el lado musulmán también hay intentos de socorrer a Granada[462], como muestran las frecuentes menciones a los *gomeres* del Norte de África. Palencia habla de las discusiones entre norteafricanos que pretenden ayudar a Granada y las amenazas de represalia del rey Fernando contra los descendientes de estos pueblos que residen en la Península, en caso de facilitar ayuda al reino Nazarí:

> "Discusiones entre los moros gomeres y los otros sarracenos más poderosos del África y la ocupación por los portugueses de las ciudades marítimas como Ceuta, Alcázarzagner, Tánger y Arcila ofrecían un gran obstáculo...soldán de los Sarracenos...única esperanza de remedio...(Don Fernando amenaza) serían degollados los 100.000 y más agarenos que con permiso del Rey de Castilla vivían tranquilamente en España, sin pagar hasta entonces el menor tributo"[463].

En la guerra de Nápoles, las crónicas evitan utilizar el término *guerra santa*, pero no por ello dejan de establecer ciertas relaciones con la divinidad en su relato del conflicto. Ya hemos indicado cómo el Papa Alejandro VI utiliza la supuesta negociación entre turcos y napolitanos para justificar el reparto del reino entre franceses y españoles. Llama la atención la descripción que hacen de un sueño experimentado por el Gran Capitán con respecto a los otomanos:

---

[461]   La participación de tropas extranjeras en Castilla siempre fue marginal. A menudo eran mercenarios contratados, otras veces voluntarios por motivos religiosos y a veces por alianzas políticas basadas en matrimonios, como las colaboraciones con Pedro I y Enrique de Trastámara durante la primera guerra civil castellana. Benito Rodríguez, M.Á. de, «Las tropas extranjeras y su participación en los ejércitos castellanos durante la baja Edad Media», en *Revista de historia militar*, 1993 año XXXVII, n. 75, pp. 47-76.

[462]   Véase el trabajo de López de Coca Castañer en la que señala las intensas relaciones diplomáticas establecidas por el reino nazarí con otomanos y egipcios durante la guerra de Granada. López de Coca Castañer, J.E., «Mamelucos, otomanos y caída del reino de Granada», en *En la España Medieval*, vol. 28, Universidad Complutense de Madrid, Madrid, 2005, pp. 229-258.

[463]   Palencia, A. de, *Crónica... Guerra de Granada*, libro IX, p. 221.

"Haciendo meter en armas toda la más gente que allí se halló, fue a ver aquel lugar de la guardia porque por donde había soñado que los turcos salían ... el Gran Capitán, a quien Nuestro Señor milagrosamente había dado aquel sueño porque no pereciese esa gente"[464].

Este relato en el que se alude a la divinidad es excepcional en las crónicas de las guerras de Nápoles y coincide con un enfrentamiento único contra fuerzas musulmanas. En los enfrentamientos contra otros reinos cristianos no utilizan este tipo de alusiones que, en cambio, son constantes en la guerra de Granada, también contra un enemigo musulmán.

b) Persistencia del papel de los nobles y las órdenes militares

Hemos indicado cómo diversos autores coinciden en señalar, como principales características de los ejércitos medievales, la heterogeneidad de sus tropas y su carácter temporal y estacional. Así mismo, podemos señalar, como debilidades obvias, la falta de un sistema estable de financiación y la falta de definición en las cadenas de mando[465]. Pero esto no significa que el arte militar medieval sea rudimentario o inexistente, como ha sido calificado en ocasiones[466].

Sin duda, uno de los elementos definitorios de la Edad Media es la privatización de la defensa. Frente a ejércitos centralizados que ofrecen una defensa pública del estado, propia de épocas posteriores, el mundo medieval confía la protección del territorio a las acciones individuales de cada señor y al ejército privado que consiga reunir. En este tablero de juego, claramente atomizado, la proliferación de castillos se erige como uno de los principales elementos para garantizar el control de posiciones[467]. Los nobles y las órdenes militares juegan un papel fundamental en los conflictos estudiados, como titulares de sus mesnadas y como propietarios o gestores de fortalezas. Esto es especialmente relevante en la guerra de Granada, por el carácter fronterizo de los enfrentamientos previos a la guerra. De hecho, las órdenes militares lideran, durante siglos, el control de esa frontera castellano-nazarí, ya que la llamada *Reconquista* alcanza un punto muerto en los siglos XIV y XV, principalmente a causa de las pugnas nobiliarias que se extienden por todo el reino[468].

---

[464]   «Libro segundo de la conquista del reino de Nápoles...», Cap. XI, p. 67.

[465]   Rodríguez Casillas, C.J., «La guerra medieval en su contexto entre el mito y la realidad», en *Roda da Fortuna, Revista electronica sobre antiguedade e medievo*, 2012, vol. 1, n. 2, pp. 164-165.

[466]   Contamine, P., *La guerra en la Edad Media...*, p. 264.

[467]   Jones, R.L.C., «Fortalezas y asedios en Europa Occidental...», p. 236.

[468]   Véase la obra de Martínez Canales en la que pone de manifiesto cómo las pugnas nobiliarias han paralizado el proceso de expansión castellana hacia el sur. El matrimonio de los Reyes Católicos aporta

Como ya hemos expuesto, las tropas bajomedievales castellanas están compuestas principalmente por Guardas Reales, mesnadas nobiliarias, milicias concejiles, órdenes militares, Hermandades y tropas extranjeras[469]. La cuestión ahora radica en saber hasta qué punto la intervención de tropas nobiliarias y órdenes resulta determinante y si estas siguen siendo mayoría. Las mesnadas nobiliarias participantes en la guerra de Granada aportan entre 150 y 400 hombres cada una. Algunas de ellas superan este número significativamente, como las tropas del arzobispo de Toledo que alcanzan los 1.200 hombres. Las órdenes militares de Calatrava y Alcántara aportan 1.500 hombres en total. La orden más determinante es la de Santiago, que aporta esa misma cantidad por sí sola[470]. Estos son datos calculados como media y sin considerar qué tipo de tropas son aportadas. Si consideramos estas cuestiones, el peso de las órdenes resulta aún mayor. Por un lado, aportan hombres bien instruidos, disciplinados y armados. Por otro lado, su contribución porcentual a la caballería es más destacable que la de peones y, además, lo hacen principalmente con unidades de caballería ligera o jineta, bien conocedora del terreno y de las tácticas del ejército nazarí. Las unidades aportadas varían según las necesidades de la campaña. Así, en la de Málaga de 1487, los efectivos aportados por las órdenes prácticamente duplican los 3.000 de media, elevando el número a más de 5.700, con casi tantos jinetes como peones[471]. Frente a estos elevados volúmenes de efectivos, la corona aporta unos 5.000 hombres[472].

La importancia de la jineta en Castilla responde a las necesidades específicas de la lucha contra el reino nazarí. El incremento de su volumen, en detrimento de la caballería pesada, podría hacernos pensar que se trata de una evolución hacia la modernidad del cuerpo. Sin embargo, en años siguientes, desde 1494 a 1504, la caballería pesada gana importancia, lo que contradice esta hipótesis[473]. Encontramos una razón

---

a la monarquía la fuerza necesaria para imponer su autoridad a esos nobles y continuar un proceso que consideran de legítimo derecho, al entender que la península es un territorio cristiano que ha sido usurpado por los musulmanes. Martínez Canales, F., *La guerra de Granada (I): De la caída de Zahara al asedio de Vélez-Málaga. 1481-1484*, Almena Ediciones, Madrid, 2014.

[469]   Benito Rodríguez, M.Á. de, «Las tropas extranjeras y su participación en los ejércitos castellanos durante la baja Edad Media..., p. 47.

[470]   Ladero Quesada, M.Á., «Baja Edad Media..., pp. 350-351.

[471]   En 1487 la orden de Santiago aporta 1214 jinetes y 2061 peones, Calatrava 381 hombres a caballo y 507 de a pie y Alcántara 755 y 427 respectivamente. En 1489 Santiago eleva su aportación a 1760 jinetes y 2355 peones, Calatrava proporciona 400 jinetes y Alcántara, normalmente ocupada en la defensa fronteriza en la retaguardia, otros 105. Ladero Quesada, M.Á., *Ejércitos y armadas de los Reyes Católicos: Nápoles y el Rosellón...*, p. 191.

[472]   Cook Jr., W.F., «The cannon conquest of Nasrid Spain and the end of the Reconquista..., p. 263.

[473]   En estas dos guerras la caballería pesada crece con respecto a Granada, hasta alcanzar una cuota del 40%, con respecto al 60% de la jineta. Ladero Quesada, M.Á., *Ejércitos y armadas de los Reyes Católicos: Nápoles y el Rosellón...*, p. 120.

en las claras diferencias tácticas que requieren los enfrentamientos en el Rosellón contra el ejército francés, con una voluminosa caballería de este tipo con respecto a la granadina, más liviana y veloz. Pero otra razón, nada desdeñable, es la prevalencia del protagonismo de la nobleza y las órdenes en la estrategia castellana en Granada. Esto tiene un efecto claro en la jerarquía militar. Durante el reinado de los Reyes Católicos se promueve una jerarquía basada en la efectividad, por la que los caballeros son sustituidos por oficiales y los nobles por generales[474]. Sin embargo, las crónicas muestran claramente cómo nobles de renombre y maestres de órdenes militares siguen a cargo de sus mesnadas durante este conflicto, al tiempo que los caballeros siguen siendo referencia por encima de los capitanes de las tropas. Esta situación solo empieza a cambiar de modo efectivo con la concesión al rey Fernando del maestrazgo de las órdenes penínsulares y el nombramiento de un militar -Gonzalo Fernández de Córdoba- al frente de las tropas enviadas a Italia. La importancia militar de la alta nobleza es evidente en las guerras de Portugal y Granada; no así en la de Nápoles. Es particularmente destacable en la guerra de Granada, porque la nobleza de la frontera actúa como una auténtica aristocracia, por encima de nobles de otros territorios[475]. Su labor bélica es muy especializada, por su dedicación exclusiva a la guerra, de la que obtienen grandes beneficios económicos inmediatos y mediatos[476]. Por este motivo, Castilla no puede emprender una empresa de tal envergadura sin el apoyo de los nobles y especialmente sin la participación de la aristocracia de la frontera andaluza. Estos nobles obtienen réditos monetarios, promoción social y reconocimiento, a cambio de integrar sus mesnadas bajo la autoridad regia y, a la postre, ceder parte de su poder militar por leyes promulgadas por los reyes, como la prohibición de la posesión individual de cañones[477].

Otro aspecto a destacar es la tradicional pertenencia de la nobleza a la caballería pesada. Los nobles cuentan con recursos económicos que les permiten afrontar los gastos que suponen armamento, caballo entrenado y escudero. Hemos visto

---

[474]   Sáez Abad, R., *La batalla de Toro 1476...*, p. 12.

[475]   De hecho, a la continua guerra fronteriza de baja intensidad contra Granada a la que ya hemos hecho mención, habría que añadirle toda una serie de enfrentamientos menos evidentes entre los propios cristianos que rivalizan por el control de la zona, tanto antes como después de la conquista final del reino nazarí. Para más información, ver: León Muñoz, A., «Fortificaciones sin fronteras. Castillos señoriales y luchas nobiliarias en el sur de España a finales de la Edad Media (c. 1464-1508)», en Carriazo Rubio, J. L. (ed.), *El triunfo de la pólvora: artillería y fortificaciones a finales de la Edad Media*, Universidad de Huelva, Huelva, 2020, pp. 263-344.

[476]   Rojas Gabriel, M., «La nobleza como élite militar en la frontera de Granada. Una reflexión», en Segura Artero, P. (coord.), *Actas del congreso: La frontera oriental nazarí como sujeto histórico. Lorca-Vera 22 a 24 de noviembre de 1994*, Instituto de Estudios Almerienses Diputación de Almería, Almería, 1997, p 186.

[477]   Cook Jr., W.F., «The cannon conquest of Nasrid Spain and the end of the Reconquista...», p. 264.

cómo la infantería, durante este periodo, se convierte en el cuerpo protagonista de la estrategia. Sin embargo, debemos destacar que, en un principio, la reforma del ejército va en una dirección más bien continuista con la tradición medieval. Las ya citadas Guardas de Castilla son constituidas tras un decreto de 1493, que busca aumentar el peso relativo de la caballería pesada[478]. 2.500 lanzas, repartidas en 25 capitanías que, pese a formar la primera unidad militar permanente al servicio de la monarquía, claramente imitan el modelo militar de siglos anteriores. No obstante, debemos aclarar que las Guardas de Castilla cuentan también con caballería ligera, ya que una quinta parte de sus efectivos pertenecen a la jineta[479].

En el apartado anterior hemos mencionado una serie de aspectos que indican una tendencia a la profesionalización del ejército. Profesionalización que empieza a ser visible en la guerra de Granada y se confirma en la de Nápoles.

Uno de estos elementos es la centralización del poder, que se manifiesta a través de tres aspectos:

El primero es el nombramiento de un capital general para Andalucía que recae en la figura de don Fabrique de Toledo, hijo del duque de Toledo. Llegada la guerra de Nápoles, el nombramiento de Gonzalo Fernández de Córdoba como capitán general de las fuerzas castellanas y aragonesas desplazadas, así como su elección por parte de sus aliados para liderar también las fuerzas aliadas no españolas confirma esa tendencia.

Otro aspecto, también en Granada, es el establecimiento de un cuartel general. Este, a elección de don Fabrique, está ubicado en la localidad de Loja. Llama la atención que elija ese lugar cuando, durante la mayor parte del conflicto, el río de las Yeguas, a su paso por las proximidades de Antequera, constituye el principal centro logístico y emplazamiento de los reales.

Por último, el tercer aspecto es la supremacía del propio rey en cualquier decisión de importancia. Se trata de una empresa de la monarquía, dirigida por los reyes. Esta característica sugiere un avance hacia la centralización del poder militar y el absolutismo político, que se convierten en norma durante la Edad Moderna. En la guerra de Nápoles, pese contar con autonomía en las decisiones estratégicas, el Gran Capitán mantiene informados a los Reyes Católicos de sus movimientos y acciones, lo que viene a confirmar esa centralización. Para ello, mantiene un ritmo mensual de envío de correspondencia[480].

---

[478]   Martínez Ruiz, E. y Pi Corrales, M. de P., *Las Guardas de Castilla...*, pp.17-36.

[479]   Rodríguez Hernández, A. J. y Mesa Gallego, E. de, «Del Gran Capitán a los tercios...», p. 151.

[480]   Ladero Quesada, M.A., «Fuerzas navales y terrestres de los Reyes Católicos...», p. 27.

En Granada, no obstante, las acciones militares concretas siguen dependiendo principalmente de las mesnadas nobiliarias, que actúan con gran independencia. El ejemplo más evidente lo encontramos en la figura del marqués de Cádiz. Su decisión unilateral de tomar Alhama, como respuesta a la caída de Zahara, es considerada el detonante de la guerra. Sin esa acción, la guerra podría haber sido tan solo un conflicto fronterizo más. Su desastrosa incursión de 1483 en Axarquía, junto con el maestre de Santiago, se debe a intereses privados, según el relato de las crónicas. En ningún momento es aprobada por los reyes, que no han sido informados con antelación. Es cierto que la presencia del rey Fernando a partir de ese año obliga al marqués a supeditar sus acciones a la voluntad regia, pero no faltan ejemplos que siguen mostrando su autonomía de acción, como el que recoge Bernáldez respecto al alzamiento de los moros de Guacín, en 1488:

> "En el mes de Octubre del sobredicho año de 1488, hicieron movimiento los moros mudéjares de la Sierra Bermeja, e se alzaron con Guacín, que lo hurtaron al alcayde christiano que lo tenía, y súpolo el Marqués-Duque de Cádiz una noche, estando en su palacio de los Palacios, e despachó cartas de llamamiento a un cabo y a otro, donde convenía, luego aquella noche, e partió para allá, e llegó con la gente que pudo, e asentó su real sobre Guacín, e allí acudió luego el Conde de Ureña, e el Adelantado, e el Conde de Cifuentes con la gente de Sevilla, e la gente de Xerez"[481].

El relato muestra la vigente capacidad de convocatoria y reunión de una mesnada por parte del marqués, sin intervención de los reyes. El autor denomina *gente de Sevilla* y *gente de Xerez* a las huestes concejiles enviadas por estos núcleos urbanos. Delante de estos grupos, menciona la presencia de dos nobles que, evidentemente, aportan sus propios hombres. La mención de estos personajes notables y no la de sus soldados refleja hasta qué punto la guerra sigue siendo concebida como una cuestión propia de ese estamento privilegiado. Esas menciones a casas nobiliarias en el relato de los enfrentamientos son constantes en las crónicas y nos ayudan a verificar las cifras de soldados convocados. Así, si hablamos de los cercos de Ronda, Málaga, Baza y Santa Fe, como los más numerosos en tropas, comprobamos que, efectivamente, se corresponden con una abultada mención a los linajes allí representados. Estos, además, son presentados por orden de importancia, lo que nos da una idea, tanto del estatus social del noble mencionado, como del volumen de la mesnada aportada. Así queda patente en la descripción que hace Bernáldez del cerco de Málaga en 1487:

---

[481]   Bernáldez, A., *Historia de los Reyes Católicos...*, cap. XC, p. 633.

"primeramente el Cardenal de España, Arzobispo de Toledo, Don Pedro González de Mendoza que vino con la Reyna al medio tiempo del cerco, e algunos obispos. El Maestre de Santiago, Don Alonso de Cárdenas. El Maestre de Alcántara, Don Juan de Estúñiga. El Maestre de Calatrava, Don Juan García de Padilla, no vino a esta ni a la de Ronda, porque quedaba siempre en la frontera de Granada para guardar la tierra. El Marqués-Duque de Cádiz, Don Rodrigo Ponce de León. El Duque de Medina-Sidonia, Conde de Niebla, Don Henrique de Guzmán, que vino en medio tiempo del cerco con muchos mantenimientos y gente de refresco. El Duque de Nájera, Conde de Treviño, Don Pedro de Manrique. El Duque de Escalona, Marqués de Villena, Don Juan Pacheco, El Conde de Benavente, Don Juan Pimentel. El fijo del Duque de Alva, Don Fadrique de Toledo. El Conde de Cabra, mariscal de Baena, Don Diego Fernández de Córdoba. El Conde de Feria, Don Gómez Suárez de Figueroa. El Conde de Ureña, Don Álvaro Tellez Girón. El Conde de Cifuentes, Don Juan de Silva. El Adelantado de Andalucía Don Fadrique Enríquez. El Señor de la Casa de Aguilar, Don Alonso Fernández de Córdoba. Don Pedro Puerto Carrero, señor de Palma. El Comendador mayor de León, Don Gutierre de Cárdenas. El Conde de Miranda. El Conde de Ribadeo. El Adelantado de Murcia, Don Juan Chacón, e otros muchos Caballeros, ues y Señores, que sería luengo de escribir"[482].

La guerra sigue siendo concebida en las crónicas, hasta la guerra de Granada, como una cuestión en la que los nobles tienen el papel principal. Cuestión que cambia en la guerra de Nápoles, en la que las figuras de los capitanes, pertenecientes a la baja nobleza o simplemente militares de oficio, ganan protagonismo. En Santa Fe, pese a la importancia de las aportaciones que hacen las ciudades andaluzas, los relatos siguen centrándose en la presencia o ausencia de grandes y nobles. Estos son presentados como *Capitanes Mayores*, lo que incide aún más en la idea de continuidad con la tradición medieval, alejada de una jerarquía de mando propia de ejércitos más modernos[483]. Por debajo de grandes y nobles que aportan sus mesnadas, aparece con fuerza la participación de hidalgos que buscan su promoción social y económica, a través de *juros* y *mercedes*. Su presencia en Granada es numerosa, como lo es más tarde en Italia y el Rosellón y, más adelante, en la conquista de América. Llama la atención que el relato de Bernáldez indique la ausencia de nobles no andaluces por cansancio, tras años de campañas. Esta ausencia sugiere una participación voluntaria y motivada por cuestiones de promoción económico-social, al tiempo que se aleja del concepto de obligatoriedad y servicio al reino:

---

[482]   Bernáldez, A., *Historia de los Reyes Católicos...*, cap. LXXXVIII, p. 632.

[483]   Idem, cap. CI, p. 641.

"Los Capitanes mayores que el Rey tuvo en aquel cerco fueron: El Maestre de Santiago, el Marqués-Duque de Cádiz, el Duque de Escalona, el Conde de Tendilla, el Conde de Cifuentes , el Conde de Cabra, Don Alonso de Aguilar, el Conde de Ureña, caballeros de Andalucía, que como estaban cerca vinieron a este cerco, estos e todos los otros caballeros de Andalucía; e de los Grandes de Castilla, como estaban cansados de venir tan lejos, a las otras guerras e cercos, muchos no vinieron a este cerco en persona, salvo enviaron sus capitanes con gente, y de muchas partes de Castilla no vinieron por las grandes fatigas padecidas cada año".

Por otro lado, la opinión de los nobles sigue siendo importante, por lo que es escuchada y respetada. El origen de la guerra de Portugal es, en efecto, propiciado por el interés de un grupo de nobles que se confabulan para conseguir el apoyo del rey Alfonso. Pulgar identifica como causa cercana del enfrentamiento la carta enviada por el marqués de Villena al rey luso. Cita, como cabezas visibles del bando de doña Juana e instigadores de la guerra, al marqués de Villena, al maestre de Calatrava y al arzobispo de Toledo[484]. Bernáldez, siempre menos preciso en materia bélica pero más detallado en la definición de los linajes implicados, extiende de forma sustancial la lista de casas involucradas:

"Desde este día comenzó de arder Castilla otra vez ... , los más grandes e más poderosos de toda Castilla, e el Duque de Arévalo, Conde de Béjar, Señor de Plasencia Don Álvaro de Stúñiga ... e el Arzobispo de Toledo, Don Alonso Carrillo ... e el Marqués de Villena, e se intitulaba entonces Maestre de Santiago e Duque de Truxillo, e el Maestre de Alcántara que era muy gran Señor, e el Duque de Ureña su hermano eso mesmo; ... e ovo otros muchos que aclamaron antes que el Rey Don Alonso llegase"[485].

En las crónicas se mencionan múltiples consejos de *grandes*, en los que expresan sus ideas, acuerdos y desacuerdos con el rey, independientemente de que, en última instancia, acaten lo ordenado por este. Estos consejos son mostrados como respuesta a la llamada del rey. Es decir, que el rey confía en el conocimiento militar de los nobles y quiere contar con su opinión y apoyo. Vemos un ejemplo claro en 1487. En ese momento se debe tomar una importante decisión sobre la estrategia a seguir. Una opción es dirigirse a Málaga para cortar las comunicaciones y el comercio de Granada por mar. La otra posible decisión es tomar la ciudad de Baza, enclave militar interior de primer orden. Ambas opciones son difíciles por la dureza y esfuerzo militar que exigen. Por lo tanto, el rey Fernando sabe que necesita todo el apoyo posible de los

---

[484]   Pulgar, H. del, *Historia de los Reyes Católicos...*, cap. XXXVII, pp. 120-121.
[485]   Bernáldez, A., *Historia de los Reyes Católicos...*, cap. XVII, pp. 583-584.

nobles andaluces. Apoyo que resulta más fácil de conseguir si estos participan en la decisión. Así mismo, como conocedores del terreno, sus aportaciones son escuchadas y valoradas. No faltan las ocasiones en las que las crónicas reflejan el desacuerdo entre unos y otros, siempre solucionado por la intervención final del rey.

"(el rey Fernando) mandó llamar a los caballeros andaluces ... les consultó si convendría sitiar a Málaga y ... costa, o Guadix y Baza"[486].

Cuando la situación permite la presencia de la reina, el consejo de nobles acuerda las acciones militares con ambos monarcas, como muestra la crónica de Pulgar en el caso de la toma de Montefrío, en 1486:

"Después que se ganó la villa de Moclín, el Rey y la Reyna, avido su acuerdo con el Maestre de Santiago, e con el Duque del infantazgo, e con los Marqueses de Cádiz e de Villena, e con los otros condes y caballeros de su Consejo, enviaron a los capitanes de la gente de Sevilla e Xerez, e de la villa de Moclín; e que llevasen algunos tiros de pólvora para la combatir"[487].

Otro de los aspectos en los que hemos insistido al hablar de los cambios producidos en el ejército en este periodo es su profesionalización, que viene de la mano de dos aspectos fundamentales: incorporación de las órdenes militares y creación de la Santa Hermandad.

El primer aspecto -la incorporación de las órdenes militares a la estructura del ejército real- comienza durante la guerra de Granada, aunque se realiza de forma progresiva. En Granada cada orden tiene aún su propio maestre. Sin embargo, poco después el rey Fernando consigue de Roma concentrar bajo su persona el título de maestre de las tres principales, Santiago, Calatrava y Alcántara y ser administrador de la orden de Montesa.

Las órdenes militares no participan en la guerra de Nápoles, pero su importancia en el panorama militar sigue latente. Sirva de ejemplo la promesa -nunca cumplida- del rey Fernando al Gran Capitán de nombrarle maestre de Santiago, a cambio de que este regrese a España y abandone el virreinato napolitano que ostenta.

A caballo entre el mundo castrense y el religioso, las órdenes aportan experiencia y profesionalidad al ejército, así como un carácter permanente del que carecía con anterioridad. En toda Europa hablamos de tan solo seis órdenes religiosas de importancia histórica, de las cuales tres son castellanas. En Tierra

---

486   Palencia, A. de, *Crónica... Guerra de Granada*, libro VII, p. 177.

487   Pulgar, H. del, *Historia de los Reyes Católicos...*, cap. CXCI, p. 236.

Santa tenemos la Orden del Temple y los Caballeros Hospitalarios, en el Báltico los Caballeros Teutónicos, en Aragón la orden de Santa María de Montesa y en Castilla, las ordenes de Santiago, Alcántara y Calatrava. Constituyen una élite militar siempre disponible, por lo que su apoyo es altamente apreciado. Están bien financiadas, especialmente desde mediados del siglo XIII. Su dedicación es plena, están bien entrenados y cuentan con una jerarquía de mando clara y eficaz. Sus fuerzas militares están compuestas, principalmente, por los hermanos miembros de la orden religiosa, pero también cuentan con vasallos, voluntarios y mercenarios. Su control del territorio fronterizo se basa en la construcción y tenencia de castillos desde los que planean su defensa y desde donde basan sus incursiones y ataques.[488].

Junto a la incorporación de las órdenes militares, hay que considerar el establecimiento de la *Santa Hermandad,* en el año 1476. Organismo esencialmente civil, pero con labores militares, que contribuye a la unificación jurídica del reino, como brazo ejecutor de la ley en todo el territorio. Así mismo, aporta cierta permanencia al ejército real. En tiempos de paz, la Hermandad acude donde es llamada para establecer el orden o esclarecer delitos. A todos los efectos, funciona como el primer cuerpo de policía creado en la península ibérica. Por este motivo, con frecuencia se ha visto en esta institución un antecedente de la Guardia Civil española. Como curiosidad histórica podemos mencionar que el *jubón* o chaqueta que vestían sus componentes como uniforme era de color verde. Dado que su aparición en los lugares donde ocurrían altercados solía retrasarse, se popularizó el dicho que perdura hoy en día: "a buenas horas, mangas verdes".

Ahora bien, a pesar de esos indicios de centralización, tanto en la guerra de Portugal como en la de Granada se evidencia la total dependencia del éxito de las campañas a la aportación de los nobles. Pese a la participación de la Hermandad y de las órdenes militares, el número de efectivos que manejan esas instituciones es muy limitado. Dado el espectacular incremento en las cifras de estos conflictos que reflejan las crónicas, las huestes aportadas por los nobles resultan un complemento esencial de la mesnada real. Factor que explica las importantes concesiones de señoríos llevadas a cabo por los reyes, sobre los territorios conquistados. Además de contribuir con sus hombres y aportar consejo en la planificación militar, también ofrecen su experiencia y liderazgo en el campo de batalla. Las crónicas dejan claro cómo cada noble lidera sus propias tropas. Veamos, a modo de ejemplo, el cerco de Ronda de 1485, siguiendo el plan trazado por el marqués de Cádiz, por el que el

---

[488] García Fitz, F., *Ejércitos y actividades guerreras en la Edad Media Europea...*, pp. 37-38.

asedio se divide en 5 estancias. Al frente de cada una de ellas se sitúan los *grandes* con sus propias tropas.

> "Con arreglo al plan propuesto por el Marqués de Cádiz, el rey Fernando cercó la ciudad, dividiendo el ejército en cinco estancias. (1) El mayor número de tropas situó la primera al Poniente, dando cara al Alcázar...a su lado (del Rey) ... el Duque de Medina Sidonia. (2) En la estancia de la derecha ... el Conde de Benavente y el Maestre de Alcántara. (3)A la izquierda, hacia el mediodía por donde se extendían los arrabales ... el Marqués de Cádiz. (4) Poco después y a alguna distancia, en la orilla opuesta del río ... caballería e infantería de ... ciudades de la frontera portuguesa. (5) Al saliente y a la manera de campamento una fuerza no despreciable que custodiaba en las inmediaciones del puente la artillería y las demás máquinas de guerra y con facilidad podía impedir a los de la ciudad la estrechísima salida por el puente"[489].

La falta de profesionalización, vinculada a la preponderancia de las mesnadas nobiliarias, se manifiesta de varias formas. La primera radica en el beneficio obtenido por estos a cambio de su participación. Los nobles no reciben un salario, como lo haría un profesional, sino *mercedes* concedidas por los reyes, que consiguen prolongar y acentuar una estructura social basada en estamentos. En las crónicas se presentan diversas menciones a las mercedes prometidas por los Reyes Católicos e incluso las prometidas por el rey de Portugal a sus partidarios:

> "Envió asimismo el rey de Portugal a requerir a Juan de Porras, que tenía la çibdad de Zamora, que le entregase aquella çibdad, e toviese manera con su yerno el mariscal, que tenía la fortaleza, que sela entregase; e prometió de les dar luego una suma grade de oro, e de les facer merced de cierto número de vasallos de tierra de la çibdad, e otras muchas mercedes"[490].

Hemos destacado cómo, en la guerra de Nápoles, la incipiente profesionalización del ejército hace que los militares profesionales adquieran protagonismo. Eso no significa que los nobles no tengan importancia alguna. El propio Fernández de Córdoba es de origen noble, si bien su nacimiento como *segundón* le condena a la categoría de hidalgo, hasta que, por méritos propios, le son concedidos título y rentas. Otros muchos capitanes enviados a la península itálica son hidalgos. Las crónicas no pasan por alto la presencia de nobles locales en el bando hispano-napolitano, así como en el ejército enemigo:

---

[489]   Palencia, A. de, *Crónica... Guerra de Granada*, libro V, p. 145.

[490]   Pulgar, H. del, *Historia de los Reyes Católicos...*, cap. XLI, p. 129.

"A los trece screbí a V.AA. del campo del Gandelo, cómo los electos de Nápoles habían venido a fablar con el Duque de Terranova ... Fueron muchos gentiles hombres antes de acabar los capítulos al campo a visitar al Duque y al camino se salieron a recibir quantos había en Nápoles, y los electos le sacaron las llaves de la cibdad y se las dieron"[491].

Esta carta data del año 1501. Así mismo, no podemos olvidar la importancia del duque de Alba liderando las tropas enviadas al Rosellón, dos años más tarde. Podemos intuir que la presencia de un grande de España, así como del propio rey Fernando que se incorpora más adelante con nuevas tropas, están vinculadas a la proximidad geográfica y a la posibilidad de un desplazamiento por tierra. En cambio, a Nápoles se envía a soldados asalariados, liderados por al Gran Capitán, experimentado militar, del que no se espera ninguna objeción ante el esfuerzo del desplazamiento y la incomodidad de la campaña.

Otra forma en la que se manifiesta la presencia predominante de los nobles es la organización del desplazamiento de las tropas y su distribución en batallas. Así, tanto en la guerra de Portugal como en la de Granada la vanguardia y la retaguardia están siempre reservadas a los *Grandes,* considerados expertos, que cuenten con más tropas. En la guerra de Granada, estos dos puntos clave están con frecuencia reservados para el marqués de Cádiz y el maestre de la orden de Santiago. Así, en 1483, las talas en la Vega de Granada se organizan por *escuadras*, a cuyo frente se sitúa a un noble, como indica Pulgar en su relato:

"E mandó el Rey ordenar las batallas de la gente de armas e de pie en esta manera. Al Maestre de Santiago y el Marqués de Cádiz, e Don Alonso de Aguilar e Luis Hernández Puertocarrero, Señor de Palma, mandó llevar el avanguarda, con las gentes de sus casas. A don Garci Lopes de Padilla, Maestre de Calatrava, e al Conde de Monterrey, mandó yr en otra esquadra. A don Francisco de Estúñiga, con la gente del Duque de Plasençia su padre e del Maestre de Alcántara su hermano, mandó yr en otra equadra. Al Conde de Benalcáçar, e Don Fadrique, dijo del Duque de Alba, mandó que fuesen en otra esquadra. El Duque de Nájera, con la gente de su casa e con la gente de las çibdades de Jahén e de Baeça e Úbeda, mandó yr en otra esquadra. Al Duque de Alburquerque, e a Don Juan de Guzmán, fijo del Duque de Medina Sidonia, mandó yr en otra esquadra"[492].

Además, la convocatoria de tropas sigue siendo una cuestión anclada en los métodos tradicionales. Pese al incremento de tropas profesionales y permanentes,

---

[491]   El Gran Capitán a los Reyes Católicos (1501). Carta número 10, en Rodríguez Villa, A. «Cartas del Gran Capitán. Documentos relativos al mismo... p. XXIII.

[492]   Pulgar, H. del, *Historia de los Reyes Católicos...*, cap. CXLVIII, p. 74.

como las Guardas Reales o la Hermandad, en su mayoría se trata de soldados llegados al frente por llamamiento del rey o de su señor. Las diferentes convocatorias realizadas, especialmente en la guerra de Portugal, indican la temporalidad de la concentración y una clara dependencia de los recursos disponibles en las cercanías. Por ejemplo, cuando el rey Fernando llega a Burgos en 1475 para recuperar la fortaleza, no lo hace con un ejército completo, sino que *envió llamar gente de pie de toda aquella tierra de la comarca, e de las montañas[493]*. Frente a esta convocatoria, con aires de improvisación y falta de preparación, aparece un ejército portugués organizado, equipado y suministrado de fondos que provienen del oro y el comercio de Guinea.

Pese a la organización de la que hacen gala los portugueses, las crónicas señalan aspectos que invitan a pensar que, incluso un ejército más avanzado que el castellano, es también una hueste medieval al uso. Pulgar señala cómo en Zamora, en el año 1476, *la multitud de peones que el rey de Portugal traía, más era vulgo desordenado que gente dispuesta para pelear, e que la desorden e cobardía que gente dispuesta para pelear, e que la desorden e cobardía de los semejantes suelen muchas veces dar causa al vencimiento e caía de su mesma hueste[494]*.

Si nos trasladamos a Granada, parece una opinión generalizada entre los diferentes autores que, pese a las transformaciones aplicadas al aparato militar en esta guerra, el ejército sigue siendo una hueste medieval típica. Quizás sobredimensionada, pero no muy diferente a otras convocadas en conflictos anteriores. Por ese motivo, debemos esperar a las guerras de Nápoles y el Rosellón para asistir a una transformación en profundidad. En la hueste convocada en Granada, la alta nobleza sigue ocupando un papel central, lo cual no difiere mucho de lo encontrado en las tropas enemigas, consideradas un ejército desfasado y anclado en la Edad Media[495]. Estas últimas, menos adaptadas a los cambios técnicos que se están imponiendo, pierden la

---

[493]   Pulgar, H. del, *Historia de los Reyes Católicos...*, cap. XLVII, p. 151.

[494]   Idem, cap. LVII, p. 188.

[495]   El ejército granadino es muy similar al castellano, excepto por la artillería disponible. El Emir cuenta con unas fuerzas estimadas entre 4.000 y 7.000 caballeros y 10.000 soldados de a pie. Cuenta con tres guarniciones provinciales o *Makhzan* situadas en Ronda, Málaga y Guadix. Las ciudades designadas como centros de comandancia *Shiya Khassa* están bajo las órdenes de un *qáid* real. Las tropas incluyen cristianos convertidos al islam o *murtaddin*. Otras provincias también cuentan con protección del ejército, *Jund*, con divisiones de 1.000 hombres dirigidos por un *ráis*, que funcionan de un modo similar a las levas concejiles castellanas. También hay otros tipos de tropas que aparecen bajo convocatoria en tiempos de crisis como los *Ramat*, una quasi-milicia compuesta por arqueros y arcabuceros, o los *Murabit* o fraternidades religioso-guerreras. Así mismo cuentan con importantes grupos de mercenarios como los *Ghumára* (Gomeres) marroquíes. Las mejores unidades de caballería sirven bajo el mando del jefe de los guerreros magrebíes *Shaykh al-ghuzat al-magharib*. La alta nobleza, como en Castilla, controla plazas amuralladas y cuenta con ejércitos independientes. Destacan dinastías como los *Ibn al-Sarrej*

guerra. Pese a ello, cuentan incluso con factores organizativos que van por delante de las castellanas, como una menor dependencia de sus nobles, lo que incide aún más en la idea de que Castilla es aún una potencia militar fundamentalmente medieval[496].

Tanto en Nápoles, como en el Rosellón, los cambios aplicados incluyen una multitud de aspectos, entre los que destaca la composición de los efectivos del ejército real. Se transforma la tipología de los combatientes, su armamento y se promueve un uso combinado de este. Cambia la organización de la guerra, de los combates y de los medios de defensa estática. Los recursos navales se emplean de un modo mucho más intenso. Y todo es regulado por ordenanzas y normas nuevas, precisas y eficaces[497].

Pese a ello, no debemos pensar que el proceso de profesionalización del ejército, que resulta evidente en la guerra de Nápoles, no está exento de elementos de corte tradicional. Como ya hemos comentado, las tropas enviadas a Italia a cargo del Gran Capitán están compuestas por soldados de profesión. Los capitanes enviados son, bien hidalgos que buscan hacer carrera -como el mismo Fernández de Córdoba-, o soldados que han conseguido una promoción. Pero, hasta cierto punto, este ascenso se produce gracias al sacrificio que supone el desplazamiento y la lucha en un reino lejano. De forma casi paralela, en el Rosellón, situado mucho más cerca de la península ibérica, las tropas son capitaneadas por un grande o por el propio rey:

"Y el Rey de España y el Duque de Alba con toda su gente allegaron a Salsás"[498].

De forma similar, en Nápoles, el Gran Capitán no duda en poner al mando de tropas desplazadas a algún noble, cuando él no está presente:

"De cómo el Gran Capitán envió al Marqués del Gasto sobre el castillo de Salerno"[499].

Así mismo, tampoco se duda en convocar una hueste al más puro estilo medieval cuando las tropas profesionales y mercenarias son insuficientes o no han llegado aún a su destino:

(Abencerrajes), *Banu Ashqulula, Mufarrij* o *Abd al-Barr.* Cook Jr., W.F., «The cannon conquest of Nasrid Spain and the end of the Reconquista…, p. 265.

[496]   La limitada militarización de Granada se remonta al siglo XI según la memoria del Emir Abd Alláh, y se origina a partir de la *reforma militar de Almanzor* que, para reducir el poder de los nobles, elimina el reclutamiento tradicional. Este se repartía entre grupos y mantenía su formación por familias, linajes y clases. Es sustituido por contingentes bereberes nuevos que no deben vasallaje a ninguna familia noble y que pasan a formar parte del ejército del Emir. Viguera Molins, M.J., «La organización militar de Al-Andalus …, p. 46.

[497]   Ladero Quesada, M.Á., *Ejércitos y armadas de los Reyes Católicos: Nápoles y el Rosellón…,* p. 115.

[498]   «Libro segundo de la conquista del reino de Nápoles…, cap. XCIX, p. 199.

[499]   Idem, cap. LXXXIII, p. 172.

"El Gran Capitan, necesitado de gente ... viendo que tardaban los alemanes que habían enviado a pedir al emperador Maximiliano, determinó de buscar gente por todas maneras ... envió a Roma una patente del Rey Católico, en que mandaba a todos los españoles caballeros y del pueblo que en Roma hubiese ... so pena del que lo contrario hiciere se procediese contra él"[500].

c) Limitaciones logísticas

Una de las grandes diferencias entre las huestes medievales y los ejércitos modernos es la sistematización y perfeccionamiento de un aparato de abastecimiento logístico. Dado el elevado número de efectivos que se manejan en las guerras de Portugal y Granada, la logística fue, sin duda, una preocupación constante y uno de los aspectos que más evolucionó. En la guerra de Nápoles, además, se suma el factor de la distancia. Aunque las cifras que se manejan en esta guerra no son tan abultadas como las de Granada, lo cierto es que el aparato logístico marítimo desplegado para suplir a las tropas desplegadas en Italia no tiene precedente en los reinos hispanos. De hecho, es en las guerras de Italia y el Rosellón donde se sistematiza de forma eficaz el abastecimiento logístico de las tropas, especialmente por mar[501].

Sin embargo, el inaudito esfuerzo marítimo realizado en Nápoles no garantiza la ausencia de dificultades logísticas. Esto es especialmente cierto para las tropas desembarcadas, como se indica en el cerco de cincuenta días llevado a cabo para tomar la isla de la Caphalonia:

"Después que el glorioso vencimiento el Gran Capitán hubo en la presa de la Caphalonia sobre la cual puso gran trabajo e industria, estando en el cerco cincuenta días de los meas trabajosos de invierno ... de sola hambre se caían muchos de ellos muertos, y faltándoles la carne comían las bestias del ejército, así asnos como caballos y otros animales, haciendo de los crudos cueros calzado para los pies, allegó la gente del ejército en tan extrema necesidad de hambre, que faltándoles los caballos y las otras bestias comían los ratones y las yerbas y otros muchos majares de esa calidad y bebían agua"[502].

Aunque la logística de la guerra de Nápoles puede considerarse propia de un ejército moderno, lo cierto es que el esfuerzo bélico realizado en la guerra de

---

[500]   «Libro segundo de la conquista del reino de Nápoles..., cap. LXXIX, p. 105.

[501]   A este respecto cabe destacar lo que Ladero Quesada denomina el "Puente naval" establecido entre 1495 y 1504 entre el territorio peninsular y estas guerras, en el que participaron cientos de barcos, más las armadas estacionales fletadas para su protección. Ladero Quesada, M.Á., *Ejércitos y armadas de los Reyes Católicos: Nápoles y el Rosellón...*, p. 122.

[502]   «Libro segundo de la conquista del reino de Nápoles..., Cap. XXXVIII, p. 104.

Portugal y especialmente en la de Granada es remarcable. Así mismo, las constantes referencias a ese esfuerzo que aparecen en las crónicas sugieren un importante y creciente cambio en su organización.

A este respecto, conviene destacar la ineficaz -y hasta cierto punto inexistente- planificación en los primeros momentos de la guerra de Portugal. Situación que, sin duda alguna, fue corregida con rapidez, mejorando su eficiencia en muy pocos años.

Destaca el comentario que hace Palencia en los primeros momentos del conflicto, sobre la eficiencia de los portugueses al respecto.

> "El fracaso del regreso del ejército hacía temer numerosos daños para el rey D. Fernando, al paso que las grandes riquezas del portugués y la abundancia de víveres de que disponía permitían esperar un acrecentamiento, cada día más considerable, de su poderío, pues contaba con provisiones bastantes para alimentar todas las tropas sacadas de Portugal"[503].

El ejército de Alfonso V es menos numeroso que el castellano, pero cuenta con unas tropas más ordenadas y mejor pagadas, gracias al tesoro y el comercio con el golfo de Guinea. Además, cuenta con poderosos apoyos en Castilla[504], que incluyen grandes fortunas, como la del arzobispo de Toledo -segunda renta del reino-, el marqués de Villena o el conde de Cabra. Y, pese a ello, también se ve incapaz de mantener el asedio a Zamora de 1476, por problemas de abastecimiento:

> "el Rey de Portogal e la gente de su hueste, no podiendo sufrir más la estada en aquel lugar, así por la fortuna del tiempo, como por la falta de los mantenimientos, acordó de partir de allí e volver para la çibdad de Toro[505].

No obstante, podemos generalizar que la logística del ejército portugués se muestra bastante avanzada para los cánones medievales. Su eficacia a la hora de abastecerse contrasta con la falta de preparación del ejército castellano que, a priori, podría considerarse más sencilla, por no desplazarse tan lejos como su enemigo. Esta circunstancia genera preocupación, como refleja Palencia. En su relato critica el mal uso que se hace de los recursos económicos para la guerra, por parte del bando castellano.

> "El fracaso del citado reto obligó a disponer el regreso de las tropas, así porque sufrían mucho a causa de la escasez de víveres, como porque la multitud enemiga de Grandes

503   Palencia, A. de, *Crónica...* Década tercera, libro III, cap. V, p. 211.

504   Belenguer E., *Fernándo el Católico: Un monarca decisivo en las encrucijadas de su época...*, p. 105.

505   Pulgar, H. del, *Historia de los Reyes Católicos...*, cap. LXIV, p. 207.

como causante de tales apuros ... Esta crecía con los incesantes rumores y acusaciones del vulgo; el estipendio militar era ya insuficiente a causa de las sumas en vano gastadas; la caballería tenía las más veces que buscarse por sí misma los alimentos y los infantes se contentaban con pan solo, por no perecer de hambre. De aquí los temores de numerosas sediciones"[506].

Este contexto lleva a los portugueses que ocupan Toro a aprovechar su ventaja. De esta forma, evitan una batalla campal -que sí buscan los castellanos-, o un combate singular, como propone el rey Fernando.

Del mismo modo que los portugueses abandonan su cerco a Zamora, los castellanos se ven obligados a levantar el suyo a la ciudad de Toro, dado que tampoco son capaces de abastecer a sus tropas adecuadamente:

> "Visto ya que el enemigo rehusaba el combate general o singular, el rey D. Fernando mandó repentinamente dar la señal de regreso ... La extraña marcha produjo turbación entre las tropas; pero empezaron a consolarse con la esperanza de poder alimentarse mejor, y cuando pasaron del punto en que ya no era posible el ataque al enemigo, la hambrienta multitud se dio a recorrer la tierra en varias direcciones, sin que nadie se lo estorbase ...".

El caso de Toro muestra una falta de previsión logística más propia de las guerras medievales. En estas guerras, dado el reducido número de efectivos y la brevedad de los ataques –cabalgadas, incursiones, etc.-, plantear un aparato logístico sistemático carece de sentido, ya que las tropas pueden sustentarse con lo que encuentran sobre la marcha. Sin embargo, en este momento, con cifras mucho más elevadas, esa falta de previsión conduce al fracaso en el intento de hacer capitular la plaza. Toro representa un punto de inflexión a partir del cual los castellanos comienzan a planificar el modo de abastecer tan numerosas tropas. Así, en la guerra de Granada, con un número de tropas que fácilmente duplica las utilizadas en la guerra de Portugal, no vuelve a repetirse un episodio como el experimentado en este momento. El cerco de Málaga, con una duración de unos tres meses, o el de Baza, cercano a los nueve meses y en terreno escarpado, son muestras de la innegable mejora de la intendencia castellana.

Llegada la guerra de Nápoles, la eficacia logística de las tropas españolas es encomiable. Los barcos salen de puertos como Málaga y Cartagena con regularidad, para abastecer al ejército y armada desplazados. Como hemos mostrado, sigue habiendo algunas limitaciones y carencias, pero el avance en esta materia es evidente. Pese a

---

[506]　Palencia, A. de, *Crónica...* Década tercera, libro III, cap. VI, p. 215.

ello, las dificultades y limitaciones del transporte marítimo hacen que el apoyo del reino napolitano resulte esencial. Así se muestra, por ejemplo, en el cerco realizado a la ciudad de Capua, en el que el rey Federico ordena la construcción de un puente sobre el río local, con el único propósito de facilitar el abastecimiento de las tropas:

> "el Rey D. Federico ... por tener el ejército más abastado de provisiones y vituallas que no la tuviera estando de la otra parte a vía de Roma ... mandó hacer una puente en el río para dos efectos, el uno porque por aquella puente pasase la gente a combatir la ciudad y el otro para que por allí se pasasen los bastimentos que de las tierras de la otra parte del río estaban a la parte del campo"[507].

La medida, lejos de ser excepcional, es replicada por el ejército francés, que hace lo propio construyendo un puente de madera que garantice la llegada de vituallas a dicha ciudad de Capua:

> "los franceses corrían hasta dentro a las puertas de Nápoles, y así llevaban provisiones de todos aquellos lugares para su campo, donde son pan y carne y frutas ... monsiur de Aubegni ... porque más abasto viniesen las vituallas de la otra parte del río y no fuesen estorbadas de los de la ciudad de Capua, mandó hacer una puente de madera, media milla sobre la ciudad"[508].

La eficacia del aparato logístico está íntimamente relacionada con la capacidad para financiar la campaña. A este respecto, como ya hemos indicado, los Reyes Católicos hacen un gran esfuerzo por desarrollar y sistematizar un aparato fiscal que financie la guerra de Granada. Ese sistema se perfecciona durante la guerra de Nápoles, para la que ya no se cuenta con fuentes de financiación extraordinarias, como la bula de cruzada, de las que sí se benefician en Granada. Por el contrario, tan solo un cuarto de siglo antes, en la guerra de Portugal, el sistema es poco menos que inexistente. Por ese motivo, se recurre a métodos excepcionales. Por ejemplo, en el año 1475 se requisa la plata de las iglesias para financiar la campaña contra la invasión portuguesa[509]. La crónica de Pulgar muestra cómo incluso el ejército portugués, con más recursos financieros que el de los Reyes Católicos, depende excesivamente de los esfuerzos realizados por los nobles que apoyan su causa:

> "Para la qual entrada, así él (rey de Portugal) como los que con él venían fizieron muchos gastos e costas, por se fornecer de arreos de guerra lo mejor que cada uno pudo.

---

507 «Libro segundo de la conquista del reino de Nápoles..., Cap. XXIII, p. 84.

508 Idem, cap. XXIV, p. 85.

509 Pulgar, H. del, *Historia de los Reyes Católicos...*, cap. XLV, pp. 144-145.

Para lo qual unos vendieron sus patrimonios, otros empeñaron sus rentas; de tal manera que todo quanto pudieron truxeron a Castilla para servir al rey de Portugal en la prosecución de aquesta requesta"[510].

d) Temporalidad y estacionalidad de las campañas

A diferencia de los ejércitos profesionales de época moderna, los ejércitos medievales se reúnen con carácter temporal. Esa temporalidad guarda relación con la limitada capacidad logística de las huestes medievales. Con frecuencia, estos ejércitos dependen de lo que encuentren en territorio enemigo para abastecerse, siendo incapaces de organizar la llegada periódica y puntual de vituallas. En estas circunstancias resulta imposible alargar demasiado una campaña. Como ya hemos indicado en el apartado anterior, Castilla experimenta dificultades en la guerra de Portugal, pero mejora significativamente este aspecto en la guerra de Granada. Esas mejoras ayudan a sistematizar el aparato logístico, lo que permite una campaña de varios años de duración y a larga distancia como es, en esencia, la guerra o guerras de Nápoles.

Las limitaciones logísticas, no obstante, no son las únicas causas de la temporalidad de las campañas. También hay múltiples razones estratégicas, siendo la principal evitar el riesgo de una reacción armada por parte del enemigo[511]. Es decir, la brevedad de la campaña se vincula directamente al factor sorpresa del ataque.

La propia naturaleza de la hueste medieval también tiene que ver con la limitación temporal. Los ejércitos del medioevo se forman por la adhesión de facciones de diverso origen, que sirven por diferentes motivos y que raramente se dedican profesionalmente a la lucha armada. De este modo, las mesnadas señoriales y las milicias concejiles están compuestas por hombres que acuden a la convocatoria abandonando sus obligaciones laborales y familiares. Esta llamada, en caso de prolongarse, atenta directamente contra las bases económicas del reino, al paralizar la actividad cotidiana.

La convocatoria de Granada se basa, desde un principio, en el alistamiento de milicias y contingentes llevados a cabo por los concejos, nobles y prelados, siendo algo limitada la presencia de jinetes y contingentes enviados por la Casa Real que

---

[510]   Pulgar, H. del, *Historia de los Reyes Católicos...*, cap. XXXVII, p. 120.

[511]   García Fitz F., *Castilla y León frente al Islam: Estrategia de expansión y tácticas militares (Siglos XI-XIII)*, Universidad de Sevilla, secretariado de publicaciones, Utrera (Sevilla), 1998, p. 207.

podríamos considerar profesionales. Entre estos, destacan por su labor los especialistas y mercenarios encargados de la artillería y armas de fuego portátiles[512]. Este sistema de convocatoria cambia con las guerras de Italia. Pasa a ser centralizado y controlado exclusivamente por la Corona, en un principio solo en Castilla y, con el tiempo, en Navarra y Aragón. Requiere una amplia disponibilidad de dinero en metálico y una organización profesional. Se convierte en el modelo paradigmático de la monarquía hispana del siglo XVI[513].

A estos motivos que condicionan la duración de la campaña se les une otro tan importante o más, ya que determina las fechas de los ataques, en función del clima y el calendario agrícola: la estacionalidad[514].

Este es un aspecto de fácil reconocimiento en las crónicas. Así, se distingue la planificación de la guerra de Granada en campañas y se aprecia un parón en las actividades bélicas durante el invierno. En el caso napolitano no se aprecia estacionalidad, probablemente por motivos relacionados por el desplazamiento de las tropas y la necesidad de continuar la guerra hasta un desenlace, sin opciones de regreso a la península ibérica entre campañas. Además, los soldados desplazados son asalariados que cobran por campañas completas en pagas mensuales, independientemente de la estación del año. Y tampoco podemos descartar el escenario en el que se llevan a cabo los enfrentamientos, como una causa esencial de esta característica. Al igual que ocurre con la guerra de Portugal que tiene lugar en suelo castellano y a diferencia de la de Granada que tiene lugar en suelo enemigo, la de Nápoles tiene lugar en suelo de un reino que forma parte de la corona de Aragón. Por ese motivo, realizar talas que mermen su capacidad económica y la supervivencia de sus habitantes -como se hace en Granada- no parece una opción factible. No quiere esto decir que no se realicen asedios y se busque presionar a las plazas con carencia de alimentos y agua, pero no necesariamente diezmando la futura capacidad productiva del reino.

Volviendo a la guerra de Portugal y a modo de ejemplo, Ruy de Pina cuenta cómo el rey de Portugal pasa el invierno en Zamora, dejando otros planteamientos bélicos para más tarde: "El-Rei D. Affonso como disse veio inverna a Çamora"[515].

En Granada se menciona la estancia de los Reyes Católicos en Sevilla durante el invierno, planeando la futura campaña de Ronda, tras los éxitos obtenidos en la campaña anterior con la toma de Alora y Setenil, en 1484.

---

[512]   Ladero Quesada, M.A., *Castilla y la conquista del Reino de Granada...*, pp. 105-164.

[513]   Tallett, F., *War and society in Early-Modern Europe, 1495-1715*. Routledge, Londres, 1995, p. 73.

[514]   García Fitz, F., *Ejércitos y actividades guerreras en la Edad Media Europea...*, p. 11.

[515]   Pina, R. de, *Chronica de El-Rei D. AlffonsoV...*, cap. CLXXXIV, p. 87.

"Pareciole sin embargo, que se había hecho ya bastante en aquella estación con la toma de dos villas en situación muy ventajosa ... Acusaban a D. Fernando por haber desaprovechado para hacer la guerra las facilidades que ofrece el mes de septiembre"[516].

Con este relato de Palencia queda clara la relación entre el carácter estacional de las campañas y el clima, dado el reproche de algunos nobles por no aprovechar el mes de septiembre. Pulgar se refiere a esa misma campaña de 1486 e indica como motivación para la citada toma de Setenil *porque el tiempo de verano duraba, para poder estar gente en el campo, acordaron en su Consejo el Rey e la Reyna de no dexar para el tiempo sin fazer otra entrada, e poner sitio sobre alguna villa de moros*[517].

No obstante, en la guerra de Granada asistimos a un cambio de tendencia claro a partir de 1485. Si hasta entonces las campañas como Alora y Setenil habían tenido lugar en verano, en Ronda la campaña se realiza en invierno[518]. Es cierto que antes de Ronda se habían producido enfrentamientos en los meses invernales. Sin ir más lejos, la toma de Zahara por parte del ejército granadino y la de Alhama por parte del marqués de Cádiz -ataques que encienden la mecha del conflicto-, se producen en invierno. Sin embargo, la caída de estas plazas responde a ataques por sorpresa que, precisamente, confirman la estacionalidad de las guerras. El hecho de que esas plazas cayeran con suma facilidad demuestra la falta de previsión, por considerar improbable una campaña bélica en esa época del año. Ronda, en cambio, sugiere la determinación de una campaña que se impone a las dificultades climáticas. Circunstancia que vuelve a manifestarse en posteriores campañas, como en la prolongación del cerco a Baza o el asedio final a la capital.

Sin duda, las desventajas de un ataque en época de frío, nieve o lluvia motivan la elección de un periodo del año concreto. Pero hay un factor igualmente decisivo, que se explica en las crónicas con respecto al cerco de Baza:

"Dispuesto todo esto ... para el sitio, resolvió aplazarle hasta el próximo verano, a fin de privar más completamente de alimentos a toda aquella región con una sola tala de las cosechas"[519].

Pensemos en la estrategia que se esconde tras esta decisión. Un ataque durante el invierno supone no solo sufrir las inclemencias de frío en la incomodidad

516   Palencia, A. de, *Crónica... Guerra de Granada*, libro IV, p. 133.
517   Pulgar, H. del, *Historia de los Reyes Católicos...*, cap. CLXI, p. 126.
518   Suárez, L., *Fernando el Católico...*, p. 170.
519   Palencia, A. de, *Crónica... Guerra de Granada*, libro IX, p. 218.

del real, sino también un prolongado cerco a una ciudad, que se ha provisto de alimentos con la recogida de las cosechas a final de verano. En cambio, un cerco a principios de verano supone un mejor clima para el atacante, así como una capacidad de resistencia limitada por parte de una ciudad que está agotando sus existencias, tras haberlas consumido durante el invierno. A eso se le añade el hecho, como bien indica Palencia, de poder acabar con la nueva cosecha con una simple tala.

La frecuente aparición de talas en el relato de la guerra de Granada y la relación con la estacionalidad probada en el relato de Palencia tienen, sin duda, un impacto importante en el modo en el que se desarrolla la guerra. De hecho, el final de las talas suele marcar el final de la campaña. Pulgar refleja esta costumbre en su crónica. Relata cómo, tras el verano de 1483, *el Rey vino a Córdoba, e como llegó a la çibdat, mandó pagar el sueldo a la gente de armas, e los jornales a los taladores, e a todas las otra gentes que fueron con él, e mandolos despedir*[520].

Además de las razones puramente estratégicas, es importante no desestimar, como causa de la estacionalidad, el terrible impacto que puede tener el clima en un ejército en campaña. Las tropas desplazadas no cuentan en sus reales con las comodidades de poblaciones y fortalezas, lo que las convierte en potenciales víctimas de temperaturas extremas. Así, cuando el 23 de diciembre de 1489 se hace alarde de tropas tras la toma de Almuñécar[521], se muestra un elevadísimo número de bajas a causa del frio y de las tormentas:

> "Alarde ... 20.000 habían muerto ... 17.000 sucumbieron de resultas de varias dolencias, del rigor del frío y de las tormentas que sucedieron a los grandes calores".

Si nos fijamos en los números y dejando al margen la posible exageración del cronista, vemos que, de un total de 20.000 bajas, 17.000 son ocasionadas principalmente por un clima adverso. Estas cifras pueden llevarnos a la conclusión de que el clima puede resultar el peor enemigo de un ejército en campaña. Razón más que suficiente para entender el carácter temporal y estacional de las campañas medievales.

---

[520]   Pulgar, H. del, *Historia de los Reyes Católicos...*, cap. CXLIX, p. 80.

[521]   Aunque las crónicas estudiadas no recogen la fecha precisa, esta si se refleja en otros documentos, algunos con repercusión internacional, como el presentado por Raúl González Arévalo de la cancillería de los Sforza en Milán. González Arévalo, R., «La rendición de Muhammed XII Al-Zagal y la estrega de Almería en un documento de la cancillería de los Sforza de Milán (1489)», en *Chronica Nova. Revista de Historia Moderna de la Universidad de Granada*, Vol. 39, Granada, 2013, pp. 335-346.

e) Persistencia de las tácticas y armas tradicionales

La guerra y la sociedad de finales del siglo XV y comienzos del XVI están cambiando. Es fácil afirmarlo si prestamos atención a determinados aspectos. Pero esos cambios ni son rápidos ni son tan amplios como pueda parecer en un primer momento. Afectan principalmente a algunas cuestiones de organización de campañas de ataque pero, en general, la defensa sigue siendo similar a la desarrollada a lo largo de los siglos anteriores. Así, permanecen vigentes costumbres militares medievales, tales como los alardes generales periódicos, la celebración de juegos para fomentar el entrenamiento de caballeros o como práctica de tiro para ballesteros y espingarderos o la distribución por parroquias de los turnos de guardia de las murallas de una plaza[522].

A nivel táctico y estratégico, la situación tampoco varía tanto como cabría esperar. La guerra de Granada, en su segunda mitad, supone un avance por la incorporación de la artillería a los cercos, pero sigue tratándose, básicamente, de asedios típicos que buscan acabar con una capitulación, a veces por hambre -caso de Málaga- o por sed -caso de Ronda-. Si bien es cierto que las lecciones aprendidas durante esta guerra de Granada sientan las bases de los posteriores cambios de los ejércitos impulsados por los Reyes Católicos[523].

Los tipos de combate tampoco varían mucho. Las cabalgadas y escaramuzas siguen repitiéndose y son un modo de enfrentamiento permanente en la guerra de Granada. La novedosa guerra naval, durante ese conflicto, no es más que una extensión en el mar de esa táctica, a la que las crónicas se refieren como *cabalgadas marítimas*. Incluso el marco en el que se justifica un conflicto o se determina su marco institucional apenas ha cambiado. Si bien la reina Isabel, como autoridad femenina, representa un cambio evidente en la forma de concebir la autoridad, en los albores de la guerra de Portugal el rey Alfonso V propone poner a doña Isabel y a doña Juana *en tercería*, mientras el asunto es resuelto entre varones en el campo de batalla[524].

---

[522]   Aparte de los alardes antes de una campaña o los alardes intimidatorios junto a una plaza cercada, en tiempos de paz solían realizarse dos generales que tenían lugar el 24 de junio día de San Juan y el 9 de septiembre día de San Miguel. Ladero Quesada, M.Á., *Ciudades de la España medieval: Introducción a su estudio...*, pp. 99-102.

[523]   Rodríguez Hernández, A. J. y Mesa Gallego, E. de, «Del Gran Capitán a los tercios...», p. 147.

[524]   Val Valdivieso, M.I. del, «La Reina Isabel en las crónicas de Diego de Valera y Alonso del Palencia...», p. 76.

Hemos insistido en la importancia que adquiere el uso de la artillería y su impacto en la estrategia militar. Cambios que sugieren un planteamiento guerrero más propio de época moderna. Sin embargo, en la guerra de Granada y especialmente en la de Portugal, se utilizan mayoritariamente armas tradicionales y el desarrollo táctico del conflicto responde a los patrones imperantes hasta la fecha y conocidos por los mandos militares. Sí conviene diferenciar, no obstante, entre Portugal y Granada. En el primer caso la artillería tiene un uso mucho menor, pese a su importancia en casos concretos, como la toma de la fortalezas de Burgos y Zamora. Mientras que en Granada su uso es mucho más generalizado y provoca rendiciones más rápidas, a causa del miedo que provoca a los sitiados, sin necesariamente agotar sus reservas de alimentos o agua. El caso de Nápoles es diferente. En esta guerra sí aparecen nuevos planteamientos tácticos, más allá de la incorporación masiva de artillería. Ya hemos comentado cómo los cambios implementados por Gonzalo Fernández de Córdoba sientan las bases de los futuros tercios que dominarán la Europa de la Edad Moderna. También se incorporan nuevas armas. Hemos dicho que esos cambios resultan clave para entender la victoria aplastante contra el ejército francés, numeroso y bien equipado, pero anclado en tácticas del pasado. Y aunque estos cambios en el ejército español se producen con inusitada rapidez, eso no significa que no tenga características aún propias de una fuerza medieval. De esta forma, ya hemos hablado del asedio llevado a cabo en la isla de la Caphalonia. En las crónicas se muestran otros enfrentamientos típicamente medievales como incursiones, duelos y emboscadas:

> "(el Gran Capitán) ... envió al capitán Pizarro y a Tristán de Huerte y al coronel Villalba con doscientos hombres de armas ... y viniéronse a poner en el mismo paso, encubiertas por donde los franceses acostumbraban a venir ... los españoles se emboscaron en un valle que está entre las viñas y la marina"[525].

Otro de los aspectos que hemos destacado, vinculado a la modernización de los ejércitos, es la creciente importancia de la infantería, que discurre paralela a la pérdida de protagonismo de la caballería. Efectivamente, en las crónicas se aprecia una evolución en la proporción caballería/infantería. Esta ratio, muy superior en la guerra de Granada con respecto a la de Portugal, se eleva aún más en Nápoles. La razón inicial de este aumento en Italia puede considerarse accidental, ya que las limitaciones del desplazamiento y el carácter profesional de las tropas enviadas hacen que prevalezca la infantería. Pero lo cierto es que su eficacia en este conflicto

---

[525]   «Libro segundo de la conquista del reino de Nápoles...», Cap. XCVII, p. 193.

facilita que se su preponderancia se convierta en tendencia a partir de ese momento, incluso en los futuros conflictos en la península ibérica.

Pese a ello, la caballería sigue ocupando un lugar privilegiado en estas guerras y su importancia dista mucho de desaparecer. Un ejemplo evidente de esta característica persistente es la batalla de Albuera, en 1479, que pone fin a los intentos de invasión portuguesa. La descripción de Bernáldez no deja lugar a dudas sobre el protagonismo de la caballería en el enfrentamiento:

> "pelearon fasta que del todo los portugueses fueron desbaratados, e el Maestre ovo la victoria de esta batalla, e el Obispo de Ébora e los portugueses fueron vencidos e desbaratados e fueron muchos feridos e muertos e presos, aunque como toda era gente de guerra e iba armada, pocos murieron; que lo que se pudo saber luego, allí no murieron sino treinta escuderos de los portugueses, e fueron presos más de trescientos hombres, y de los del Maestre, en lo que se pudo saber, fueron muertos diez hombres o pocos más, e pocos feridos. Aquí no pelearon peones ningunos, sino de caballeros a caballeros lo ovieron, e como estaban muy armados, ovo pocos muertos para según la pelea fue, que duró gran rato"[526].

En cuanto a la guerra de Nápoles, llama la atención la diferencia en la proporción de infantes a hombres de armas entre el ejército español y el francés, siendo muy superior en el primero. En las tropas del Gran Capitán es habitual encontrar una relación de 10 a 1, a la que se llega de forma progresiva. No obstante, no faltan episodios en los que esta proporción está lejos de alcanzarse:

> "D. Diego de Mendoza, D. Iñigo López de Ayala y el capitán Pizarro estaban aposentados con ciento y cincuenta hombres de armas y trescientos infantes ..."[527].

Una de las tácticas que perduran es la toma por sorpresa de un recinto amurallado mediante el uso de *escalas*. Encontramos casos en las tres guerras estudiadas, aunque son más frecuentes en la guerra de Portugal y mucho menos en la de Nápoles. Así, por ejemplo, vemos el intento fallido de hacer lo propio en Toro, donde se cree posible en las partes de la muralla desprovistas de defensas naturales.

> "Confiados en las promesas de algunos, creyeron fácil apoderarse de Toro si en sus repentinos ataques lograban aplicar las escalas a la parte de las murallas desprovistas de defensa de la naturaleza o del arte"[528].

---

[526]   Bernáldez, A., *Historia de los Reyes Católicos...*, cap. XXXVII, p. 594.

[527]   «Libro segundo de la conquista del reino de Nápoles..., Cap. XLI, p. 107.

[528]   Palencia, A. de, *Crónica...* Década tercera, libro III, cap. XXVII, p. 304.

El intento falla. Aun así, cuando la ciudad cae no lo hace a causa de la artillería ni de un prolongado cerco, sino por otra incursión por sorpresa. Un grupo de hidalgos castellanos consigue introducirse a través de un pequeño agujero en la muralla, mostrado por un pastor local. Una vez dentro abren las puertas, dando paso al ejército para combatir en las calles. De esta forma consiguen controlar la plaza con rapidez.

La crónica de Pulgar destaca el uso de escalas en la toma de la fortaleza de Castronuño, por ser uno de los primeros casos mostrados en los que se combina su uso con el de la artillería para cubrir a los escaladores:

"con gran ánimo llegaron a poner las escalas al muro, las quales puestas, los de dentro no podían facer grande resistençia, por el grand número de artillería e vallesteros que tiraban al muro, tantos que dexavan estar ninguno en él para lo defender[529].

En cualquier caso, este episodio es casi excepcional. Por lo general, el uso de escalas aparece con nocturnidad, con objeto de pasar inadvertidos y sorprender al enemigo mientras descasa. Son siempre ataques rápidos y muy limitados en número, que tratan de situar a unos pocos soldados en el interior del recinto, para darles la oportunidad de abrir la puerta de acceso.

Si nos centramos en la guerra de Granada, podemos decir que este tipo de ataque está vinculado al origen mismo del conflicto. La razón es que la toma de Alhama, por parte del marqués de Cádiz -suceso que desencadena la guerra- es llevada a cabo de esta forma. Vemos otro intento en el castillo de Gibralfaro, Málaga, en 1487. Este no llega a materializarse a causa de una tormenta que hace que los soldados se pierdan en el camino.

"D. Fadrique de Toledo ... confiado en las divisiones de Granada ... creyó cosa facilísima arrimar las escalas a medianoche al castillo"[530].

En la guerra de Nápoles hay pocas menciones a este tipo de práctica, lo cual no significa que no se dé. Encontramos un ejemplo que se adapta perfectamente al patrón de nocturnidad y sorpresa en la toma de la villa de Toja, por parte de tropas de infantería españolas e italianas:

"El capitán Ariarán luego movió de Mafredonia con cuatrocientos infantes españoles e italianos ... salió de allí a dos horas de la noche y ... aderezó sus escaladores ... se

---

529   Pulgar, H. del, *Historia de los Reyes Católicos...*, cap. LXXXV, p. 298.
530   Palencia, A. de, *Crónica... Guerra de Granada*, libro VII, p. 175.

allegaron al muro y echaron las escalas, y pocos a pocos subieron todos, sin que fuesen sentidos de parte alguna"[531].

En otras ocasiones, la vigilancia es constante y resulta imposible intentar atacar por la noche sin ser vistos. Ese suele ser el caso de ataques a poblaciones de importancia o ya cercadas, como el mencionado caso de Toro en la guerra de Portugal o el de Zahara en la guerra de Granada, que también relata Palencia[532]:

> "...se notaban indicios de la escasez de alimentos ... se provocaba con frecuencia alargadas escaramuzas a la mitad de los guardias ... el 26 de octubre de 1483 se ocultó con otros nueve soldados escogidos en las cavernas que formaban las rocas al pie de las murallas ... otros diez de caballo acercándose rápidamente a los moros los retraen en escaramuza mientras el resto de la guarnición atendía a la custodia de la puerta de la villa ... debían arrimar las escalas a la otra parte de la población por donde los moros no temían ser atacados".

En estos casos, los ataques no buscan discreción total, sino sorpresa, a través de la rapidez de la acción. En algunos incluso se busca distraer al enemigo en un flanco, mientras se ataca de forma súbita e inesperada en otra parte del muro menos vigilada, por considerarse inexpugnable.

El desarrollo de la artillería permite, especialmente en Granada, concentrarse en la destrucción de puntos débiles de las murallas. Con esta acción se busca abrir brechas que puedan ser utilizadas para tomar la plaza por la fuerza. Sin embargo, estos ataques raramente tienen éxito en plazas de importancia, que suelen contar con murallas mejor adaptadas para resistir los impactos. La artillería parece ser usada más por su efecto psicológico que por su efecto destructor. El uso de pellas incendiarias y de munición de piedra lanzadas en parábola al interior sugiere un uso orientado a provocar una rápida rendición, más que a una toma por la fuerza. Idea que gana impulso a medida que avanza el conflicto y que parece omnipresente en la segunda mitad del mismo, tras las voluminosas inversiones en artillería ordenadas por los reyes.

Por otro lado, en la guerra de Portugal, con menor potencia de fuego disponible, los esfuerzos se centran en destruir las puertas de acceso al recinto o en abrirlas desde dentro tras introducir un pequeño grupo. Así lo hacen en Toro el grupo de *hidalgos escogidos* que consiguen penetrar en la ciudad.

---

[531]   «Libro segundo de la conquista del reino de Nápoles..., Cap. LXII, p. 134.
[532]   Palencia, A. de, *Crónica... Guerra de Granada*, libro III, p. 114.

"Engañando a los guardias, los 70 que con Antonio de Fonseca y con Bartolomé habían entrado en la ciudad rompieron fácilmente con hachas las puertas del puente, aseguradas con cerrojos y pestillos, y de seguida dieron entrada a los caballos"[533].

En la guerra de Nápoles, los esfuerzos del Gran Capitán se centran en plazas de menor importancia, para asegurar un avance rápido de las tropas españolas. Este avance tiene un efecto psicológico devastador en el ejército francés y, sobre todo, en sus aliados locales. Con ello se busca desestabilizar la balanza a favor del ejército español, con respecto al número de apoyos de los nobles napolitanos. En este contexto, el uso de la artillería se muestra eficaz para romper lienzos de muralla y penetrar en la plaza, como ya hemos mostrado anteriormente.

A pesar de todos los cambios estratégicos y tácticos que se desarrollan durante las tres guerras estudiadas, cabe destacar que hay al menos tres tácticas que aparecen continuamente en el relato de las crónicas y que se corresponden con la tradición guerrera medieval. Estas son los asedios, las talas y los enfrentamientos breves, rápidos y por sorpresa como *cabalgadas* y *escaramuzas*.

- Asedios

El asedio es una de las principales tácticas de la guerra medieval[534] que pierde intensidad y reduce su duración, a medida que se incorpora la artillería. Así observamos cómo los asedios en la guerra de Granada tienden a levantarse con relativa brevedad. Por supuesto, hay notables excepciones de cercos prolongados en el tiempo como los de Málaga y Baza[535], que destacan por su dureza, y el de la propia capital, Granada. Pero, en general, el uso de la artillería provoca que las capitulaciones se den con mayor rapidez. De hecho, en ocasiones ni siquiera llegan a realizarse, ya que la plaza se rinde por miedo a los cañones que se aproximan, como en el caso de Vélez-Málaga. En Nápoles, los asedios son incluso más veloces. La artillería es estratégicamente dispuesta para derribar muros y puertas, facilitando así una rápida entrada de la infantería.

Normalmente, el objetivo final del sitio es forzar la rendición por falta de alimentos y agua en el interior. Muy pocas plazas caen por la fuerza, si bien es cierto

---

[533]   Palencia, A. de, *Crónica... Década tercera*, libro XXVII, cap. IX, p. 318.

[534]   García Fitz, F., *Ejércitos y actividades guerreras en la Edad Media Europea...*, pp. 50-51.

[535]   En palabras de Ladero Quesada: "El cerco de Baza comenzó entre el 15 y el 18 de junio y fue el más penoso de toda la guerra, aunque no alcanzó en encarnizamiento al de Málaga". Ladero Quesada, M.A., *Castilla y la conquista del Reino de Granada...*, p. 59.

que en Granada esto empieza a cambiar[536]. Aunque la artillería acelera enormemente el proceso al destruir parte de las murallas, los estragos sufridos por la población cuando este caso no se da resultan terribles y algunos lugares prefieren rendirse antes de pasar por ello. Vemos un ejemplo en Cártama, en 1485.

> "Los habitantes de Cártama hicieron saber a los sitiadores su intención de apelar a la clemencia del Rey antes de experimentar los rigores del sitio"[537].

De nuevo, el caso de Nápoles presenta una evidente evolución. Las crónicas solo muestran un ejemplo claro de falta de alimentos por causa de un asedio, que ya hemos presentado. En general, las tomas son mucho más veloces, por lo que el asedio sirve, principalmente, para evitar la llegada de ayuda militar exterior.

Una de las características de los asedios medievales que podemos deducir de las crónicas es la necesidad de un número de tropas significativamente superior por parte del ejército que establece el cerco, con respecto a las tropas intramuros. Esta característica responde a tres cuestiones básicas. Por un lado, debe haber un número suficiente de efectivos como para cubrir cualquier posible punto de salida del recinto. Por otro lado, el número debe ser suficientemente grande como para repeler cualquier contraataque lanzado desde el interior. A ser posible, el volumen de efectivos ha de ser suficientemente intimidatorio como para que ni siquiera se atrevan a intentarlo. Adicionalmente, deben ser capaces de contrarrestar cualquier intento de socorro llegado desde otros lugares.

Según esta afirmación, deberíamos asistir a un gran número de asedios a fortalezas, gracias a su reducido tamaño y a un menor número de ellos a villas y ciudades. Así es, efectivamente, como se refleja en las crónicas. Y cuando se cercan poblaciones, se habla de cifras elevadísimas de soldados, como en el caso de Málaga o Baza. Sirva como ejemplo el caso de Ronda de 1485, donde, pese al gran número de efectivos, los grandes consideran una *locura* llevar a cabo un cerco. Cuestionan su éxito hasta que se percatan del reducido número de soldados con el que cuenta la ciudad.

> "Los grandes que al establecer las estancias tachaban de locura el cerco y aseguraban el fracaso, en cuanto vieron a los enemigos aterrorizados y se dieron cuenta de su reducido número, cobraron ya esperanza de apoderarse de la ciudad"[538].

---

[536]   Jones, R.L.C., «Fortalezas y asedios en Europa Occidental...», p. 214.

[537]   Palencia, A. de, *Crónica... Guerra de Granada*, libro V, p. 143.

[538]   Idem, libro V, p. 145.

Pese al gran avance que experimenta la artillería y la rapidez con la que se resuelven los asedios, sigue habiendo casos en los que estos se prolongan y es la falta de alimentos y/o agua lo que obliga a rendirse. El caso más destacado es el de Málaga. Bernáldez describe crudamente la necesidad por la que atraviesan sus habitantes durante el cerco:

> "E ya á este tiempo comían los caballos, é asnos, é perros, é gatos; é comían de los troncones de las palmas altas molidos hechos pan, é muchos de los que comían aquel pan desque bebían el agua sobre ello morían, é ansí murieron muchos, que se hinchaban con ello e morían; e llegaron á tanta necesidad antes que se diesen, que murieron de hambre muchos"[539].

Málaga se rinde en agosto de 1487 y, pocos días después, lo hace el castillo de Gibralfaro que domina la ciudad, también obligado por la falta de alimentos. Buena parte de sus habitantes son vendidos como esclavos a modo de adevertencia para lo que resta del reino de Granada:

> "Rindiose Málaga el 18 de agosto de 1487, día de San Agapito. Poco después y obligados por el hambre, se rindieron los gomeres y berberiscos ... que ocupaban el castillo de Gibralfaro"[540].

La táctica de los asedios es una práctica común y generalizada en la Edad Media y es utilizada por todos los bandos implicados en las guerras estudiadas, aunque con especial importancia en las de la península ibérica. Tanto Portugal como Castilla los practican en el primer conflicto. Granada y Castilla hacen lo propio en el segundo, con lo que dan lugar, a nivel estratégico, a la guerra de posiciones que caracteriza los desarrollos militares del medioevo[541]. En Nápoles, tanto franceses como las fuerzas ítalo-españolas los llevan a cabo, pero las batallas campales y las tomas por fuerza facilitadas por la artillería se convierten en tónica general.

Centrándonos en Granada, vemos cómo el rey Audelí –rey "viejo", tío de Boabdil, también conocido como el Zagal- contraataca a las ofensivas castellanas. En 1488 y tras apoderarse de Nerja, cerca Cullera:

> "Audelí, uno de los reyes de Granada se apoderó de Nerja, villa próxima a Vélez-Málaga. Y puso repentinamente cerco a la villa de Cullera con 800 jinetes y 10.000 infantes"[542].

---

539 Bernáldez, A., *Historia de los Reyes Católicos...*, cap. LXXXIV, p. 629.

540 Palencia, A. de, *Crónica... Guerra de Granada*, libro VII, p. 196.

541 García Fitz, F., *Ejércitos y actividades guerreras en la Edad Media Europea...*, p. 50.

542 Palencia, A. de, *Crónica... Guerra de Granada*, libro VIII, pp. 209-211.

En las guerras de la península ibérica, el relato de las crónicas parece centrarse en las grandes campañas a ciudades y villas. Así, destacan los cercos a Zamora, Toro y Burgos, en la guerra de Portugal y a Ronda, Málaga, Baza y la capital del reino, en la guerra de Granada. Asedios de gran importancia que movilizan un gran número de efectivos y que están relacionados con importantes consecuencias económicas, basadas en el control de rutas comerciales -caso de Málaga- o la destrucción del tejido productivo -caso de Ronda, Baza y la Vega de Granada-.

No obstante, esta aparente concentración de esfuerzos, recursos y objetivos estratégicos en ciudades y villas con abundante población no debe distraer nuestra atención de la importancia vital del juego de posiciones que se libra en ambas guerras. De este modo, si la toma de Ronda tiene importancia por el auge económico de la ciudad, resulta aún más destacable su importancia estratégica, ya que desde sus muros se controla una importante porción del territorio granadino.

Utilizando las palabras de Francisco García Fitz, las guerras medievales se desarrollan, principalmente, a través del control del espacio, en el que las fortalezas adquieren un papel fundamental, tanto por sus cualidades defensivas, como por su papel como base de operaciones ofensivas y de control de su entorno[543]. En este sentido, ninguna de las tres guerras estudiadas difiere demasiado de otros conflictos medievales. En la de Portugal, la importancia del control territorial resulta esencial sobre un tablero muy fragmentado, en el que unos nobles se alinean con un bando y otros con el segundo. En la de Granada, los territorios están bien definidos, pero, precisamente por eso, la frontera se convierte en el eje central de ese control territorial. Y en cuanto a la de Nápoles, en esencia se parece mucho más a la guerra de Portugal en cuanto al control de posiciones y la importancia de la elección de bando por parte de los nobles locales. De hecho, la toma de pequeñas plazas para expandir su área de control e influencia constituye uno de los ejes fundamentales de la estrategia del Gran Capitán, por lo que tampoco podemos afirmar que la esencia de este conflicto sea diferente.

Así, por ejemplo, en la guerra de Portugal, el control de las ciudades de Zamora y Burgos adquiere importancia. Sin embargo, las crónicas se centran más en los esfuerzos realizados para controlar sus fortalezas, indicando como no se escatiman medios para tal objeto. Las crónicas describen cómo *Continua base sin interrupción el sitio de los castillos de Burgos y Zamora*[544]. Para tomar el castillo de Burgos se intenta, sin éxito, desviar el curso que alimenta su pozo. La fortaleza acaba cayendo cuando se usa de

---

543   García Fitz, F., *Ejércitos y actividades guerreras en la Edad Media Europea...*, pp. 50-52.
544   Palencia, A. de, *Crónica... Década tercera*, libro XXV, cap. II, p. 258.

forma eficaz la incipiente artillería. Y algo similar ocurre en Málaga donde, pese a los esfuerzos por tomar la ciudad, se destinan las tropas más expertas al asedio de Gibralfaro. La toma de este castillo es un objetivo prioritario y su primer intento se planifica hasta con un año de antelación con respecto a la campaña a la propia ciudad.

Las referencias a estas fortalezas de localidades principales son numerosas y se destaca la importancia de controlarlas. Así, Palencia define la toma y conservación del castillo de Burgos, como el punto esencial de la campaña.

> "Había alcanzado D. Alfonso singular reputación en varios menesteres de la guerra; pero más especialmente en la disposición de sitios de fortalezas, y en la toma o en la conservación de la de Burgos que se creía consistir el punto esencial de la campaña"[545].

En la guerra de Portugal se da además la circunstancia de que las poblaciones y sus castillos no son necesariamente partidarias del mismo bando. Por ejemplo, Burgos y Zamora son partidarias de los Reyes Católicos, pero sus castillos se encuentran bajo dominio portugués. En este contexto, el control de las fortalezas, como puntos clave de control y de presión sobre las poblaciones vecinas, se convierte en la esencia del conflicto. Palencia afirma que el control de fortalezas pasa a ser la *principal dificultad* y que el apoyo de los habitantes de las poblaciones está condicionado a *futuras venganzas.*

> "Era, por consiguiente, la principal dificultad la toma de las fortalezas. Los habitantes de las poblaciones andaban remisos en decidirse por uno o por otro partido, por temor a las futuras venganzas de los que ocupaban las fortalezas, y o resistían flojamente a los invasores, o procuraban alejar de las guarniciones a los soldados veteranos"[546].

Y tampoco debemos ignorar la importancia que juegan en el conflicto las fortalezas alejadas de los grandes núcleos urbanos, pero que desempeñan o desempeñaron papeles fronterizos cuando fueron construidas. Factor que, como hemos indicado, determina el juego de posiciones del conflicto granadino, aunque no es la única guerra en la que su importancia es digna de mención. Así, destacan las tensiones por el control de las fortalezas a orillas del Guadalquivir en la guerra de Portugal o las fortalezas en los montes de Málaga durante la guerra de Granada:

> "En consecuencia cuatro de los Grandes consagrados a la guerra hostilizaban a los dos jóvenes, aunque los primeros daños fueron para D. Rodrigo que, además de los castillos

545   Palencia, A. de, *Crónica...* Década tercera, libro III, cap. IX, p. 221.
546   Idem, libro III, cap. IX, p. 222.

de Andalucía y de orillas del Guadiana, junto a la antigua villa de Calatrava, bien murados y guarnecidos, ocupaban muchas villas como Almagro, Almodóvar del Campo, Manzanares, Villarrubia, Daimiel y algunos otros lugares, aldeas y poblados...".[547]

- Talas

Las talas son otra de las tácticas propias de las guerras medievales y constituyen un elemento de presión de primer orden. Buscan diezmar de forma sistemática las bases económicas del enemigo, así como limitar su acceso a comida[548]. En este sentido, resulta muy interesante comprobar las diferencias entre las tres guerras presentadas en este estudio. En la guerra de Portugal apenas aparecen menciones a talas realizadas por ninguno de los bandos. Lo mismo ocurre con la guerra de Nápoles. En tanto, en Granada, los castellanos realizan talas sistemáticas de las vegas de Granada y Málaga, así como talas ocasionales de otros lugares, especialmente en plazas donde se producen asedios de larga duración, como es el caso de Baza.

En la guerra de Portugal, en ningún momento se experimenta la sensación de luchar en suelo extranjero, por lo que carece de sentido tratar de empobrecer las tierras que pertenecen al reino de Castilla. La excepción más destacable es la tala realizada por el duque de Medina Sidonia en tierras de la frontera portuguesa como medida de presión y no debe pasarse por alto que la tala se realiza en tierras portuguesas, más allá de la frontera con Castilla.

> "En Andalucía también el Duque de Medina Sidonia atendió desde el 8 de enero con más solicitud a las cosas de la guerra, empezando por enviar 200 soldados a las fronteras de Portugal para molestar al enemigo corriendo y talando sus tierras"[549].

La misma afirmación podemos hacer de la segunda guerra italiana, en la que los españoles luchan como aliados de los napolitanos para expulsar a los franceses. Aunque los nobles napolitanos pueden estar divididos en su apoyo a uno u otro bando, el reino de Nápoles forma parte de la corona de Aragón y, por tanto, el respeto a sus bases económicas resulta lógico.

En la guerra de Granada, sin embargo, los castellanos toman un territorio que lleva siglos en manos musulmanas. Pese a sus deseos de expandir el reino, su objetivo prioritario es conseguir acabar con el poder islámico y controlar la zona. Por tanto, beneficiarse de la riqueza agrícola nazarí no es una prioridad mientras el

[547]   Palencia, A. de, *Crónica...* Década tercera, libro III, cap. IX, p. 220.
[548]   García Fitz, F., *Ejércitos y actividades guerreras en la Edad Media Europea...*, p. 46.
[549]   Palencia, A. de, *Crónica...* Década tercera, libro XXV, cap. II, p. 258.

conflicto siga activo. Por el mismo motivo, los granadinos hacen exactamente lo contrario. Evitan a toda costa utilizar talas como medio de presión, ya que se encuentran en su propio reino. Así mismo, hacen lo posible por entorpecer las labores de tala castellanas. En todo el relato aparece una única tala realizada por los granadinos. Esta es llevada a cabo en el campo de Antequera:

> "Envalentonado Albuhacén con el cautiverio del hijo, se atrevió a talar los campos de Teba y de Antequera … no dejó en pie cosa que pudiese ser útil a los moradores"[550].

La elección de Antequera para la tala no es casual. Además de ser un enclave castellano cercano a la frontera nazarí, durante la guerra se convierte en un punto de abastecimiento logístico para el ejército castellano, ya que las tropas suelen descansar en el río de las Yeguas a poca distancia. Este ataque de 1483 sirve también como respuesta a otra tala efectuada por los castellanos ese mismo año, en un momento en el que la guerra no parece estar beneficiando a Castilla: *"(el rey Fernando) Hizo talar los campos y retó al enemigo"*[551].

Las talas están íntimamente relacionadas con el fenómeno de la estacionalidad. Ya hemos visto cómo ese factor influye en la guerra de Granada de forma mucho más evidente que en la de Portugal o en la de Nápoles. El hecho de que los Reyes Católicos planeen las campañas en invierno y las ejecuten en verano no está relacionado solamente con las ventajas del clima estival. Las temperaturas agradables y la ausencia de precipitaciones propias del verano facilitan el desplazamiento, el asiento del real y la llegada de recuas. Tan importante como estos motivos resulta la necesidad estratégica de atacar los campos en el momento preciso, antes de su recolección. Las crónicas muestran los ataques a diversos cultivos como *huertas, frutales, olivos o viñas*. De ellos destacan los *panes*, como el cultivo más determinante para la estacionalidad de la campaña. Pulgar dice lo siguiente de la campaña de 1490 en la Vega de Granada:

> "como vino el tiempo en el qual entendieron que se debía fazer la tala de los panes que estaban sembrados en la Vega e en circuito de la çibdat de Granada, el Rey e la Reyna mandaron llamar los caballeros e gentes de guerra de toda el Andalucía"[552].

Anteriormente, hemos indicado que, en la segunda mitad de la década de 1480, Castilla intensifica sus esfuerzos. Para ello realiza una gran inversión en artillería y

---

[550]   Palencia, A. de, *Crónica… Guerra de Granada*, libro III, p. 111.
[551]   Idem, libro III, p. 108
[552]   Pulgar, H. del, *Historia de los Reyes Católicos…*, cap. CCLIX, p. 442.

aumenta notablemente el número de tropas. Podemos decir lo mismo de la intensidad de sus talas. Es a partir de 1486 cuando asistimos a un considerable aumento en el número de referencias a talas realizado por los cronistas. Desde ese momento los granadinos empiezan a mostrarse más dispuestos a abandonar la lucha y a negociar, con tal de salvar sus cosechas. El primer caso mostrado por Palencia se da durante el asedio a Montefrío. El rey Fernando ordena una tala del campo granadino, ante lo cual los asediados ofrecen liberar a 1.000 cautivos, a condición de que paren las talas.

> "Luego se ocupó en preparar el sitio de Montefrío, mientras el Rey disponía la tala del campo granadino, a fin de obligar ... a sucumbir por causa de la escasez de víveres. Los granadinos ... ofreciendo a D. Fernando la libertad de mil cautivos si desistía de la tala de campos"[553].

La oferta de 1.000 cautivos a cambio de parar las talas causa un efecto directo en el modo en que estas son utilizadas. A partir de entonces empiezan a utilizarse como elemento de presión política y no solo como táctica militar. Dado que el reino nazarí se encuentra dividido entre los partidarios de un rey –Boabdil o *rey joven*- y los partidarios del otro rey y tío del anterior –Albohardillas o *rey viejo*-, también llamado *el zagal* en las crónicas cristianas o Mohammad XIII en las musulmanas-, los castellanos utilizan esta situación para su beneficio. Boabdil es apresado en 1483. Jura obediencia a Isabel y Fernando, convirtiéndose -en teoría- en su vasallo. Aunque más tarde no haga honor a su juramento, los reyes aprovechan su relativa obediencia para debilitar a su tío *el zagal*. A partir de ese momento centran sus talas en los lugares fieles a este, a fin de que sus habitantes se pasen al lado de Boabdil. Se citan varios ejemplos, aunque quizás el más significativo sea el de Baza de 1487. La estrategia que sigue Castilla con esta ciudad, de gran importancia militar para Granada, es aislarla de sus aliados antes de establecer el cerco. Para ello, realizan talas en torno a poblaciones y fortalezas de sus cercanías, con idea de que se pasen al bando de Boabdil sin necesidad de tomarlas por la fuerza. Una vez resulta aislada, establecen el cerco a la misma:

> "... se pasaron a Boabdil para evitar que los nuestros les talasen los campos"[554].

Esos apoyos a Boabdil, debidos al trato de favor que le ofrecen los Reyes Católicos, se recogen expresamente en la crónica de Palencia:

---

[553]   Palencia, A. de, *Crónica... Guerra de Granada*, libro VI, p. 168.
[554]   Idem, libro VII, p. 196.

"El rey joven con su residencia en Granada, parecía obtener el mayor dominio, conseguía menores rentas y estaba obligado a mayores gastos ... le preferían los moros porque les libraba de la tala de los campos"[555].

Además, la sistematización de las talas, al igual que la generalización del uso de la artillería, busca crear un efecto dominó que acelere el número de rendiciones en fortalezas y poblaciones controladas por el enemigo. En el caso de Baza se dan los dos casos. Primero se aísla a la ciudad, tratando que algunas poblaciones vecinas se alíen a Boabdil en lugar de al *Zagal*. Luego se emprende la tala de los campos que rodean la propia ciudad, para que otras ciudades vecinas se rindan ante la amenaza de tales destrozos[556]. Estos hechos se producen en 1488, un año antes de su toma en 1489 y prueban el uso de esta táctica como medida de presión más allá del corto plazo.

- Incursiones, cabalgadas y escaramuzas

Otra de las características propias de las guerras medievales es la abundancia de acciones rápidas, breves y por sorpresa, por encima de batallas campales[557]. Este tipo de acción, al igual que las talas, busca desgastar al enemigo, así como beneficiarse de lo obtenido como botín. Las crónicas suelen referirse a estos ataques como *cabalgadas* cuando son protagonizados por los castellanos. En cambio, los denominan *escaramuzas* cuando son protagonizados por los soldados granadinos.

Estas acciones de desgaste son muy comunes en la guerra medieval y son atribuidas por las crónicas a todos los ejércitos que participan en las guerras estudiadas. Portugal las realiza con frecuencia en la frontera extremeña, Francia lleva a cabo continuas *quemas y robos* en la frontera vasca de Fuenterrabía[558], Castilla realiza múltiples entradas en las fronteras portuguesas y granadinas. Y en Nápoles, aunque se enfatizan otro tipo de acciones como batallas y tomas por fuerza, tampoco faltan ejemplos de este tipo de ataque. Pero quizás sea al ejército nazarí a quien se atribuyan más acciones de este tipo.

Esta clase de combate resulta especialmente interesante para los granadinos por varias razones. La primera y más importante es su inferioridad numérica. Dado

---

[555]   Palencia, A. de, *Crónica... Guerra de Granada*, libro VIII, p. 209.

[556]   *"Recogiéronse luego en Vera vituallas para 8 días a fin de talar la vega de la fortísima ciudad de Baza y probar si infundía terror a los pueblos circunvecinos en la perspectiva de futuras talas y destrozos"*. Palencia, A. de, *Crónica... Guerra de Granada*, libro VIII, p. 209.

[557]   García Fitz, F., *Ejércitos y actividades guerreras en la Edad Media Europea...*, pp. 45-48.

[558]   Pulgar, H. del, *Historia de los Reyes Católicos...*, cap. LVI, p. 182.

que los castellanos han sido capaces de congregar tan numeroso ejército, enfrentarse a ellos en batalla campal parece imposible. La segunda es la superioridad del armamento castellano, especialmente en lo referente a artillería. La tercera es la capacidad y eficacia logística que han demostrado los castellanos, que obliga a los moros a realizar ataques fugaces, tratando de cortar sus comunicaciones. Y, por último, debemos considerar las características del propio ejército nazarí, pobre en artillería, pero fuerte en infantería y particularmente potente en caballería ligera, rápida y conocedora del terreno. Con estos efectivos es capaz de realizar ataques muy rápidos, en los que son considerados auténticos expertos. Sirva como ejemplo la opinión que expresa Palencia sobre la habilidad de los granadinos en escaramuzas, en el comentario que hace sobre la que se realiza en Baza en el año1489, aunque en este caso sean los castellanos los que inician el enfrentamiento.

> "En cuanto los nuestros divisaron al enemigo se lanzaron a él y trabaron escaramuza, género de combate en que los moros sobresalen"[559].

En la guerra de Portugal, Castilla busca resolver el conflicto de forma rápida a través de una batalla campal en Zamora y en Toro. Los portugueses evitan este tipo de enfrentamiento debido a su inferioridad numérica. En la guerra de Granada ocurre algo similar, circunstancia a la que se une la falta de recursos para batallas campales y la especial preparación de los nazaríes para la guerra de desgaste. Las crónicas destacan esa escasez y el peligro que implicaría para los granadinos enfrentarse en campo abierto en 1485, año de inflexión a partir del cual los éxitos castellanos se aceleran:

> "Era notoria la escasez de recursos de los granadinos para rechazar el poder de las tropas enemigas en momentos de una guerra ... nada más peligroso para aquellos cercados por mar y tierra, que confiar su seguridad al trance de una batalla campal"[560].

Ante la imposibilidad de plantar batalla campal a los castellanos, los granadinos van a basar gran parte de su estrategia en esa táctica de ataques rápidos y por sorpresa, liderados por la caballería ligera. Con ellos buscan causar el mayor daño posible sin dar al enemigo tiempo a reaccionar, diezmando su número, su moral o cortando sus comunicaciones, para desaparecer antes de sufrir el contraataque castellano. Pese a la derrota final del reino de Granada, esta táctica les confiere una capacidad de ataque y resistencia nada despreciable, causando numerosas bajas

---

559   Palencia, A. de, *Crónica...* Guerra de Granada, libro IX, p. 223.
560   Idem, libro V, p. 143.

castellanas y, en ocasiones, obligando a los Reyes Católicos a modificar su estrategia, como ocurre en Baza en 1488.

> "D. Fernando había resuelto no permanecer allí, por causa de la peste ... había conocido cuan favorable para los moros y dañosas para los nuestros eran las escaramuzas de la caballería"[561].

Es decir, dado el gran daño que las *escaramuzas* nazaríes están causando a las tropas castellanas, unido a una epidemia de peste, el rey Fernando se ve obligado a abandonar el proyecto de tomar la ciudad y lo pospone hasta el año siguiente.

Gonzalo Fernández de Córdoba gana experiencia militar durante la guerra de Granada y toma buena nota de la eficacia de esta táctica, asociada a las características orográficas del terreno. Paradójicamente, este tipo de ataques infringidos contra las tropas castellanas en Granada inspiran parte de la estrategia del Gran Capitán en Nápoles. Dadas las similitudes del terreno en Granada y La Calabria, así como la superioridad numérica del ejército francés, Fernández de Córdoba idea un tipo de combate en el que la caballería ligera realiza un primer ataque por sorpresa, tras el que se retiran inmediatamente. Ese ataque provoca una reacción en el ejército francés, que sale al alcance de los españoles en retirada. Esa persecución improvisada acaba con el orden en las filas francesas, que es aprovechado por una segunda oleada de ataques por los flancos, con frecuencia aprovechando la ventaja que ofrece un terreno elevado. Este tipo de ataque resulta muy eficaz y podemos considerarlo un guiño a la continuidad de una táctica propia del ejército nazarí, típicamente medieval, aunque adaptada con gran éxito por el Gran Capitán.

- Duelos

Otro tipo de enfrentamiento heredado de la tradición medieval es el *duelo singular*. Es poco frecuente, pero no por ello desdeñable, ya que puede llegar a tener importantes repercusiones. Con el fin de evitar una cruel batalla o un prolongado asedio, en ocasiones se reta al enemigo a un duelo. En las tres guerras estudiadas se narran varios casos, de los que vamos a destacar seis.

En el primer caso el rey Fernando reta al rey de Portugal para evitar un prolongado asedio a la ciudad de Toro. La propuesta no es aceptada.

El rey consorte de Castilla insta al rey Alfonso a retirarse o a luchar en el campo de batalla. En caso de no aceptar ninguna de las dos alternativas, está preparado

561   Palencia, A. de, *Crónica... Guerra de Granada*, libro VIII, p. 209.

para batirse en *duelo singular* con el rey portugués. Su propuesta es recogida en la crónica de Pulgar:

"Agora, señor, el Rey nuestro señor os envía decir, que a él le place del juez e de los executores que avéis escogido; e que si le venís a buscar, él es venido a la puerta desta su çibdad a vos responder a la demanda que traéis, e vos requiere que hagáis una de tres cosas: o que luego salgáis destos sus reynos e dexéys el título dellos, que usurpáys contra toda justicia, e si algún derecho esa señora vuestra sobrina decís que tiene a ellos, e él plaze que se vea e determine por el Sumo Pontífiçe, sin rigor de armas; o que si esto no queréys facer, salgáis luego al canpo con vuestras gentes, a la batalla que publicastes que veníades a le dar, porque la batalla, do suele Dios mostrar su voluntad e la verdad de las cosas, lo muestre en ésta que tenéys en las manos, o si por ventura dixéredes que ni lo uno ni lo otro vos plaze açebtar, porque su poderío de gente es tan grande y el vuestro tan pequeño, por escusar derramaiento de tanta sangre, enbiaos a decir que por combate de su persona a la vuestra, mediante el ayuda de Dios, vos fará conocer que traéis injusta demanda"[562].

¿Por qué está dispuesto el rey Fernando a arriesgar su vida en un combate singular? Evidentemente, ambos son expertos guerreros, aunque la joven edad de Fernando juega a su favor. No obstante, el riesgo es elevado, por lo que la verdadera razón de tal propuesta es la incapacidad del ejército castellano de mantener un asedio de larga duración. Los castellanos no cuentan con los necesarios recursos financieros para asumir una larga campaña. Además, el aparato logístico que más tarde se desarrolla en las guerras de Granada y Nápoles es aún inexistente. El rey Fernando sabe que un duelo puede poner fin a una guerra en la que las circunstancias juegan en su contra. Y es por esa misma razón que el rey Alfonso decide declinar la oferta. Esta propuesta de duelo entre reyes es el ejemplo más claro de una práctica medieval que está cayendo en desuso, pero que a finales del siglo XV se resiste a desaparecer.

El segundo caso encontrado se produce también en la guerra de Portugal. Es un enfrentamiento entre dos nobles en las proximidades de la ciudad de Toro. En este caso sí se lleva a cabo. El lugar elegido es una isla fluvial situada en el cauce del río Duero. El lugar elegido no es casual. Por un lado, las aguas de los ríos suelen considerarse territorio neutral entre dos enemigos situados a ambas orillas. Por otro lado, las islas fluviales, en caso de situarse en un río fronterizo, pueden no estar sujetas a la legislación de uno u otro bando, según lo regulado en las Partidas desde tiempos de Alfonso X[563]. Esta es la narración que hace Valera:

---

[562]   Pulgar, H. del, *Historia de los Reyes Católicos...*, cap. XLIII, p. 136.

[563]   Si la isla se encuentra en el centro del curso fluvial, el terreno se reparte a partes iguales entre las dos orillas. Si se localiza en una de las dos mitades, se reparte entre los propietarios de la tierra en esa orilla. Si la isla se localiza mayoritariamente en una de las mitades del río, pero hay una parte que

"Entre los quales (portugueses) uno llamado Fernán Bermúdez començó a decir algunas palabras en deshonor del rey e reyna de Castilla, a los quales Francisco Gudiel respondió: que él tenía en todo lo que dezía como malvado y traidor: E tantas cosas pasaron entre ellos fasta que se acordaron de venir a combatir, para lo qual Francisco Gudiel dixo: que pues allí tenían barcos en que podían pasar a una isla que estava ay çerca, donde le faría conosçer que era traydor por ser natural destos reynos"[564].

El duelo no puede darse sin la aprobación de ambos reyes. Estos, además, se encargan de nombrar jueces que aporten ciertas garantías para su óptima ejecución. Uno de los contrincantes decide las armas y el otro el lugar del combate. El relato de Valera continúa:

"E para venir en efecto, Francisco Gudiel suplicó al rey nuestro señor le diese para ello licencia e juezes que asegurasen el campo ... Al rey plugo dello, e mandó al duque de Alba que fuese juez e asegurase el campo ... E luego el duque enbió su tronpeta con su seguro e con un cartel del dicho Francisco Gudiel, el qual passó en un barco sonando su trompeta. Y el prínçipe de Portugal lo tomó a la orilla del río, e lo llevo a la tienda del rey, donde dio el seguro que llevaba y el cartel al dicho Fernán Bermudez, en presencia del rey e de todos los de su consejo que ay estavan...respondió que era contento de venir a la batalla, señalando las armas; e Francisco Gudiel señaló el canpo, del qual él no se contentó, e ovo de señalar el canpo que se dize de la verdad, que es çerca de Zamora".

El tercer ejemplo encontrado lo relata Palencia en su cuarta década. Sucede en el año 1478. El enfrentamiento, de forma similar al caso anterior, se planea para enfrentar caballeros y, también de forma similar, junto a los márgenes de un río. El rey tiene un lugar reservado para presenciarlo, aunque al final da orden de que no se celebre:

"El lugar escogido para la pelea, ante la dársena en los terrenos adyacentes al Betis, fue rodeado con una valla. Pegado al muro de la dársena se hallaba el estrado reservado a su alteza real ... Posteriormente, el día 11 de septiembre del mismo año de 1478, con grande pompa y acompañamiento de criados comparecieron ambos caballeros. Se presta la mayor atención a los pregoneros. Son muchos los preparativos para el futuro duelo, hasta que cumplido ya el plazo señalado por el reglamento, al sonar claramente el último toque de trompeta, los dos contendientes metieron espuelas a sus caballos. Ambos llevaban la pica en la mano derecha y la lanza en la izquierda, ciñendo la espada en el costado izquierdo y el puñal en el derecho. Pero la acometida tanto tiempo

---

pertenece a la otra, entonces se reparte en la misma proporción entre los propietarios de una orilla y otra. Bonachía Hernando, J.A., «El Agua en las Partidas...», pp. 42-43.

[564]   Valera, D. de, *Crónica de los Reyes Católicos...*, cap. XX, pp. 75-76.

esperada, en un instante es contenida por cuatro caballeros refulgentes con sus brillantes armas, que allí se presentaron por mandato del rey ... no sin fastidio de la multitud que esperaba contemplar un espectáculo mucho más cruel para sus ojos cargados de prolongada atención"[565].

Lo más llamativo de este ejemplo es la laboriosidad con la que se prepara el duelo. Demuestra que, pese a ser una práctica en desuso para decidir los destinos de una campaña militar, no ha dejado de ser todo un espectáculo para los asistentes. En este sentido, podemos concluir que, a finales del siglo XV, los duelos siguen constituyendo un ejercicio de práctica de combate para caballeros, así como un pasatiempo para los asistentes.

Para el cuarto caso cambiamos de escenario y nos vamos a la guerra de Granada. Tiene lugar en Baza, en el año 1489. A diferencia de lo que sucede en la guerra de Portugal, en esta los reyes no se implican autorizándolos, ni se ofrecen a llevar a cabo duelo alguno para resolver el conflicto. En este caso es un *moro de Baza notable* quien ofrece resolver el asedio a la ciudad de forma rápida, a través de un *duelo singular* que no se lleva a cabo:

"Pocos días después un moro de Baza notable por sus extraordinarias fuerza y destreza, provocó a Martín Galindo a singular combate" [566].

Los casos quinto y sexto se ubican en Nápoles y resultan particularmente interesantes porque demuestran la importancia de los duelos como elemento de recreo y práctica militar. Así mismo, plasman cierta afinidad cultural entre los bandos enfrentados, lo que contrasta con la anterior guerra de Granada. En la guerra contra el reino nazarí, este tipo de enfrentamiento brilla por su ausencia. Las razones pueden ser múltiples, pero podemos destacar su falta de arraigo en la cultura militar de Granada, así como intuir una mutua desconfianza entre los bandos. En cambio, en Nápoles son bastante frecuentes. La guerra se prolonga durante varios años y, con frecuencia, trascurren semanas o incluso meses sin combates entre ejércitos. En estas circunstancias, se convierte en práctica habitual que los caballeros reten al enemigo, escribiendo las condiciones en un cartel que se expone públicamente. Los retos suelen ser aceptados y su desarrollo es monitorizado por jueces, cuyo veredicto es respetado.

En cierta ocasión, los franceses retan a las tropas del Gran Capitán. Este aprueba el enfrentamiento entre caballeros, aunque se le atribuyen las palabras al

---

[565]   Palencia, A. de, *Cuarta década de Alonso de Palencia...*, libro XXXII, cap. VIII, p. 69

[566]   Palencia, A. de, *Crónica... Guerra de Granada*, libro XI, p. 224.

respecto: "yo no suelo combatir cuando me lo pide el enemigo. Más bien suelo combatir cuando me apetece a mí". Once caballeros franceses y once españoles se enfrentan durante cinco horas. Un caballero francés muere y otro se rinde. Un caballero español se rinde también. Los combates se alargan hasta que cae la noche. Los jueces, italianos, deciden declarar el resultado en tablas.

Otro duelo que las crónicas destacan ocurre en el contexto del asedio francés a la ciudad de Barletta. En este caso, lo provocan los comentarios negativos sobre las tropas italianas, vertidos por un noble francés. Deciden que el agravio se resuelva con un combate entre trece caballeros de cada bando y que el vencedor reciba un premio de cien ducados. Llama la atención cómo el duelo no resuelve situación militar alguna, sino, más bien, se convierte en un deporte recompensado monetariamente:

> "ordenose que fuesen trece franceses de la parte de monsiur de la Mota contra otros trece italianosde la parte de D. Íñigo López de Ayala, diciendo que aunque entrase más en campo no los estimarían los franceses en nada ... se concertó que el vencido perdiese las armas y caballo y diese al vencedor cien ducados"[567].

Como hemos indicado anteriormente, la práctica del combate singular para decidir los destinos de un reino o para evitar una batalla es una práctica en desuso, pese a que veamos dos propuestas, una en la guerra de Portugal y otra en la de Granada. Sin embargo, el duelo concebido como deporte parece estar en auge, según la información encontrada en la guerra de Nápoles. Así mismo, la frecuencia con la que se celebran, el respeto a sus normas y el comportamiento de las tropas durante su celebración del que hacen gala los ejércitos napolitano, español y francés sugieren una afinidad cultural que parece impensable entre nazaríes y castellanos, durante la guerra de Granada.

Estos tres tipos de enfrentamientos típicos de la Edad Media, que siguen siendo protagonistas en las guerras estudiadas, requieren armas específicas. Estas armas sufren modificaciones, pero en esencia no han variado demasiado y continúan facilitando un tipo de guerra claramente medieval. Fijémonos ahora, de forma más específica, en las armas mencionadas en las crónicas, para determinar hasta qué punto existe una continuidad con la tradición.

---

[567]   «Libro segundo de la conquista del reino de Nápoles..., Cap. LXIX, p. 144.

- Armas

Hasta ahora hemos hablado de una cierta evolución en el armamento, especialmente en la artillería. En la guerra de Portugal, el uso de la artillería es aún limitado, pero sí se menciona el uso de algunas *lombardas, trabucos* y otras piezas medianas y pequeñas que lanzan principalmente piedras. Los trabucos aparecen mencionados solo con usos defensivos. Es indicada la utilización de este tipo de armas con intenciones defensivas en las fortalezas de Castronuño y Burgos[568]. También se cita el uso de trabucos desde la Fortaleza de Trujillo, cuando se encuentra cercada:

> "Numerosas eran las bajas que ambas partes experimentaban, y desde la fortaleza los trabucos lanzaban enormes piedras a las casas y llenaban las calles con las ruinas de los edificios"[569].

En la guerra de Granada aumenta el número de piezas, así como su variedad. De esta forma, son frecuentes las alusiones a piezas de calibres diferentes que no son mencionadas en la guerra de Portugal, como los *ribadoquines*. Aparecen también indicaciones al uso de munición de *fierro*, que aumenta la eficacia de los impactos contra muros y estructuras[570]. Pulgar describe el cerco de Málaga de 1487. Narra cómo está dividido en secciones:

> "en otro lugar estaba el artillería y las gentes de pelea que la guardaban, y los oficiales que labraban de continuo el fierro y las piedras e las maderas e otras cosas que eran necesarias".

No quiere decir esto que no existieran proyectiles metálicos antes de esta guerra, sino que la transición de piedra a hierro, que está llevándose a cabo a finales del siglo XV, se acelera con los esfuerzos bélicos realizados en Granada.

Aparecen también varias menciones a *pellas incendiarias* usadas para aterrar a la población y provocar, gracias a los incendios intramuros, una capitulación más rápida de la plaza. Sin embargo, la munición utilizada de forma mayoritaria sigue siendo hecha de piedra, como se viene haciendo desde un siglo antes. Pulgar indica en su crónica que, avanzada ya la guerra, en el año 1487, se da orden de aprovechar munición utilizada décadas antes:

---

568   Pulgar, H. del, *Historia de los Reyes...,* capítulo LVII, p. 150.
569   Palencia, A. de, *Crónica...* Década tercera, libro XXV, Capítulo II, p. 258.
570   Pulgar, H. del, *Historia de los Reyes Católicos...,* cap. CCIV, p. 288.

"mandó el Rey traer de las Algeçiras, que estaban despobladas, todas las piedras de lombardas que el rey don Alonso el Bueno, su trasvisabuelo, fizo tirar contra aquellas dos çibdades, quando las tuvo çercadas". [571].

En Nápoles y El Rosellón, como ya hemos indicado, la artillería se moderniza. Se utilizan hasta 100 piezas procedentes de la guerra de Granada, a las que se unen otras de diferentes calibres. El cambio más relevante que se produce en Nápoles, con respecto a la artillería, es que se le confiere un carácter móvil con el que antes no contaba. Piezas de calibre menor se desplazan ahora con las tropas hasta el campo de batalla. Así mismo, los navíos, antes utilizados casi exclusivamente para el transporte de las tropas y vituallas, se equipan con cañones y se transforman en armas flotantes capaces de enfrentarse a otras embarcaciones o atacar plazas costeras.

En general, podemos diferenciar una evolución en el uso de la artillería de un conflicto a otro. En Portugal su uso es limitado, mayoritariamente defensivo y estático. En Granada su uso ofensivo se vuelve protagonista, pero sigue siendo estático. Se convierte en un arma eficaz para acortar la duración de asedios, abriendo espacios en las estructuras amuralladas o provocando incendios intramuros. En algunos casos incluso provocando capitulaciones sin enfrentamiento alguno, gracias a su efecto disuasorio. En Nápoles su uso es tanto defensivo como ofensivo, pero, a diferencia de en las guerras anteriores, comienza a ser dinámico, acompañando a las tropas a los campos de batalla y armando navíos que patrullan las costas y convierten el mediterráneo en otro campo de batalla.

Podemos hablar, por tanto, de una cierta evolución en las armas que, sin embargo, se limita casi exclusivamente al uso de la artillería. Exceptuando estas armas de fuego, las armas utilizadas por los soldados a título individual no parecen haber experimentado grandes cambios ni en Portugal ni en Granada. Debemos precisar, no obstante, que el entorno el en que se lucha y las características del enemigo determinan la estrategia a seguir y, por tanto, influyen en las armas elegidas. En Granada, dadas las características del ejército nazarí, los castellanos dan prioridad al uso de jineta por encima de la caballería pesada. Característica que se repite en Nápoles, para aprovechar la ventaja que representa en la escarpada orografía de la región. De este modo, ponen en práctica una estrategia basada en la rapidez, en la que cabalgadas y emboscadas constituyen el grueso de las intervenciones, además de talas -en el caso granadino- y asedios. En esta estrategia, la potencia de fuego individual resulta esencial, por lo que el uso de ballestas, jabalinas y dardos es una constante. A estas armas,

571   Pulgar, H. del, *Historia de los Reyes Católicos...*, cap. CCV, p. 292.

más adelante, se le añaden las armas de fuego individuales. En ambos casos, apoyadas por hombres armados con lanzas, espadas y escudos[572].

Los cambios empiezan a evidenciarse en Nápoles, aunque estos no responden tanto a las armas, como a las tácticas puestas en práctica.

Por otra parte, el carácter profesional de las tropas enviadas a Nápoles facilita una estandarización y cierta modernización del armamento. Sin embargo, no debemos asumir que el carácter no profesional de la mayor parte de las tropas destacadas en las guerras de Portugal y Granada se traduzca en una carencia de armamento. La violencia en la Edad Media es un aspecto cotidiano de la sociedad y resulta muy habitual poseer armas individuales en el hogar. Pau Viciano expone en su obra el caso de Castellón de la Plana en el siglo XV, con datos muy interesantes. Aunque pertenece al reino de Aragón, Castellón -con unos 7.000 vecinos- constituye un ejemplo fácilmente extrapolable al reino de Castilla, ya que combina un incipiente desarrollo urbano, con una mayoría social aún agrícola-rural, relativamente al margen de la violencia "profesional" que se desarrolla en las urbes de mayor tamaño. El autor basa su investigación en un *inventario de bienes* realizado por la corte de Justicia de Castellón, a finales de ese siglo. Entre los 100 vecinos incluidos en el estudio, se contabilizan 210 armas. De estas, el 60% son lanzas; un tipo de arma que, sin este tipo de análisis, podríamos asumir que pertenece exclusivamente al campo de batalla. También hay un buen número de espadas, dardos y ballestas. El autor indica, además, que esa proporción de 2,1 armas por habitante ni siquiera tiene en cuenta la posesión de cuchillos, ya que en ese momento la corte de justicia no los considera armas, sino objetos de uso cotidiano. Así mismo, aporta datos relevantes de cómo el concejo no solamente tolera la posesión de armas, sino que también la protege, como parte de su estrategia de defensa comunal. A este respecto, incluso fomenta el entrenamiento militar de la población civil, a través de actividades como las prácticas de tiro con ballesta intramuros[573]. En este momento e incluso en años siguientes, la población civil puede ser llamada a presentarse a un alarde con sus armas disponibles[574]. Los únicos requisitos habituales son ser varón, mayor de 18 años y menor de 60[575].

---

[572]   Rodríguez Hernández, A. J. y Mesa Gallego, E. de, «Del Gran Capitán a los tercios…, p. 148.

[573]   Viciano, P., «Violencia y sociedad en una villa medieval: Castellón de la Plana en el siglo XV», en *Hispania*, vol. LXVI , nº 224, 2006, p. 860.

[574]   Para más información al respecto de las armas presentadas o requeridas a un alarde periódico véase: Álvarez Bezos, S. y Carreras Zalama, A., *Valladolid: En época de los Reyes Católicos según el alarde de 1503*, Universidad de Valladolid, Valladolid, 1998.

[575]   El 4 de agosto de 1502 la reina Isabel firma una real cédula en la cual, *"por haber faltado el rey de Francia a la paz perpetua establecida entre las dos coronas, manda que en todas las ciudades villas y lugares estén prontos y apercibidos todos los varones de diez y ocho años arriba y de sesenta abajo para que, viendo otra carta*

En la península ibérica coexisten dos modelos de armamento: el cristiano y el musulmán. El primero sigue la tendencia europea que enfatiza la importancia de la caballería pesada. El segundo se caracteriza con un uso generalizado de armas y monta ligeras de origen magrebí[576]. La tradición de la guerra fronteriza contra Granada fusiona ambas tendencias y explica el desarrollo de la renombrada jineta que, más tarde, diferencia a las tropas españolas de las francesas en Nápoles.

Estos modelos, a excepción de la frontera, apenas se influyen mutuamente. Así por ejemplo, en Andalucía prevalece el uso de la caballería ligera, mientras que en el resto de la península la caballería pesada es determinante. Podemos afirmar que el ejército nazarí está obsoleto en cuanto a defensas, estrategias y armas en general. Una obsolescencia incubada durante siglos en los que su convivencia en la península dependía de acuerdos y treguas con Castilla, supeditados al pago de costosas parias[577]. No obstante, sus armas individuales son perfectamente válidas para sus tácticas de ataque. Resultan altamente eficaces en el tipo de combate cuerpo a cuerpo y ataques por sorpresa que suelen realizar. Además, Granada cuenta con un ejército profesional de pequeño tamaño, pero bien entrenado y equipado. A diferencia del castellano, sus armas siguen unos cánones específicos definidos para toda la institución. En la Castilla medieval, sin embargo, cada guerrero aporta su equipo militar. Cada milicia, señorial o urbana, se encarga de su propio mantenimiento. Pese a esas limitaciones, el ejército castellano se muestra superior al enemigo del sur y logra imponerse[578].

Las armas individuales del siglo XV son el resultado de la evolución que experimentan a lo largo de toda la baja Edad Media y apenas difieren mucho de las usadas en guerras anteriores. Entre las armas usadas entre los siglos XII al XIV encontramos, a nivel ofensivo, espadas, lanzas, mazas, hachas, arcos, ballestas, flechas, y saetas. Como defensivas, escudos, cascos, yelmos, defensas de malla como lorigas, almófares, manoplas y brafoneras, defensas de placas, piezas de arnés como gorjales, barbotes, vara escudos, guardabrazos, y armas de piernas como quijotes, rodilleras grebas y escarpes. Como equipo específico de la caballería, encontramos bridas, sillas

---

suya, hagan sin dilación lo que por ella se les mandase". Miguel Vigil, C., *Colección histórico-diplomática del ayuntamiento de Oviedo*, Oviedo, 1889, p. 332, Real Cédula número 262, año 1502.

[576]   Viguera, Molins, M.J., «El ejército...», p. 441.

[577]   Idem, p. 431.

[578]   García Fitz, F., «La organización militar de Castilla y León (Siglos XI-XIII)», en *Revista de Historia Militar*, Madrid, 2001, n. Extra 1, pp. 117-118.

de montar, estribos, espuelas y cubiertas[579]. Estas armas siguen utilizándose a finales del siglo XV. Las principales diferencias evolutivas ya se han dado en décadas anteriores, como el progresivo abandono de las estructuras de malla, sustituidas a partir de mediados del siglo XIV por materiales rígidos como cuero endurecido y acero. En los últimos años de ese siglo, aparecen también las piezas metálicas articuladas, las defensas de la cabeza afilan sus formas para desviar los golpes e incorporan elementos móviles o yelmos. A nivel ofensivo, se generalizan las espadas con hoja romboidal y, de forma paralela a la aparición de armaduras, surgen los martillos, capaces de romper sus láminas metálicas[580]. La expansión de las armaduras afecta de forma diferente a la infantería y a la caballería. Muchos de los soldados de a pie siguen sin tener ninguna protección metálica, salvo en la cabeza. Para los caballeros, las armaduras de cuerpo completo no aparecen hasta la segunda mitad del siglo XIV[581]. En el siglo XV se generalizan las denominadas armaduras blancas[582], que incorporan peto y espaldar, y constituyen el culmen de las defensas corporales, en lo que se ha dado en denominar la *era del arnés blanco*[583]. Estos cambios se popularizan en la *guerra de los Cien Años*. Desaparecen las capas y los caballeros exhiben ahora con orgullo cascos con visores móviles y piezas metálicas en brazos y piernas[584]. Estas nuevas estructuras defensivas solo pierden su eficacia cuando las armas de fuego las conviertan en protecciones obsoletas. En Castilla también se incorporan estas armas defensivas, que aumentan significativamente el peso de la caballería. Pero como sabemos, al mismo tiempo se incrementa la caballería ligera que, inspirada en la veloz jineta nazarí y magrebí, obtiene resultados mejores en la guerra de frontera. La caballería ligera, como ya hemos indicado, juega un papel fundamental contra la

---

[579]   Se distinguen seis fases en la evolución de las armas desde finales del siglo XI hasta el siglo XV, distribuidas de la siguiente forma: 1175-1150, 1150-1200, 1200-1255, 1255-1310, 1310-1350, -1350-1400. Soler del Campo, Á., *La evolución del armamento medieval en el reino Castellano-leonés y al-Ándalus (siglos XII-XIV)*, Universidad complutense de Madrid, Madrid, 1991, pp. 3-11.

[580]   Soler del Campo, Á., «El equipamiento militar en el medievo», en De la Iglesia Duarte, J.I. (coord.), *La guerra en la Edad Media: XVII semana de estudios medievales, Nájera del 31 de Julio al 4 de Agosto de 2006*, Instituto de Estudios Riojanos, Logroño, 2007, pp. 177-179.

[581]   Fernández de Larrea Rojas, J.A., «El equipo militar en una época de transición: Armamento individual y equipamiento colectivo en Navarra en la primera mitad del siglo XIV», en *Mundos medievales: Espacios, sociedades y poder. Homenaje al profesor José Ángel García de Cortazar y Ruiz de Aguirre, Tomo II*, Ediciones de la Universidad de Cantabria, Santander, 2013, pp. 1287-1289.

[582]   Hernández Cardona, F.X. y Rubio Campillo, X., *Breve historia de la guerra antigua y medieval*, Nowtilus, Madrid, 2010, p. 261.

[583]   Predominan las superficies lisas y, a diferencia de épocas anteriores, se cuidan los aspectos estéticos buscando la fuerza visual de sus acabados. Soler del Campo, A., «El equipamiento militar en el medievo...», p. 182.

[584]   Bennett, M., *La guerra en la Edad Media...*, p.179.

caballería pesada francesa en Nápoles. Su rapidez y movilidad en los escarpados terrenos de la Calabria ofrecen una ventaja competitiva a los españoles, que resulta esencial para comprender sus victorias ante un enemigo, a priori, superior.

Las crónicas mencionan con frecuencia el uso de *espadas, lanzas* y *hachas*. *Cuchillos* y *puñales* son portados como armas básicas a las que sólo se recurre cuando no se dispone de otras. Pulgar describe las armas de la batalla de Toro de 1476:

> "*algunos había que, perdidas e quebradas ya las espadas, peleaban con los puñales desde los caballos, do se vertía mucha sangre*"[585].

Un cuarto de siglo más tarde, en Nápoles, las armas que se describen no difieren demasiado de las presentadas contra Portugal. En la narración de la toma del castillo de Canosa se destaca el uso de hachas y alabardas:

> "Pero los españoles arremetieron muy fuertes conta el castillo con hachas y alabardas y comenzaron a romper las puertas del castillo, ni más ni menos como lo hicieron a la entrada de la villa"[586].

Se mencionan también, de forma ocasional, otras como *piedras de mano* o *dardos,* que aparecen en escena en situaciones en las que la lucha se da en situaciones de confusión y máxima proximidad. Por ejemplo, Pulgar relata lo siguiente de un enfrentamiento entre franceses y españoles en Fuenterrabía, en el año 1476:

> "llegaron a pelear por las cavas tan juntos unos de otros, que se tiraban piedras de mano, e lanzas e dardos"[587].

Las crónicas hablan del uso de *lanzas* cuando se refieren a la vanguardia de la infantería, encargados de neutralizar el avance de la caballería. Bernáldez menciona el uso de lanzas cortas o *serpentinas*[588]. Las crónicas hablan también de soldados armados con cuchillos, en ataques rápidos con *escalas*. Aunque no lo especifican, teniendo en cuenta lo que es habitual en las huestes medievales, podemos interpretar -al menos en lo referente al uso de *cuchillos*- que forman parte de la aportación individual de los soldados convocados como huestes señoriales y concejiles, en las guerras de Portugal y Granada.

Las crónicas también señalan el uso de tropas mercenarias. Estas tropas, así como las órdenes militares, los miembros de la Hermandad y las dotaciones

---

585   Pulgar, H. del, *Historia de los Reyes Católicos...*, cap. LVIII, p. 192.

586   «Libro segundo de la conquista del reino de Nápoles..., Cap. LXXVII, p. 162.

587   Pulgar, H. del, *Historia de los Reyes Católicos...*, cap. LVI, p. 186.

588   Bernáldez, A., *Historia de los Reyes Católicos...*, cap. XXXI, p. 591.

permanentes de fortalezas o de la mesnada real son los soldados mejor equipados, provistos de espadas y otras armas no accesibles a toda la hueste.

En cuanto a Nápoles, también se menciona el uso de hachas. En cambio, aparecen de forma frecuente las menciones al uso de *alabardas*, lo que sugiere un equipamiento más profesional y estandarizado de las tropas:

> "Pero los españoles arremetieron muy fuertes contra el castillo con hachas y alabardas y comenzaron a romper las puertas del castillo, ni más ni menos como lo hicieron a la entrada de la villa"[589].

En cuanto al uso de armas a distancia, en la guerra de Portugal se mencionan *ballestas* y *arcos*, aunque ya aparecen algunas tímidas menciones a los *tiros de pólvora*, como es el caso de los intensos combates llevados a cabo en Fuenterrabía que describe Pulgar:

> "esta manera de combatir duró entre ellos por espacio de nueve días; e con los tiros de pólvora, e de ballestas e arcos, morían muchos de la una parte e de la otra"[590].

La figura del *arquero* cuenta con una tradición extensa, pero la ballesta resulta más precisa y de mayor alcance, por lo que sustituye progresivamente al arco[591]. En general, las armas a distancia no son asociadas con la nobleza, ya que, en los ideales caballerescos, la espada es el arma por excelencia[592].

En cuanto a los proyectiles, aparecen continuas menciones a *flechas* y *saetas*. El uso de armas de fuego individuales empieza a finales del siglo XIV, pero hasta la mitad del siglo XV no son sustituidas por armas móviles[593]. El uso de espingardas es frecuentemente recogido en las crónicas. Se presenta de forma cada vez más habitual. Normalmente aparece asociado al uso de ballestas, por lo que se deduce que *ballesteros* y *espingarderos* cumplen una función táctica similar en el campo de batalla. Las referencias a ambas figuras juntas son continuas. Por ejemplo, Pulgar relata lo siguiente respecto al año 1476 y los tiros efectuados desde el puente de Zamora:

> "... *comenzó a tirar tiros de ballestas e de espingardas de las quales estaba proveydo para aquello*"[594].

---

[589]   «Libro segundo de la conquista del reino de Nápoles..., Cap. LXXVII, p. 162.

[590]   Pulgar, H. del, *Historia de los Reyes Católicos...*, cap. LVI, p. 184.

[591]   VVAA, *Costumbres y trajes de la Edad Media Cristiana y del Renacimiento. Vol. 1*, Imprenta de Joaquín Verdaguer, Barcelona, 1852, p. 157.

[592]   Benito Rodríguez, M.Á. de, «Las tropas extranjeras y su participación en los ejércitos castellanos durante la baja Edad Media..., p. 50.

[593]   Polania Puyo, J., *Ensayo sobre historia militar, Vol. 1*, Ministerio de Guerra, Madrid, 1940, p. 93.

[594]   Pulgar, H. del, *Historia de los Reyes Católicos...*, cap. LIII, p. 169.

Pese a la incorporación de armas de fuego individuales, la ballesta sigue siendo el arma a distancia más utilizada tanto en la guerra de Portugal como en la de Granada. Las armas de fuego individuales se incorporan en gran número y con éxito en el Rosellón y las guerras de Italia, pero siguen sin robar protagonismo a la ballesta, al menos, hasta la última fase de la segunda guerra de Nápoles. Desde mediados del siglo XV empiezan a usarse arcabuces con mayor precisión, menor peso y mayor penetración de la bala. Pero la ballesta sigue siendo el arma a distancia favorita. En 1570, una quinta parte de la infantería del ejército de Carlos de Borgoña son *"arquebusiers"*. En las guerras de Italia, los españoles muestran por primera vez el uso eficaz y determinante de estas armas[595].

Encontramos el origen de las armas de fuego individuales en la Italia de la década de 1430. Pero es solo a finales del siglo XV cuando su uso empieza a ser comparable al de la ballesta. Además, su manejo está limitado casi exclusivamente a labores defensivas de fortificaciones, por parte de compañías de tiradores tan especializadas como poco numerosas. Su verdadera extensión no llega hasta la aparición del arcabuz, más sencillo de usar y preciso que la espingarda. Sin embargo, y a diferencia del ejército español, en los estados italianos la caballería permanece como principal fuerza, por lo que, incluso con la llegada del arcabuz, el uso de armas de fuego es relativamente limitado hasta bien entrado el siglo XVI[596]. Prueba de ello es la escasa importancia que les da el propio Maquiavelo en su tratado sobre la guerra, ya en la segunda década de ese siglo[597].

En el caso español, para algunos autores el uso de armas de fuego individuales aparece en la guerra de Granada, donde luchan unas pocas compañías de espingarderos[598]. Si bien es cierto, como ya hemos indicado, estas armas ya son mencionadas en la guerra de Portugal, aunque resultan más bien excepcionales. Es en Italia donde el Gran Capitán implementa, por primera vez, el uso generalizado de las armas de fuego individuales en el campo de batalla[599]. En la segunda campaña de Nápoles (1501-1504), se alcanza una proporción de un espingardero por cada cuatro infantes en las tropas españolas[600].

---

[595]   Keen, M.,«Armas de fuego, pólvora y ejércitos permanentes..., p. 354.

[596]   Mallet, M., *Mercenaries and their Masters. Warfare in Renaissance Italy*. Bodley Head, London, 1974, pp. 155-158.

[597]   Maquiavelo, N., *Del arte de la Guerra*. Tecnos, Madrid 1988 (original 1520), pp. 54-57.

[598]   Ladero Quesada, M.A., «Baja Edad Media..., p. 268.

[599]   Rodríguez Hernández, A. J. y Mesa Gallego, E. de, «Del Gran Capitán a los tercios..., p. 163.

[600]   Quatrefages, R., *La revolución militar moderna...*, pp. 127-129.

De hecho, es durante esta campaña donde podemos encontrar un punto de inflexión que demuestra la eficacia de las armas de fuego individuales en el campo de batalla. Hablamos, de nuevo, de la batalla de Cerignola, el 28 de abril de 1503. En esta batalla, dos unidades de gendarmes franceses y un cuadro de piqueros suizos son arrasados sin opción de contraataque por las espingardas españolas. Conviene recordar que, tanto la caballería pesada francesa (gendarmes), como los piqueros suizos son, hasta ese momento, los dos tipos de tropas más afamados de Europa. Esta es la primera vez en que un cuerpo de infantería dotado de armas de fuego toma la iniciativa ofensiva y vence con tal rotundidad a dichas fuerzas[601].

Es importante señalar la importancia de los avances técnicos en la expansión de las armas de fuego individuales. Las espingardas utilizadas en la guerra de Granada son minoritarias, principalmente porque se trata de armas poco eficaces. Su sucesor -la escopeta- tampoco aporta grandes ventajas con respecto a la ballesta. Sin embargo, una vez llegado el arcabuz, a principios del siglo XVI, su incorporación se acelera como consecuencia de su efectividad. El arcabuz es un arma más sofisticada, más manejable -gracias a su mecanismo de llave en el disparo-, que permite apuntar mejor y con alto poder destructivo, capaz de atravesar armaduras a 50 pasos de distancia. Se estima, además, que 60 días de entrenamiento eran suficientes para su dominio, por parte de los soldados. A esta arma más adelante se le une el mosquete, derivado del propio arcabuz, pero con mayor capacidad de penetración y alcance[602]. Su incorporación al ejército desplazado a Italia es posterior a las campañas del Gran Capitán y su invención se atribuye a españoles e italianos.

Efectivamente, el uso de armas de fuego individuales tiene mucho que ver con el uso de armaduras a finales de la Edad Media. Las crónicas también hacen mención a este tipo de protección. Su utilización en las guerras de Portugal y Granada parece estar limitada a personajes nobles o soldados con cierto carácter profesional, dado su elevado coste. Vemos, por ejemplo, cómo Palencia relata la muerte de *500 nobles portugueses* en Ceuta, hundidos en las aguas por el peso de las armaduras.

> *"500 nobles portugueses perdieron allí la vida, hundidos en las aguas a causa del peso de las armaduras"*[603].

---

[601]   Rodríguez Hernández, A. J. y Mesa Gallego, E. de, «Del Gran Capitán a los tercios..., p. 163.

[602]   Hall, B., *Weapons and warfare in Renaissance Europe*. John Hopkins University Press, London, 1997, pp. 145-149.

[603]   Palencia, A. de, *Crónica...* Década tercera, libro XXVII, cap. V, p. 309.

En Nápoles, el uso de un peto metálico y casco parece ser más generalizado, dado que las tropas desplegadas son profesionales.

Los otros ejércitos descritos en las guerras estudiadas tienen muchas similitudes con respecto al castellano, aunque también algunas diferencias importantes. Las armas portuguesas desplazadas a Castilla parecen no diferir de las locales, salvo por el hecho de que se le suele considerar un ejército mejor preparado. Aunque su uso de armas de fuego es menor que el que hacen los castellanos pocos años más tarde en Granada, no resulta desdeñable. Pulgar describe las fuerzas portuguesas desplegadas en la batalla de Toro, en 1476, indicando la presencia de *espingardas e otros tiros de artillerías*[604]. Castilla no tiene tiempo de llevar su artillería a esta batalla, ya que se desplaza a Toro desde Zamora, persiguiendo a un ejército portugués que acaba de levantar su asedio a esa ciudad. Sin embargo, Castilla acaba ganando esa batalla, lo que resulta determinante en el resultado final de la guerra. Esto sugiere que el uso de estas armas, por parte del ejército luso, no parece decisivo.

En la guerra de Nápoles, las armas francesas tampoco difieren demasiado de las españolas. Sin embargo, hay dos elementos que, sabiamente utilizados, desequilibran la balanza a favor de las tropas del Gran Capitán. El primero es el uso de la caballería ligera por encima de la pesada. El segundo, la prevalencia de la infantería sobre la caballería. Estas dos características, a priori desventajas ante un ejército como el francés, mejor preparado y numeroso, obligan a Gonzalo Fernández de Córdoba a idear tácticas novedosas con las que contrarrestar esa inferioridad material y numérica. De esta forma, los veloces ataques de la caballería ligera en el escarpado terreno sirven para descolocar la formación de la caballería francesa. Así mismo, el uso del terreno elevado, el mantenimiento de las distancias con ballestas y armas de fuego individuales y el empleo de picas consiguen que la infantería pueda enfrentarse sin complejos a una caballería pesada, fuertemente armada, pero ineficaz en tales circunstancias. Es precisamente el éxito de estas picas en Nápoles lo que provoca su afianzamiento como una de las armas habituales de la infantería, combinada con la espingarda, en las ordenanzas de 1503 y 1505[605].

Si volvemos a Granada, las armas del ejército nazarí difieren significativamente de las castellanas. La caballería de tradición musulmana, más ligera y veloz que la cristiana, influye en el ejército castellano, que desarrolla su propia *jineta* para contrarrestarla; esa misma jineta que, como acabamos de decir, más tarde resulta sumamente eficaz en Nápoles. De acuerdo con esta filosofía, las armas nazaríes

---

[604]　Pulgar, H. del, *Historia de los Reyes Católicos...*, cap. LXIV, p. 211.

[605]　Rodríguez Hernández, A. J. y Mesa Gallego, E. de, «Del Gran Capitán a los tercios...p. 163.

tienden a ser más ligeras y fácilmente manejables, aunque sus protecciones corporales son también más limitadas. Por razones de proximidad, durante mucho tiempo el reino de Granada se dedica a imitar el armamento castellano. Sin embargo, en el siglo XV su identidad cultural es exaltada y se refleja en una vuelta a las formas y motivos decorativos tradicionalmente musulmanes[606].

La creciente influencia del armamento árabe empieza en época Omeya. Durante la época nazarí se aprecian dos fases en su armamento: una primera de simbiosis entre el modelo musulmán y el cristiano, y una segunda en la que se rehabilita el modelo musulmán, al tiempo que los equipos cristianos se vuelven más pesados. Es común el uso de *dagas de orejas*, muy características de la estética del modelo musulmán. Como armas a distancia perviven principalmente dos modelos de ballestas. En cuanto a armas defensivas, los yelmos adoptan forma cónica apuntada con o sin nasal, la cota de malla de manga corta sigue siendo de uso generalizado y se le suma la *jawsan* o cota de malla reforzada con placas metálicas, normalmente acompañada de un escudo *adarga,* de cuero y ovalado. Como ya hemos dicho repetidamente, al contrario que en el mundo cristiano, predomina la caballería ligera.

Las referencias a flechas son poco frecuentes frente a las omnipresentes *saetas*, lo que indica una preponderancia del uso de la ballesta sobre el arco. Esta tendencia al uso de ballestas se confirma con la descripción que hace Pulgar del cerco de Ronda de 1485:

> "(Ronda) Está poblada de muchos moradores, a quien la aspereza de aquellas montañas face ser onbres robustos e ligeros; e guerreros, porque en aquellas fronteras syenpre acostumbran mostrar sus fijos de pequeños a tirar la ballesta, y en esta arte, por el grand uso que tienen, son maestros, que no yerran de dar en qualquier lugar do tiran"[607].

Al igual que en el caso castellano, el uso de ballestas aparece normalmente asociado al de espingardas, siendo frecuente la aparición conjunta de los términos *espingardas y ballestas*[608], *saetas y espingardas*[609], o *saetadas y espingardadas*[610]. A diferencia de las flechas y saetas castellanas, en el caso nazarí aparecen menciones a saetas envenenadas, como en el caso de Álora, en 1484. La crónica de Pulgar narra cómo *de los cristianos fueron algunos muertos, e muchos feridos, de los tiros de espingardas e saetas con yervas que tiraban los moros*[611].

---

606   Soler del Campo, A., «El equipamiento militar en el medievo...», pp. 186-189.

607   Pulgar, H. del, *Historia de los Reyes Católicos...*, cap. CLXXII, p. 166.

608   Idem, cap. CLXXXV, p. 223.

609   Idem, cap. CXCIX, p. 265.

610   Bernáldez, A., *Historia de los Reyes Católicos...*, cap. LXXIX, p. 622.

611   Pulgar, H. del, *Historia de los Reyes Católicos...*, cap. CLX, p. 124.

También se mencionan *puñales,* pero, a diferencia del caso castellano, es frecuente el uso de espadas cortas y anchas o *terçiados.* Pulgar describe así los combates en Loja, en 1486:

> "En esta pelea se ençendieron los unos se los otros con tanto hervor, que a ninguno turbaba ver delante de sí caer a su compañero, ni le ponía miedo el vertimiento que veya de la sangre; más olvidado el remedio de la muerte, e deseando gloria del vencimiento, arremetían lo unos contra los otros: especialmente los moros, ofreciéndose indiscretamente a la muerte, llegaba a herir en los cristianos con los puñales e con los terçiados"[612].

El relato deja claro, no obstante, que el uso de estas armas se da tan solo en situaciones de máxima proximidad en el combate, que son extremadamente peligrosas y que no buscan evitar por motivos religiosos, más que estratégicos.

En lo referente a armas no individuales y estructuras auxiliares utilizadas por el ejército castellano, Valera menciona el uso de *bancos pinjados* para aproximarse a las murallas, desde las que reciben multitud de *piedras y saetas.* Estos bancos son utilizados en todos los cercos en los que los soldados intentan aproximarse a las murallas para cavar minas. Así ocurre en Tájara, en 1483, donde el rey *mandó llegar los bancos pinjados, e tentar con los picos el muro, por ver si se podría cavar por baxo, para se poner en cuentos*[613]. Junto a los *bancos pinjados,* Pulgar habla de *mantas*[614] con un uso similar y *grúas* en el asedio a Álora en 1484[615]. Palencia menciona la construcción de *albarradas* defensivas en torno a las estancias del real de Málaga. Tienen una función similar a los muros de contención, montículos y fosos que se popularizan a finales del siglo XV, como consecuencia de la expansión de la artillería[616]. Pero se construyen con un carácter temporal y, por tanto, se trata de una obra más sencilla de replicar para proteger un real de carácter móvil. Las encontramos, por ejemplo, en el real de Málaga. En esta ocasión, los asediados usan su artillería defensiva, ya que *en derredor de las estancias se habían levantado albarradas.* En esta ciudad, Palencia describe la única mención que encontramos en las tres guerras estudiadas al uso de *torres móviles* de asalto:

---

[612]   Pulgar, H. del, *Historia de los Reyes Católicos...*, cap. CLXXXVI, p. 222.

[613]   Idem, cap. CXLIX, p. 77.

[614]   Las mantas eran superficies de madera forrada de material deslizante e incombustible para evitar las sustancias incandescentes y proyectiles arrojados desde las almenas. Su forma podía variar pero no así su uso. Valdaliso Casanova, C., *Vivir en un castillo medieval...*, p. 131.

[615]   Pulgar, H. del, *Historia de los Reyes Católicos...*, cap. CLX, p. 121.

[616]   Jones, R.L.C., «Fortalezas y asedios en Europa Occidental...», pp. 215-230.

"Había mandado además asentar las lombardas gruesas contra los puntos más débiles de las murallas. Por último, dispuso tener preparadas para un día las torres móviles construidas en largo espacio de tiempo"[617].

Estas torres, muy utilizadas en asaltos a fortalezas y recintos amurallados en la Edad Media, parecen estar cayendo en desuso. Las razones pueden ser varias, pero cabe destacar dos de ellas. Por un lado, el éxito de la artillería parece eclipsar su eficacia. Palencia cita en primer lugar el uso de lombardas y su labor destruyendo la muralla, dejando para el final de su descripción el uso de estas torres. Por otro lado, como bien indica la crónica, son estructuras grandes, pesadas y cuya construcción requiere tiempo. El asedio de Málaga es prolongado, ya que dura algo más de tres meses. Probablemente es el primer caso en el que los castellanos tienen tiempo suficiente para construir esas torres y el único caso en el que merece la pena el tiempo y esfuerzo invertido en ello. Por otro lado, el uso de estas torres implica el acercamiento a los pies de las murallas, táctica arriesgada pero necesaria cuando no hay posibilidad de acceder al recinto de otra forma. En cambio, a finales del siglo XV se cuenta con una artillería que se ceba con puertas y puntos débiles de las murallas. Esta acción consigue abrir brechas por las que los soldados pueden penetrar de forma mucho más rápida y con un riesgo menor. Málaga está rodeada de fértiles huertas que ofrecen un terreno plano sobre el que hacer rodar las torres de asalto. Así mismo, las murallas de Málaga se muestran más resistentes a la artillería que las de otras plazas de menor tamaño, tomadas con cierta facilidad.

Pulgar, el cronista que aporta más detalles sobre las armas utilizadas en estas guerras, ofrece la descripción más extensa de las torres al narrar el asedio a Málaga de 1487:

"E allende de los pertrechos que estaban fechos para combatir, mandaron luego facer mantas reales, e mantas de carretones, encoradas con cueros de vacas, e mandaretes, e bancos pinjados, encorados de manera que no pudiese emprender en ellos el fuego, e para que con ellos se pudiese cavar el muro. E ficieronse asimismo bastidas de diversas formas e de singular artefiçio compuestas, en cada una de las quales podían ir seguramente çient onbres. E fiziéronse grúas e torres de madera; y destas torres salían unas escalas, cubiertas de madera por los lados, para echar sobre los muros, e en estas escalas estaban enxeridas otras escalas para deçender el muro abaxo. Así mismo mandaron hacer galápagos de madera gruesa e cubiertos de cueros, e otras escalas compuestas, e todas las otras cosas que fueron necesarias para que con mayor seguridat el combate se pudiese fazer. E acordaron que se ficiesen minas secretas por debaxo de

---

617   Palencia, A. de, *Crónica... Guerra de Granada*, libro VII, p. 191.

tierra; dellas para poner algunas partes de los muros en cuentos, y dellas para que alguna gente entrase en la çibdat, entretanto que los combates se daban a los muros"[618].

Destaca la mención, coincidente con la crónica de Palencia, a torres de madera. Añade a esta alusión una referencia al uso de *bastidas* de varias formas. Similares a las torres, Pulgar enfatiza que pueden llevar cien hombres a la vez.

A estas múltiples estructuras que facilitan la protección de los soldados al aproximarse para tomar la plaza por la fuerza, hay que añadir aquellas orientadas al ataque a distancia. Además de la creciente artillería de pólvora, las menciones a *ingenios* resultan continuas desde los asedios al castillo de Burgos y al de Zamora en 1476[619]. Las crónicas no matizan entre las diferentes variantes técnicas de los mismos. Sí podría interpretarse que diferencian por tamaño entre *ingenios* y *grandes ingenios,* pero esta distinción parece deberse simplemente a las distintas formas de exponer el relato por parte de los autores[620].

En las tres guerras, y especialmente en Granada, no faltan los casos en los que aparecen menciones al uso del fuego como arma. Ya sea proyectado desde el exterior con *artillería* y *máquinas de guerra* o iniciado con antorchas por los propios soldados una vez acceden al interior del recinto. Normalmente es utilizado como medio de presión en un ataque. Este es el uso más frecuente. Para lanzar las pellas incendiarias, la artillería toma protagonismo en este momento, sustituyendo otros ingenios utilizados hasta entonces, como catapultas de torsión y catapultas de contrapeso o *trebuchet*. En algunas ocasiones es utilizado con intenciones defensivas también. Palencia describe en la guerra de Portugal cómo unos soldados, para evitar que los castellanos se acerquen, se concentran en una plaza y *prendieron fuego a las puertas que miraban a la plazuela*[621].

En las crónicas podemos distinguir tres aspectos distintos del uso del fuego en el asedio a plazas.

La destrucción de estructuras e infraestructuras es el primero de esos aspectos. Su objeto es limitar las posibilidades de resistencia de la plaza y de esta forma hacer más fácil una toma por la fuerza. Así, por ejemplo, en la guerra de Portugal

---

[618]   Pulgar, H. del, *Historia de los Reyes Católicos...*, cap. CCXI, p. 306.

[619]   Estos aparecen junto a grandes lombardas como en la fortaleza de Zamora donde *"(el rey Fernando) mandó asimismo traer ingenios e lombardas para la combatir"*. Idem, cap. LIV, p. 173.

[620]   En el asedio al castillo de Castronuño, en 1477, el rey *"mandó asimismo traer gruesas lombardas e otras muchas artillerías, e grandes ingenios para combatir la fortaleza"*. Idem, cap. LXXXII, p. 285.

[621]   Palencia, A. de, *Crónica...* Década tercera, libro XXVII, cap. IX, pp. 317-320.

las tropas lusas prenden fuego a las puertas del puente de Zamora para intentar cruzarlo y tomar la ciudad por fuerza de armas:

> "Los portogueses començaron el conbate, presente el rey, tan de recio, que ovieron lugar de poner fuego a las puertas de la puente, aunque ovo allí dellos mucho muertos e heridos. Quemada la puerta; como los portugueses fueron con gran osadía, pensando de aver luego la entrada, fallaron el baluarte que avía fecho la noche antes, e tornaron a pelear e combatir aquel baluarte; en el qual conbate los portugueses peleavan con gran coraçón, e llegávanse osadamente, pero como no tenían pertrechos, y el fuego que avían puesto a la puerta de la puente les ynpedía que no podían llegar, recebían grande daño de tiros de espingardas e ballestas que tiraban los de dentro, en espeçial porque la disposiçion del lugar era tal e tan estrecho, que la defensa se façía a poco peligro, e la ofensa a gran daño"[622].

El segundo aspecto a considerar es el terror que infunde el fuego. Se utiliza como elemento de presión psicológica sobre los habitantes de la plaza. Con objeto de horrorizar a los cercados y obligarlos a que retiren su apoyo a líderes políticos, lanzan *pellas* incendiarias contra las casas de la población civil, utilizando cañones cortos como *trabucos, morteros* y *quartaos o quartadgos*. Palencia describe los materiales del que se compone ese fuego artificial en su relato de la campaña de Ronda del año 1485:

> "E como fue asentada, luego començaron a tirar juntamente las lonbardas gruesas con los tiros de pólvora medianos e menores. Armáronse asimismo los ingenios e los quartadgos, que tiraban la çibdat. Otrosy, ficieron los maestros del artillería unas pellas grandes de filo de cáñamo e pez e alcreuite e pólvora, confaçionadas con otros materiales, de tal conpostura, que poniéndoles fuego echavan de sy por todas partes çentellas e llamas espantosas, e quemaban todo quanto alcançaban; y el fuego que lançaban de sy duraba por grande espacio, y era tan riguroso que ninguno osaba matarlo"[623].

En este sentido, conviene incidir en algo que ya hemos comentado y es la clara diferencia entre las guerras de Portugal y Nápoles con respecto a la de Granada. Al tiempo que las crónicas muestran ataques de este tipo sobre infraestructuras castellanas y Napolitanas, se evitan los ataques a viviendas civiles. Sin embargo, en el reino nazarí los ataques con fuego contra las casas de los habitantes de villas y ciudades se aplican de forma constante y sistemática. Estos ataques intimidatorios

---

[622]   Pulgar, H. del, *Historia de los Reyes Católicos...*, cap. LIII, pp. 169-170.

[623]   Idem, cap. CLXXII, p. 170.

constituyen una de las claves para la victoria castellana en el conflicto. Pulgar describe también la sensación de terror que infunde el uso de pellas incendiarias contra la población durante el cerco a Loja de 1486:

> "Estando los moros en esta turbación, los maestros del artillería tiraron con los quartaos tres pellas confeçionadas de fuego, las quales subían en el aire echando de sy llamas y çentellas, e cayeron sobre tres partes de la çibdad, e quemaron las casas do açertaron, e todo lo que alcançaron. Los moros, espantados de aquel fuego, é viéndose por tantas partes conbatidos, no podiendo ya más sofrir las muertes e estragos que padeçían e veyan padecer a los suyos, visto asimismo cómo el rey moro estaba ferido, e que todos los otros sus capitanes dellos eran muertos e dellos feridos, demandaron seguro para algunos moros que viniese a fablar de entragar la çibdad, e el Rey mandóselo dar"[624].

Un tercer aspecto a considerar, aunque no se exprese de forma explícita en las crónicas, es el uso del fuego con el objeto de reducir las reservas de agua intramuros. Este es un aspecto particularmente destacable en la guerra de Granada, ya que el agua no abunda en muchas de las plazas, pero tampoco insustancial en Castilla o en el reino de Nápoles. El uso de pellas incendiarias puede obligar a los cercados a usar sus limitadas reservas de agua para evitar la propagación del fuego, reduciendo significativamente su capacidad de resistencia ante el asedio. De este modo, en el año 1482, el marqués de Cádiz prohíbe el uso del agua del pozo de Alhama para reservarla en caso de ataques de ese tipo.

Resulta particularmente interesante el uso de la artillería de pólvora para este tipo de ataque. Hasta ahora hemos considerado tan solo el uso de esta para acceder a la plaza a través del derribo de puertas y murallas, gracias a la fuerza de sus proyectiles. Para ello, se utilizan cañones largos que proporcionan disparos de trayectoria horizontal. Los tamaños de este tipo de cañón son muy variados, desde las grandes *lombardas* hasta los pequeños *ribadoquines*. Con la estrategia incendiaria, el tipo de ataque es totalmente diferente y, por tanto, el tipo de cañón utilizado también. Los lanzamientos son necesariamente parabólicos, para conseguir que los proyectiles accedan al interior del recinto sin necesidad de romper las murallas. Para ello, se usan cañones cortos que imitan los lanzamientos conseguidos con ingenios de contrapeso y de torsión.

Como ya hemos dicho, el uso del fuego es mucho más frecuente en la guerra de Granada que en la de Portugal o en la de Nápoles, ya que Granada es visto como un reino extranjero al que atacar y no como territorio propio que defender. Lo cual

---

[624]   Pulgar, H. del, *Historia de los Reyes Católicos...*, cap. CLXXXVII, pp. 224-225.

no quiere decir que no se utilice fuego en las guerras entre cristianos. Mostramos a continuación dos ejemplos de la guerra de Nápoles. El primero describe el uso de fuego por parte de nobles locales contra una plaza bajo control español:

> "Los Príncipes de la Calabria, después que se hubieron partido de Melito vinieron por Semenara, que estaba por el Rey de España, y tomáronla por fuerza de armas, y después la saquearon y quemaron muchas casas de principales. Finalmente, dejándola miuy mal parada siguieron su camino para Terranova"[625].

El segundo ejemplo describe las armas defensivas con las que cuenta el ejército francés para defender la ciudad de Gaeta, entre las que se encuentra *fuego artificial*:

> "De este concierto y orden que el Gran Capitán había dado fueron los franceses avisados, de cuya causa todos en particular estaba bien prevenidos y aparejados a los recibir, por lo cual tenían por diversas partes mucha artillería con otras defensas, como agua hirviente, fuego artificial para echarles, si llegar quisiesen a darles la batalla, y justamente disparar el artillería con que recibiesen los españoles en aquel día gran daño"[626].

Por último, debemos indicar que también el terror es utilizado como arma. Hemos mencionado el efecto psicológico que la artillería produce en los habitantes del reino nazarí. Lejos de ser la única forma de aterrorizar al enemigo, otros métodos son utilizados para enviar poderosos mensajes. Por ejemplo, tras el intento de regicidio que los Reyes Católicos sufren en el real de Málaga, el rey Fernando ordena que se lance el cuerpo del culpable con un *trabuco* al interior de la muralla de la ciudad. Otro ejemplo significativo es el que citamos a continuación, porque es utilizado, además de para intimidar al enemigo, para dar esperanzas al pueblo nazarí y promover respeto hacia la autoridad. El rey Muley Hacén, enfermo y cuestionado, se retira a Almuñécar. En el contexto de las luchas internas por conseguir el poder entre Boabdil y su tío el Zagal, este último se presenta en como salvador de su pueblo. Con tal efecto llega a Granada exponiendo como trofeo las cabezas de los cristianos vencidos en su camino.

> "Luego mandó Albohardillas cortar las cabezas a los cadáveres de los cristianos que iba encontrando a su vuelta y llevarlas como trofeos para proporcionar un espectáculo más interesante a los moradores de Granada y hacerles ver qué Rey habían elegido"[627].

---

[625]   «Libro segundo de la conquista del reino de Nápoles..., cap. XXXVIII, p. 104.
[626]   Idem, cap. XCV, p. 191.
[627]   Palencia, A. de, *Crónica...* Guerra de Granada, libro V, p. 152.

Resumen de los principales cambios militares de los Reyes Católicos

Desde el final de la guerra de Granada hasta la llegada de la dinastía Borbón a España transcurren unos doscientos años. Durante ese tiempo se fraguan una serie transformaciones sustanciales en el ejército, que abarcan todos los aspectos referentes a este. Desde tecnificación del armamento a un cambio radical de cómo se concibe a nivel táctico y a nivel social la guerra. España es una de las naciones que más impulsó estos cambios[628].

Estos cambios han sido tradicionalmente vinculados a la dinastía de los Austrias. La principal razón es que, durante este periodo, España alcanza el culmen de su poder y una expansión global. Sin embargo, el estudio de las crónicas nos permite observar que las bases de tal revolución militar se construyen durante los últimos años de la dinastía Trastámara. En concreto, podemos atribuir a los Reyes Católicos la visión para implementar las ordenanzas que los facilitan. Así mismo, tanto el rey Fernando a nivel estratégico como Gonzalo Fernández de Córdoba a nivel táctico consiguen redefinir los campos de batalla, cambiando por completo la forma en la que se entienden los conflictos armados y ayudando a transformar el tablero político de Europa planeado por Isabel de Castilla y su esposo.

Cambios en la estrategia y tácticas militares

Debemos aclarar que los planteamientos estratégicos y desarrollos tácticos puestos en práctica por los ejércitos de los Reyes Católicos responden, esencialmente, a patrones típicamente medievales, tales como asedios, talas, cabalgadas o incursiones. No obstante, ya desde la Guerra de Granada, resultan evidentes algunos cambios importantes que adelantan la transformación profunda que experimentan los ejércitos europeos a partir de la segunda mitad del siglo XVI. El inicio de

---

628 Rodríguez Hernández, A. J. y Mesa Gallego, E. de, «Del Gran Capitán a los tercios... p. 144.

esos cambios es especialmente patente en Italia, donde el Gran Capitán, con un ejército inferior en número -y en teoría peor equipado que el francés- es capaz de repeler sus ataques y desbaratar sus fuerzas. Con unas tropas formadas principalmente con efectivos de infantería consigue vencer, en numerosas ocasiones y con contundencia, a la poderosa caballería pesada francesa, que había sido la referencia del poder militar europeo medieval hasta entonces.

A finales del siglo XV, el caballero feudal es todavía el arquetipo de la figura militar en Europa. La infantería, aunque más numerosa que la caballería, cumple fundamentalmente una función secundaria de apoyo, protegiéndola y ejerciendo labores de transporte requeridas por esta. La élite de los caballeros es la caballería pesada que, protegida con armaduras, resulta prácticamente invencible en el campo de batalla. Los nobles, debidamente adiestrados en el arte de los combates cuerpo a cuerpo, son los protagonistas indiscutibles de estas fuerzas y encuentran en la guerra el vehículo ideal para su promoción y confirmación social[629]. Además, constituyen la élite económica del momento, por lo que cuentan con los recursos monetarios necesarios para costear armas, armaduras, caballos debidamente entrenados y escuderos, lo que confiere a este cuerpo de cierta exclusividad, que no hace sino intensificar el imaginario popular al respecto[630].

No obstante, pese a que en el terreno militar haya una clara élite personalizada en la figura del noble, no debemos pensar que la cultura bélica es exclusiva de ese estamento. La guerra impregna cada aspecto de la sociedad medieval con una presencia continua[631]. Competiciones y juegos organizados por las autoridades preparan a la población en el manejo de las armas, para un eventual conflicto. La expectativa de colaboración en la reparación de murallas y otras infraestructuras de carácter defensivo es frecuente. Esta omnipresencia de la guerra y su consecuente impacto cultural es particularmente cierta en la península ibérica, donde, durante siglos, se ha practicado una guerra de baja intensidad -pero continua- entre los reinos cristianos y los territorios musulmanes.

---

[629]   Vale, M., War and Chivalry. *Warfare and Aristocratic Culture in England, France and Burgundy at the End of the Middle Ages*, Gerald Duckworth, Londres, 1981.

[630]   Cardini, F., «El guerrero y el caballero», en Le Goff, J. (ed.), *El hombre medieval*, Alianza, Madrid, 1990, pp. 117-118.

[631]   Keen, M. (ed.), *Historia de la Guerra en la Edad Media*, Oxford University Press y Machado libros, Madrid, 2005.

Temporalidad

La temporalidad de las campañas bélicas medievales es una de las características en las que, con mayor claridad, se muestra la transformación que están experimentando los ejércitos.

En la guerra de Portugal, la temporalidad se manifiesta de forma evidente. Durante este enfrentamiento, la convocatoria de la hueste castellana no se prolonga, debido a las carencias logísticas. En la de Granada aún es apreciable, pero los Reyes Católicos consiguen alargar la duración de las campañas más allá de lo habitual hasta entonces. Para ello, planifican la llegada de alimentos durante los meses previos. Así, algunas de estas campañas y asedios que comienzan durante los meses estivales no concluyen hasta bien entrado el invierno. En concreto, el asedio a Baza se prolonga durante nueve meses y concluye con éxito, pese a la dureza del clima y el reto que supone el aprovisionamiento. En Italia, la temporalidad parece haber desaparecido de los planteamientos estratégicos, gracias al desarrollo del aparato logístico llevado a cabo.

Estacionalidad

La estacionalidad es otra de las características propias de la guerra medieval que, además, influye enormemente en la temporalidad de las campañas. Sin embargo, la evolución en este sentido es diferente en los conflictos estudiados. En la guerra de Portugal no se aprecia una propensión a programar campañas durante los meses de verano, ya que se trata de la respuesta a una invasión extranjera. Por tanto, Castilla no tiene control alguno sobre el calendario de las campañas. Por otro lado, en la guerra de Granada Castilla sí controla la iniciativa bélica, por lo que se da una clara planificación basada en el calendario agrícola nazarí. Aunque se podría argumentar que esa tendencia no se ve cumplida en campañas específicas como la de Ronda, en 1485, o en prolongados asedios tales como el de Baza, en 1489, o el de la ciudad de Granada, en 1491. No obstante, la continua mención a talas que hacen las crónicas confirma la importancia de esta estrategia y por ende la necesidad de considerar la estacionalidad de las campañas. Tanto en el Rosellón como en Nápoles la estacionalidad no parece ser decisiva. En estos conflictos, la estrategia de desgaste a partir de talas no resulta esencial, como sí lo son el uso de la artillería y la adaptación de la infantería a la realidad bélica.

Batallas campales

El imaginario colectivo sitúa las batallas campales en el epicentro de la guerra medieval. La realidad, no obstante, difiere mucho de este tópico. En los conflictos medievales, este tipo de enfrentamiento apenas tiene relevancia. Las guerras en las que luchan los ejércitos de los Reyes Católicos no escapan a esta norma, si bien es cierto que cuentan con un reducido número de batallas que sí resultan decisivas en el desenlace.

Durante la Guerra de Portugal, las batallas de Toro y Albuera constituyen enfrentamientos directos que se buscan activamente y determinan el desenlace del conflicto. Las dos batallas siguen patrones tácticos medievales. Otras tácticas típicamente medievales que las crónicas narran con frecuencia en esta guerra son las cabalgadas y los asedios o cercos, en los que la artillería tiene escasa importancia. Encontramos, incluso, una propuesta de combate singular del rey Fernando al rey de Portugal. Propuesta que no es aceptada y que podría haber puesto fin al conflicto. Todos estos planteamientos pueden ser considerados típicamente medievales.

En la Guerra de Granada apenas encontramos batallas determinantes, desde el punto de vista militar. En este conflicto, el peso de los asedios en la estrategia general es mucho mayor que el de las batallas. No obstante, cabe destacar la batalla de Lucena de 1483 que, si bien no resulta en una victoria militar aplastante, sí acaba con el apresamiento de Boabdil, lo que otorga al bando castellano una importante baza política. A excepción de esta -y quizás la de Moclín en 1485-, no podemos hablar de batallas a gran escala y a campo abierto en este conflicto. En cualquier caso, lo realmente novedoso de esta guerra es la importancia de la artillería como elemento de presión y como factor de desequilibrio entre bandos. Los principales cambios de estrategia de esta guerra comienzan con la campaña de 1484. Tras aprender de los errores cometidos en años anteriores, los Reyes Católicos plantean campañas anuales de larga duración, extensa convocatoria, intensivas en medios y cuya potencia de fuego se ve claramente incrementada. De este modo, la artillería deja de ser un simple elemento de apoyo en los asedios para pasar a protagonizarlos. Con la aplicación de estos cambios, las victorias empiezan a suceder a un ritmo muy superior. Con frecuencia, la artillería resulta tan intimidante que se suceden las capitulaciones sin combates.

En Italia seguimos viendo estrategias de asedio, pero las tomas por la fuerza parecen adquirir importancia. La artillería se ha desarrollado hasta el punto de poder ser utilizada con garantías para romper el lienzo de murallas y fortalezas. También adquiere un carácter relativamente móvil, siendo frecuente el relato de su uso en batallas campales, así como en el mar. Por otro lado, la infantería adquiere una importancia inusitada. Crece en número, incorpora armas como picas y armas de fuego individuales que demuestran el desfase de la, hasta entonces, poderosa caballería pesada gala. Las batallas a campo abierto adquieren una importancia que no habían tenido hasta entonces, como es el caso de la batalla de Cerignola o la batalla de Garellano, ambas en 1503. En estos cambios, podemos ver el embrión de los temidos y eficaces tercios españoles.

Intendencia y guerra en el mar

La logística militar o intendencia y la guerra en el mar son dos aspectos que se desarrollan de forma paralela, por el desarrollo del transporte marítimo experimentado a finales de la Edad Media y comienzos de la Moderna.

Podemos considerar la guerra en el mar como un aspecto relativamente novedoso a finales del siglo XV y especialmente en los primeros años del XVI, en comparación con siglos anteriores. Es en estos años cuando los avances técnicos permiten sentar las bases de la era de la exploración marítima. Al tiempo que castellanos y portugueses se lanzan a la expansión atlántica, trasladan esos avances a sus armadas, lo que, con el tiempo, les concede una ventaja en el control de las aguas que resulta difícil de superar por sus enemigos.

Uno de los lugares cuyo control resulta más estratégico durante la guerra de Portugal es el estrecho de Gibraltar. Ese protagonismo vuelve a repetirse durante la de Granada. En ambos casos, el dominio de las aguas sirve para bloquear el paso de embarcaciones enemigas y, por tanto, para bloquear el abastecimiento de sus ejércitos y la llegada de nuevas tropas. Sin embargo, las limitaciones de los combates marítimos son más que evidentes.

En el conflicto contra Portugal, las crónicas hablan de *cabalgadas marítimas,* en las que se aplican las mismas tácticas que en las cabalgadas de tierra. Además, los monarcas dispensan *patentes de corso* que promocionan dicha táctica desde la iniciativa privada[632].

En el caso de la guerra de Granada, el objetivo primordial de los castellanos es la vigilancia y bloqueo del comercio con el norte de África. En el asedio a Málaga de

---

[632]   Jiménez Alcázar, J.F., «Castilla y el mar mediterráneo: Encuentros y desencuentros en la Baja Edad Media», en *Intus-Legere Historia*, Vol. 5, n.2, Universidad Adolfo Ibáñez, Chile, 2011, pp. 7-33.

1487 podemos presenciar, por primera vez en estos enfrentamientos, un amplio bloqueo marítimo y una organización sistemática de la llegada de provisiones en barcos, así como algunos combates contra los pequeños navíos locales[633].

Llegadas las guerras de Italia, la guerra en el mar adquiere otra dimensión completamente desconocida en el siglo anterior. El número de navíos, la variedad de sus construcciones, el volumen de las tropas destacadas en ellos, así como la generalizada y abundante incorporación de la artillería de pólvora en los mismos pone de manifiesto el nacimiento de un nuevo concepto de guerra que marcará los siglos venideros. Así mimo, la necesidad del desplazamiento de tropas terrestres y provisiones por vía marítima provoca una movilización de recursos que baraja cifras muy superiores a las de conflictos anteriores. Ladero Quesada hace un estudio exhaustivo de los envíos de tropas a la primera guerra de Nápoles, entre los años 1494 y 1497. Una de las conclusiones más reveladoras es que la acción bélica de apoyo al rey de Nápoles enviada por los Reyes Católicos es, eminentemente, de carácter naval. Es decir, aunque en este trabajo prestemos especial atención a la figura del Gran Capitán por la importancia de sus innovaciones tácticas y estratégicas, la realidad es que las fuerzas enviadas cuentan con otra autoridad en el mar, el conde de Trevento, a la que se supedita el propio Fernández de Córdoba durante el trayecto. De forma complementaria a esta gran armada, se envía un ejército de tierra, compuesto por caballería e infantería, que opera de forma autónoma con el Gran Capitán al frente, pero que sigue vinculado al mando marino[634].

Por su parte, Francia, pese a contar con acceso directo terrestre a la península itálica, también moviliza un elevado número de embarcaciones. La rapidez del trayecto por mar y la mejora de las naves facilitan el impulso de este tipo de desplazamiento. Las crónicas reflejan su importancia y muestran episodios sumamente interesantes en los que se refleja el desarrollo de barcos diseñados específicamente para el combate.

En la guerra de Portugal, las carencias logísticas propias de la guerra medieval son evidentes. Razón por la cual, las huestes medievales no son típicamente convo-

---

[633]   Andrés Bernáldez lo describe así en su crónica: "Por el cabo de la mar estaba cercada Málaga con la armada del Rey, de muchas galeras é naos, é carabelas, en que había mucha gente é muchas armas, é combatían la ciudad por la mar con los tiros de pólvora. Era una gran fermosura ver el real sobre Málaga por tierra y por mar, había una gran flota de la armada que siempre estaba en el cerco, é otros muchos navíos que nunca paraban trayendo mantenimientos al real", Bernáldez, A., *Historia de los Reyes Católicos...*, cap. LXXXIII, p. 626.

[634]   Ladero Quesada, M.A., «Fuerzas navales y terrestres de los Reyes Católicos...», p. 12.

cadas durante extensos periodos de tiempo. Ambos ejércitos, castellano y portugués, se ven en la obligación de abandonar asedios, ante las carencias en el aprovisionamiento de sus respectivos campamentos[635].

En la guerra de Granada, vemos episodios similares al principio del conflicto. Así, tanto nazaríes como castellanos se ven obligados a levantar asedios por falta de alimentos en Alhama y Zahara respectivamente. Sin embargo, estas carencias logísticas muestran una notable mejora durante la segunda mitad de la contienda. Dos son las circunstancias que fuerzan ese cambio. En primer lugar, durante los primeros años del enfrentamiento es necesario organizar continuas recuas para abastecer la ciudad de Alhama, que se encuentra en medio del territorio controlado por el enemigo y se convierte en la punta de lanza de sus ofensivas[636]. En segundo lugar, los castellanos no tardan en comprobar la eficacia logística del ejército de Granada. Esto obliga a Castilla, desplazada en territorio hostil, a reorganizar su intendencia y desarrollarla para poder combatir de tú a tú con el emirato nazarí. Pulgar se hace eco de las necesidades logísticas en aumento a lo largo de la Guerra:

> "E ciertamente se puede creer que en la provisión do los mantenimientos que se trayan todos los años a los reales avía mayores gastos que se pudieran facer por otros reyes en las conquistas de los reynos e provinçias que conquistaron ... e convenía que todos los días oviese las recuas de veynte mill bestias, trayendo de muy lexos los mantenimientos e vestuarios, e todos los ofiçios e ferramientas e pertrechos, e otras cosas necesarias a la vida. E otrosí, era neçesaria grand copia de gente de armas que de continuo entrase e saliese con las recuas, porque las asegurasen de los enemigos, en lo cual las gentes pasaban trabajos e façían grandes gastos"[637].

Es destacable el papel de la reina Isabel en la logística. Su protagonismo se muestra de forma cada vez más clara, a medida que el conflicto avanza. Por un lado, su labor diplomática en los primeros años de la guerra de Portugal es intensa. Poco

---

[635] El rey Fernando se inclina por una resolución rápida a la guerra contra Portugal por lo que asedia Zamora, en la que se encuentra Alfonso V, con la esperanza de forzar un combate singular o una batalla. Sin embargo, la falta de provisiones obliga a los castellanos a levantar su real tras dos semanas. Pulgar lo describe así en su crónica: "Visto por el Rey en cómo el rey de Portogal no salía con él a la batalla canpal que le ofrecía, e que avía ynpedimento en el combate que le movió de persona a persona, acordó de asentar su real ribera del río de Duero...porque de la otra parte del río no avía gente ninguna del Rey que resistiese la entra e salida libremente en la çibdad, ni el río se podía vadear para que de la otra parte se pudiesen quitar los mantenimientos que entravan en la çibdad...ovo consejo el Rey de alçar su real, e venir a la villa de Medina del Canpo". Pulgar, H. del, *Crónica de los señores Reyes Católicos...*, cap. XLIV, pp. 140-141.

[636] Las necesidades de Alhama, rodeada de territorio enemigo aumentan como consecuencia de los tres cercos a los que se ve expuesta, pasando de 40.000 acémilas en 1482, a 80.000 un año más tarde. Verdera Franco, L., «La conquista de Granada..., p. 76.

[637] Pulgar, H. del, *Historia de los Reyes Católicos...*, cap. CLXXXIX, pp. 232-233.

a poco va añadiendo otras funciones a sus responsabilidades, como la compra del cereal necesario para nutrir las tropas, la organización del aparato logístico, la búsqueda de fondos para costearlo y las aportaciones personales. Así mismo, la creación del *Hospital de la Reina* resulta una contribución innovadora y precursora de lo que será una constante en el futuro de la institución castrense. La reina se encarga de facilitar la disponibilidad de peones zapadores que garanticen la llegada de las recuas. Así mismo, su presencia física en el real resulta de por sí novedosa, ya que el campamento es tradicionalmente considerado un lugar exclusivo de los hombres. Su presencia es recibida como signo de confianza y apoyo por parte de sus tropas y como una amenaza y provocación por parte de los nazaríes. Llegadas las guerras de Italia, el papel de Isabel I también resulta fundamental, en tanto es Castilla quien financia mayoritariamente la guerra, pese a tratarse de una lucha en defensa de los intereses aragoneses[638]. En Nápoles, la logística alcanza un nivel de eficacia desconocido en los conflictos anteriores. Se llegan a movilizar cientos de embarcaciones para nutrir el continuo puente marítimo establecido en el Mediterráneo, que es capaz de abastecer a las tropas desplazadas[639].

Convocatoria

El cambio en la convocatoria es uno de los más evidentes en el proceso de transformación del ejército. En poco más de un cuarto de siglo, la convocatoria castellana pasa de una mesnada puramente medieval en la guerra de Portugal, al primer ejército profesional de la historia castellana, en Nápoles.

El primer cambio evidente en la convocatoria es el incremento en el número de tropas reunidas. Más adelante, el cambio más claro es la profesionalización de los efectivos convocados.

Tanto en la guerra de Portugal como en la de Granada el número de soldados que acude es muy elevado. Los cronistas describen la hueste en este segundo conflicto como la *mayor tropa jamás convocada en la península*. Al Rosellón se envían las que podemos considerar primeras tropas de carácter permanente de los reinos

---

[638]   Ladero Quesada, M.A., «Fuerzas navales y terrestres de los Reyes Católicos en la primera guerra de Nápoles..., p. 12.

[639]   Ladero Quesada estima que el número de embarcaciones que participan en el puente marítimo establecido entre la costa española y Nápoles pudo alcanzar el millar. Para más información, ver: Ladero Quesada, M.Á., *Ejércitos y armadas de los Reyes Católicos: Nápoles y el Rosellón (1494-1504)*, Real Academia de la Historia, Madrid, 2010.

cristianos españoles[640]. El número de soldados enviados a Italia puede parecer limitado, si lo comparamos con Granada. No obstante, también es elevado si consideramos que su desplazamiento se hizo por mar, con las dificultades que esto conlleva. Además, no luchan solos, sino que a los españoles desplazados se les unen tropas locales que aumentan la cifra total. Así mismo, debemos considerar que el esfuerzo bélico realizado en el conflicto napolitano corresponde principalmente a la creación de la que podemos considerar también la primera armada española y no tanto a los recursos dedicados a las tropas terrestres. Debemos tener en cuenta que, antes de Nápoles, la escasa experiencia de la corona financiando el flete de navíos se limitaba a tres intervenciones: 1) los barcos enviados como apoyo en la guerra de Granada, ya fuera para patrullar el estrecho de Gibraltar, transporte de vituallas y artillería o para participar en el asedio a Málaga. 2) Los barcos enviados a las Indias. 3) La pequeña flota encargada de llevar a Flandes a Juana, hija de los Reyes Católicos, en el año 1486. Flota que también se encargó de traer a Margarita de Habsburgo en su viaje de vuelta, así como garantizar su protección a su paso cerca de las costas francesas [641].

Por su parte, Francia también concentra un número elevado de soldados para su invasión de la península itálica. En cualquier caso, la relativa desventaja numérica de las fuerzas españolas se contrarresta con la eficacia de las armas utilizadas y las novedosas tácticas empleadas que anticipan las futuras tendencias en este sentido.

Armas

En lo referente a las armas, debemos diferenciar entre las armas de uso individual y las de uso colectivo. Mientras que en las armas de uso individual la continuidad es la norma y la evolución se debe principalmente a su uso táctico, en las de uso colectivo sí se aprecian avances técnicos significativos, siendo la artillería la que aporta los cambios más notables.

En la guerra de Portugal, las armas individuales utilizadas son típicamente medievales. Las fuentes apenas hacen mención a armas de fuego de uso personal. En cuanto a la artillería, su uso es casi anecdótico. Sin embargo, sirve para demostrar su valor estratégico en materia defensiva y empieza a verse su potencial como arma

---

[640]   Las Guardas de Castilla constituyen las primeras tropas de carácter permanente. Se crearon a partir de un decreto del año 1493. Contaban con 2500 lanzas, repartidas en 25 capitanías y tuvieron un papel muy activo en el Rosellón. Martínez Ruiz, E. y Pi Corrales, M. de P., *Las Guardas de Castilla: Primer ejército permanente español*, Sílex, Madrid, 2012, pp. 17-36.

[641]   Ladero Quesada, M.A., «Fuerzas navales y terrestres de los Reyes Católicos...», p. 12.

ofensiva, tal y como se describe en la fortaleza de Burgos, primera referencia a la destrucción sistemática de murallas que aparece en las crónicas:

> "Porque don Alfonso de Aragón, con tan admirable solicitud y exquisita ciencia militar había rechazado a la guarnición del castillo, y derruido con la artillería el recinto murado, dejándole desnudo de toda defensa, que a los cercados, vanamente empeñados en resistir, no les quedaba medio alguno de defensa"[642].

En la guerra de Granada, los castellanos se enfrentan a un ejército nazarí rápido, bien formado y con un importante componente de tropas profesionales de carácter permanente que, además, conocen bien el terreno. Para contrarrestarlo, los castellanos dan especial importancia a la jineta. Más veloz que la caballería pesada, ofrece la agilidad necesaria para hacer frente al enemigo. Así mismo, las órdenes militares, grandes conocedoras del territorio fronterizo, ofrecen el grado de profesionalidad y correcta percepción del terreno que el ejército necesita. La llegada de soldados voluntarios y de mercenarios de otros reinos europeos, incluyendo piqueros suizos, influye en la incorporación de la pica como arma de referencia en la infantería de ejércitos españoles, pocos años después de esta guerra.

En cuanto a la artillería, su importancia es creciente en Granada. A partir de 1484 se convierte en uno de los ejes centrales de la estrategia. Las crónicas hacen frecuentes referencias a su número, al elevado volumen de efectivos necesarios para su transporte, uso y mantenimiento. Se estima que el número de piezas utilizadas en esta guerra supera con creces la centena. Las fuentes escritas también destacan el terror que la artillería ocasiona a los enemigos y los cambios que experimentan los escenarios del combate por motivo del fuego, humo y ruido que provocan. Los cronistas coinciden en destacar, como un fenómeno nuevo, la premura con la que se suceden las conquistas. Se sorprenden de cómo las plazas caen a gran velocidad tanto por tomas por la fuerza como mediante capitulaciones. Frecuentemente, estas capitulaciones tienen lugar simplemente por efecto disuasorio de los cañones[643]. El principal uso de esta artillería sigue siendo provocar incendios en el interior de las plazas,

---

[642]   Palencia, A. de, *Crónica... Guerra de Granada*, libro X, p. 255.

[643]   Íllora, en el año 1483, es el primer cerco en el que la artillería no es un elemento de apoyo, sino el elemento central del asalto. A partir de 1484 las campañas se centran en asedios fuertemente armados. En 1485, Ronda es incapaz de defenderse por el acoso de la artillería y cae en cuestión de días, no siendo necesaria una quinta columna para abrir puertas. Vélez-Málaga capitula en 1487 ante la mera presencia de la artillería, sin necesidad de disparar. Los cañones desplegados incluyen las denominadas *7 hermanas de Ximena*, de gran tamaño y con eficaz efecto intimidatorio. Cook Jr., W.F., «The cannon conquest of Nasrid Spain...», pp. 272-279.

superando los muros con disparos en parábola. No obstante, asistimos a los primeros casos de uso intensivo de cañones para derribar lienzos de muro, facilitando algunas tomas por la fuerza. Estos episodios muestran la evolución de un arma que está ganando en potencia y competitividad rápidamente. Muestra de la importancia que está adquiriendo es la promoción de Francisco Ramírez de Madrid a "Maestre Mayor" de artillería. Pese a no contar con un origen noble, su conocimiento técnico le hace ganarse ese título. Su promoción supone un giro hacia la modernización de la institución castrense. Cabe destacar también la experimentación llevada a cabo con esta nueva arma. De hecho, el propio Francisco Ramírez acaba siendo nombrado caballero gracias al éxito de un *cortázgo* que idea él mismo y que facilita la ruptura de la muralla y posterior toma del castillo de Gibralfaro, en Málaga[644].

Llegadas las guerras de Italia y el Rosellón, el uso de cañones ya es un elemento central de las tomas por la fuerza. Al menos un centenar de piezas de artillería – aunque no todas en buen uso-, sobrantes del conflicto granadino son utilizadas en la guerra del Rosellón a partir del 1495. A estas, con la experiencia ganada en Granada, se añaden rápidamente otras manufacturadas en Baza, Medina del Campo, Perpiñán y Málaga, a partir de 1499[645].

En Granada, algunos asedios prolongados son clave en la capitulación de importantes plazas como Málaga, Baza o Granada. Por el contrario, en Italia, la artillería del ejército en tierra se dispone con el objetivo de derribar los muros de la plaza a tomar lo antes posible. Por lo tanto, los ataques se ven claramente supeditados a la disponibilidad y a la eficacia de los cañones. Si en algún momento el ejército no dispone de pólvora, se trata de evitar el enfrentamiento.

Así mismo, durante esta guerra vemos cómo la artillería expande su campo de acción y es incorporada de forma notable en navíos y en campos de batalla. La artillería deja de ser un elemento estático de defensa y asedios, para convertirse en un arma dinámica que se desplaza con las tropas y puede ser ubicada momentos antes del enfrentamiento casi en cualquier lugar. Ya desde la primera convocatoria, en el año 1495, se embarcan 300 piezas de artillería en los navíos de la armada, de los que se reservan 100 para las fortalezas defendidas por las tropas de Fernández de Córdoba[646]. Como vemos, la guerra en el mar aglutina la mayor parte del esfuerzo bélico, rompiendo completamente con lo ocurrido en los dos conflictos anteriores.

---

[644]   Verdera Franco, L., «La conquista de Granada: 1382-1492..., p. 90.

[645]   Ladero Quesada, M.Á., *Ejércitos y armadas de los Reyes Católicos: Nápoles y el Rosellón...*, p. 121.

[646]   Ladero Quesada, M.A., «Fuerzas navales y terrestres de los Reyes Católicos en la primera guerra de Nápoles (1494-1497... p. 12.

A título individual, la ballesta sigue siendo el arma a distancia más utilizada, aunque se confirma el uso creciente de las armas de fuego individuales. Su uso aparece en la guerra de Portugal, crece y se forman algunas unidades especialistas en la de Granada y se estandariza en la de Nápoles, donde se convierte en una de las tres armas esenciales de la infantería. La pica también es incorporada en las tropas del Gran Capitán como un arma eficaz con la que la infantería puede combatir sin complejos a la temida caballería pesada francesa[647]. Ya había sido introducida en la península ibérica por cuerpos mercenarios suizos durante la guerra de Granada. A Nápoles llega de la mano de las tropas alemanas enviadas por el emperador y son rápidamente incorporadas en el ejército español. Ese uso da un importante impulso al predominio de la infantería, definitorio de la Edad Moderna y ayuda a sentar las bases de los temibles y eficaces tercios españoles[648]. Armas tradicionales de uso individual como ballestas, jabalinas y dardos son progresivamente sustituidos por armas de fuego que cohabitan en los campos de batalla con lanzas, espadas y escudos[649].

Conviene, no obstante, prestar atención a los cambios experimentados por las tropas enviadas a Nápoles en el tiempo que transcurre desde la primera expedición (1495-1498) y la segunda (1501-1504). En cierto modo, este breve periodo representa el punto de inflexión que define el cambio entre la guerra medieval y la moderna, en cuanto a convocatoria y armamento individual.

Así, la primera guerra de Nápoles se caracteriza por los siguientes elementos:

- Convocatoria: 5.000 peones, muchos de ellos veteranos de la guerra de Granada.
- Armas individuales: Lanzas, espadas, escudos, ballestas y espingardas.
- Tácticas: Hasta la derrota de Seminara el 21 de junio de 1495 (al mando del rey Ferrante II) se siguen tácitas medievales

---

[647] Arroyo Rodríguez-Valdés, A. (2016) *Guerras y diplomacia en Italia durante el gobierno de Fernando el Católico (1500-1516).* [Documentos de trabajo U.C.M.Biblioteca Histórica; nº 6, 16, disponible en http://eprints.ucm.es/38500/, 8-Enero-2018.

[648] Maurice Keen sugiere que la generalización de la pica en los ejércitos bajomedievales y modernos responde a dos hitos bélicos. Por un lado, a la derrota de los ejércitos españoles en 1495 contra los suizos armados con este tipo de lanza en Seminara; por otro, a la reacción castellano-aragonesa liderada por Gonzalo Fernández de Córdoba, que ordena la incorporación masiva de *picas* y los éxitos militares consiguientes, empezando por la victoria contra el duque de Nemours en 1503 en los que se demuestra su eficacia contra la caballería ligera. Keen, M., «Armas de fuego, pólvora y ejércitos permanentes», en KEEN, M. (ed.), *Historia de la Guerra en la Edad Media*, Oxford University Press y Machado libros, Madrid, 2005, pp. 347-368, pp. 365-366.

[649] Rodríguez Hernández, A. J. y Mesa Gallego, E. de, «Del Gran Capitán a los tercios…, p. 148.

- Tácticas: Después de Seminara y al mando del Gran Capitán se aplican tácticas de guerrilla aprendidas en Granada, con 2.500 hombres (incluyen 100 de armas y 400 jinetes ligeros). Incluyen guerra de baja intensidad y golpes de mano.
- Tropas luchan en orden abierto
- Usan el terreno como ventaja
- Cuerpo a cuerpo: Usan dardos, espadas y espingardas, apoyados con potencia de fuego que resulta superior a los piqueros suizos, contra la caballería pesada.

En la segunda expedición a Nápoles, las tropas experimentan una transformación evidente:

- Convocatoria: 3.042 hombres, distribuidos en 22 capitanías. Incluye 754 espingarderos, 2.058 lanceros y ballesteros (en la misma partida por cobrar el mismo salario), 20 escuderos y 97 homicianos (condenados por asesinato que conmutan su pena luchando[650]).
- Armas: Aumentan las armas de fuego portátiles (espingardas), aunque sigue habiendo ballestas, desaparecen los soldados escudados, aumentan las picas, aunque no todos los hombres llevan una[651].

Los cambios en el ejército se suceden con relativa rapidez. Los cronistas destacan algunos aspectos, pero, por lo general, no parecen conceder mucha importancia o ser realmente conscientes de la relevancia de muchos de estos cambios decisivos en la transición del ejército a la modernidad. Uno de ellos es su gradual centralización y la profesionalización del mando militar.

Estructura de mando

En la guerra de Portugal, el escenario político se divide como un tablero de ajedrez entre casas nobiliarias favorables a las causas isabelina y juanista. El poder político de los nobles es enorme. Pese a que la corona concentra el mando militar en campaña, cada noble puede hacer valer su fuerza, apoyando a una candidata u otra al trono.

En Granada, los nobles se unen en torno a los Reyes Católicos, frente a un único enemigo externo. Durante su reinado, los nobles reciben generosas mercedes a cambio de limitar su poder individual y acatar la autoridad regia. Durante la guerra,

---

[650]   Ladero Quesada, M.A., «Baja Edad Media...», p. 332.
[651]   Quatrefages, R., *La revolución militar moderna. El crisol español...*, pp. 127-129.

los grandes siguen sentándose junto al rey Fernando en la mesa donde se toman las decisiones estratégicas y tácticas del campo de batalla. El Rey Católico ostenta el mando central, pero lo delega en una persona ajena al círculo de los *grandes*. Las crónicas hablan del nombramiento de don Fadrique de Toledo como capitán general de las fuerzas dedicadas a la conquista. Inciden en el hecho de que sea nombrado para contrarrestar las rivalidades entre esos nobles:

> "Los Reyes resolvieron nombrar para la Andalucía un capitán General que hiciera desaparecer las rivalidades de aquellos Grandes ... D. Fadrique de Toledo, hijo del Duque de Toledo ... eligió a Loja ... para cuartel General"[652].

No obstante, no conceden demasiada relevancia a este hecho, pese a ser tan novedoso. Su narración pasa por alto sus funciones y atribuciones. En cambio, se centran en las quejas que su designación induce entre los nobles de mayor rango, al no ser este un grande.

En las guerras de Italia, sin embargo, el ejército desplazado es esencialmente profesional y liderado por un militar, Gonzalo Fernández de Córdoba, sobre el que debemos aclarar algunas cuestiones.

En primer lugar, debemos decir que, antes del envío de tropas de tierra, los Reyes Católicos envían una armada, sin otro objeto que apoyar al rey napolitano desde el mar. Los preparativos comienzan en octubre de 1494 y, dada la urgencia de la convocatoria, se parte de la existente *Armada de Vizcaya*, que ya se encontraba al servicio de la corona y contaba con una carraca y cuatro naos, a las que se añaden más navíos. Esta *Armada de Vizcaya* no pertenece a la corona, sino que es contratada para efectuar labores como la vigilancia del estrecho contra los portugueses -los enfrentamientos acaban ese mismo año con la firma del Tratado de Tordesillas- o el traslado de musulmanes al norte de África, incluyendo a Boabdil[653]. En 1494 se vuelve a contratar dicha armada para ser enviada a Sicilia y Nápoles. Se reducen los navíos dedicados a las Indias, se posponen los planes de conquista de plazas en el norte de África -en particular Melilla[654]- y se diversifica las funciones de la *Armada Vieja* que defendía la costa de Granada. Al frente de esta nueva convocatoria se envía al conde de Palamós y de Trevento, que es nombrado *Capitán General de la Nuestra*

---

[652]   Palencia, A. de, *Crónica... Guerra de Granada*, libro VI, p. 168.

[653]   Ladero Quesada, M.A., «La "armada de Vizcaya" (1492-1493): nuevos datos documentales», en *La España Medieval*, nº 24, 2001, pp. 365-394.

[654]   Ladero Quesada, M.A., «Defensa de Granada a raíz de la conquista», en *Granada después de la conquista. Repobladores y mudéjares*, Diputación provincial de Granada, Granada, 1993, pp. 13-14.

Armada por los Reyes Católicos. Recibe órdenes directas de los reyes, pero, al mismo tiempo, se le permite actuar con gran autonomía.

Poco más tarde, en marzo de 1495, parte de Cartagena una segunda armada de refuerzo a la primera, que, esta vez sí, trae consigo tropas de tierra y al Gran Capitán.

Debemos señalar que el plan inicial era que el duque de Alba comandara estas tropas terrestres. Solo a finales de marzo, Gonzalo Fernández de Córdoba recibe el poder de *Capitán General de cierta gente e armada que embiamos al nuestro reyno de Çeçilia*, siempre supeditado a la autoridad del conde de Trevento en el mar.

Por tanto, hay dos mandos que corresponden respectivamente a la armada y al ejército de tierra. El conde está al mando de todas las fuerzas durante el desplazamiento. No obstante, una vez llegados a su destino, las tropas terrestres operan con total autonomía con respecto a la armada. A la espera del duque de Alba, que nunca llega, Gonzalo Fernández de Córdoba, pese a no ostentar títulos nobiliarios de relevancia, se gana el respeto de la aristocracia local y de los soldados desplazados, que pronto lo apodan "el Gran Capitán". Estos son liderados por capitanes que, en su mayoría, no pertenecen a la nobleza, con excepción de algunos hidalgos. Se trata de militares de carrera que respetan la escala de mando y en ningún momento manifiestan su desacuerdo con la idea de recibir órdenes de alguien no perteneciente al estamento noble, como sí ocurre en Granada. El propio González de Córdoba es un militar profesional. Aunque sus éxitos en el campo de batalla acaban por reportarle títulos nobiliarios y mercedes, es enviado a Italia bajo sueldo de la corona, estimado en 1.000 ducados al año o 375.000 maravedíes, además de su salario como *capitán de lanzas* de la Hermandad[655].

Podemos generalizar que la creciente profesionalización del ejército no se ve reflejada de manera clara en el relato de las crónicas. Los textos hablan de la fundación de la Santa Hermandad[656]. Sin embargo, no detallan su aportación en Granada[657]. Los maestres de las órdenes militares son mencionados con frecuencia, pero solo a título individual. No se menciona la relevancia de la disciplina que sus instituciones aportan al ejército.

---

[655]   Ladero Quesada, M.A., «Fuerzas navales y terrestres de los Reyes Católicos..., pp. 11-16.

[656]   Las crónicas destacan tanto su creación en 1475 cuando *nace la Hermandad en Burgos –cabeza de Castilla-*, Palencia, A. de, *Crónica de Enrique IV...*, p. 240.

[657]   El establecimiento de la Hermandad es otro de los aspectos que impulsan al ejército castellano hacia la modernidad, a través de su carácter permanente y profesional. Institución con autoridad en todos los reinos del territorio castellano, es una entidad con un carácter entre lo civil por el origen de sus miembros, y lo militar por su estructura y organización. La Hermandad actuará como parte del ejército durante la guerra de Granada y como una suerte de policía rural tras el conflicto. Olivera Serrano, C., «La Santa Hermandad..., pp. 556-566.

Los relatos de las guerras de Portugal y Granada priman la intervención notable de individuos particulares, en detrimento de aspectos estratégicos y tácticos. Se aprecia una cierta relación entre la importancia en la escala social del noble de turno y el detalle que se concede al relato de sus hazañas. Es más, si un militar no pertenece a la nobleza pero destaca en el campo de batalla, los relatos dan más importancia a su promoción social a la categoría de caballero que a su labor bélica. En cambio, en Italia, dada la ausencia de nobles de alto rango entre las tropas españolas, la pericia militar de sus capitanes es valorada y ensalzada. Podríamos decir que en los enfrentamientos contra el ejército francés se dan dos situaciones muy diferentes, ya que las tropas enviadas al Rosellón son dirigidas por un aristócrata -el duque de Alba- o por el propio rey Fernando, mientras que las enviadas a Nápoles son lideradas por un militar. De nuevo, debemos insistir en la autonomía de las tropas terrestres lideradas por el Gran Capitán con respecto a la armada, que sí es liderada por un noble.

Hay varios aspectos políticos que hoy nos resultan evidentes, pero que las crónicas no reflejan, probablemente por constituir una evolución extendida en el tiempo.

Quizás el aspecto más destacable sea la transición hacia el absolutismo que ponen en marcha los Reyes Católicos. Las crónicas reflejan la fuerte autoridad militar del rey Fernando, que coexiste armónicamente con la clara autoridad política de la reina Isabel. De ella destacan que, aparte de sus funciones ejecutivas, también imparte justicia. Sin embargo, no parecen hacerse eco de la progresiva concentración de poderes que los monarcas acaparan a medida que transcurre su reinado.

Otro aspecto a considerar es el paulatino papel de los concejos en el escenario político -fomentado por los Reyes Católicos-, como contrapeso al poder de los nobles. Aspecto que tampoco es reflejado por los cronistas. Si bien las Cortes son convocadas en muy pocas ocasiones durante su reinado, lo cual limita la representación de las ciudades, la verdad es que el fortalecimiento de los concejos como entes políticos resulta clave para entender la concentración de poderes de la monarquía durante este periodo. Como compensación a los nobles, a cambio de su pérdida de poder político, los reyes facilitan que se enriquezcan. Este figurado acuerdo lleva implícito una disminución de la capacidad militar de la nobleza, así como la sumisión de su potencia militar a la autoridad regia.

Los procesos de concentración de poderes en torno a la monarquía, la limitación del de la nobleza y el aumento del de los concejos empiezan durante las guerras presentadas en este estudio. Villas y ciudades convocan a sus milicias para combatir bajo el mando de capitanes que obedecen directamente al rey Fernando y no al poder feudal al que sus concejos puedan estar adscritos. Los nobles, así mismo, continúan liderando sus propias mesnadas, pero acatan la autoridad de los reyes y pierden en estos momentos su derecho a poseer artillería privada. Por su parte, las órdenes militares empiezan su proceso de integración en el ejército bajo la autoridad regia. El rey Fernando llega a concentrar en su persona el título de maestre o administrador de las tres órdenes militares castellanas. La concentración de poder político en torno a la corona conlleva una progresiva concentración de poder militar en torno a la figura del monarca y una profesionalización de las tropas, que adquieren un carácter cada vez más permanente.

Indudablemente, los ejércitos de Europa experimentan profundos cambios durante los siglos XVI y XVII. No obstante, podemos encontrar en las crónicas evidencias suficientes como para postular que el proceso de transformación se inicia en la Baja Edad Media. La revolución militar tiene su claro antecedente en este cambio, que se produce de forma gradual -pero relativamente rápida- a partir de una serie de transformaciones, no necesariamente vinculadas entre sí, que en la historiografía tradicional han sido asociadas con épocas posteriores.

Los ejércitos y armadas de los Reyes Católicos muestran una profunda y veloz transformación en las últimas dos décadas del siglo XV y primeros años del XVI. Durante este tiempo se ven involucrados en tres guerras de ámbito y repercusiones más allá de las fronteras de sus reinos: guerra de sucesión (referida en esta obra como guerra de Portugal), guerra de Granada y guerra contra Francia (con un escenario en el Rosellón y otro en Nápoles, en la que nos centramos en este relato). En estos enfrentamientos, las carencias de las huestes medievales se hacen evidentes, por lo que se aplican cambios que siembran la semilla del futuro ejército moderno y profesional. En el desarrollo de estos enfrentamientos se aumentan de forma muy significativa los recursos dedicados a la institución militar. En estos años se desarrolla un sistema logístico que acaba con las limitaciones temporales y estacionales de la guerra medieval. La artillería se convierte en un elemento principal de la estrategia lo que, así mismo, motiva una renovación en profundidad de las fortalezas, así como nuevas construcciones. La infantería, por su parte, demuestra su eficacia contra la caballería pesada propia de la Edad Media, gracias a la incorporación de nuevas armas y novedosos usos tácticos de las mismas, así como de las ya existentes. Gana un protagonismo sin precedentes y sienta las bases de lo que en pocos años pasa a conocerse como los tercios españoles.

Por otro lado, los conflictos adquieren un ámbito internacional. Los enfrentamientos se dan dentro y fuera de las fronteras y en ellos participan otros reinos que también se ven afectados o beneficiados por el desenlace. Esta internacionalización contribuye al desarrollo de la marina por cuestiones logísticas, para facilitar el desplazamiento de las tropas, para el control y bloqueo de lugares estratégicos, así como para la realización de asedios desde las aguas. Esta extensión de sus usos trae consigo el desarrollo de nuevos navíos construidos con fines militares, para los que se tiene en cuenta el uso de la artillería en su diseño. La guerra en el mar gana protagonismo, hasta el punto de que los recursos dedicados a la armada llegan a superar a los dedicados al ejército de tierra.

A modo de resumen, podríamos aventurarnos a afirmar que los Reyes Católicos empiezan su reinado luchando una guerra -contra Portugal y Francia- puramente medieval. Lo continúan con otra guerra -contra Granada- en la que hacen uso de la última mesnada convocada en la península ibérica al estilo de la Edad Media, pero aplicando nuevas estrategias y tácticas. Por último, concluyen su reinado con un conflicto internacional en tierras italianas en el que, al mando del Gran Capitán, se pone en práctica una nueva forma de practicar la guerra en la que combate, con éxito, el que podríamos considerar el primer ejército profesional de la Edad Moderna.

Las lecciones aprendidas en Granada ayudan a dar forma a las fuerzas y tácticas empleadas en Nápoles. Por un lado, los Reyes Católicos redactan una serie de ordenanzas que dan forma a ese nuevo ejército profesional y de carácter permanente, definiendo estrategias, composición de las fuerzas y armas a utilizar. Por otro lado, Gonzalo Fernández de Córdoba da forma sobre el terreno napolitano a los cambios tácticos que han de definir la guerra en las próximas décadas no solo para la corona española, sino en toda Europa.

Podemos resumir la herencia del Gran Capitán a la historia militar en cuatro puntos esenciales[658]: 1) Se consolida un ejército de intervención, de carácter profesional y sujeto a convocatoria permanente. 2) La infantería suplanta a la caballería pesada como eje central del ejército. Esta se divide en especialidades que se complementan. Se incorporan nuevas armas que aumentan su potencia de fuego, como espingardas y arcabuces. 3) La caballería pasa a realizar acciones de apoyo a la infantería. La jineta o caballería ligera, gracias a su rapidez, agilidad y movilidad en terrenos escarpados, se convierte en clave para tareas de desestabilización del enemigo. 4) El servicio de extranjeros se formaliza, con la intervención de fuerzas alemanas, napolitanas y calabresas.

---

[658]   Rodríguez Hernández, A. J. y Mesa Gallego, E. de, «Del Gran Capitán a los tercios...», p. 150.

Conclusión

A modo de conclusión, podemos establecer una comparación entre las tres guerras estudiadas en este trabajo, señalando los cambios más llamativos entre ellas. Así mismo, debemos prestar atención a la percepción de esos cambios que muestran los cronistas en sus relatos.

Se trata de tres guerras de naturaleza, motivaciones y consecuencias muy diversas, combatidas en distintos entornos naturales y urbanos, contra ejércitos con elementos en común, pero también con grandes diferencias, que provocan una transformación rápida y progresiva del aparato militar castellano.

Empezando por las motivaciones, encontramos una diferencia fundamental. Las tres guerras tienen múltiples causas próximas y profundas, pero las razones más inmediatas incitan a pensar en dos periodos diferentes. Por un lado, la guerra de Granada encuentra su justificación en la guerra santa contra el islam, lo que encaja perfectamente con el perfil medieval del conflicto. Sin embargo, es la ruptura por parte de Granada de su condición de vasallo de Castilla lo que acelera el estallido. Es la negación de un *estatus* que ha perdurado durante siglos lo que facilita que un conflicto fronterizo devenga en una guerra total, que finaliza con la desaparición del reino nazarí. En cuanto a las guerras de Portugal y Nápoles, podemos decir que la motivación de los actores que intervienen se encuentra en la expansión de sus áreas de influencia, más allá de sus fronteras.

La guerra de Portugal comienza como una guerra civil por la sucesión en el trono castellano. Los motivos por los que Portugal decide intervenir pueden ser variados y son exacerbados por nobles castellanos interesados en que triunfe la causa de doña Juana. Sin embargo, hay una razón que motiva especialmente la intervención lusa, independientemente de las motivaciones internas castellanas, que anticipa el mapa geopolítico de los próximos siglos. Portugal invade Castilla, entre otras razones, para evitar perder el monopolio comercial del Atlántico. Esta razón se hace evidente tanto en las negociaciones de la Paz de Alcaçovas como en el posterior Tratado de Tordesillas. Paradójicamente, la guerra de Portugal es el enfrentamiento más medieval de los tres en su forma y, sin embargo, es el que parece responder a una motivación más claramente enraizada en los cimientos del mundo económico y comercial de la Edad Moderna.

Si la supremacía en el océano Atlántico puede explicar, hasta cierto punto, la invasión de Portugal a Castilla, lo mismo podemos decir del mar Mediterráneo y la invasión gala al reino de Nápoles. Aragón y Francia se disputan el dominio del Mediterráneo occidental. En este contexto, el control de Nápoles resulta importantísimo a nivel estratégico para conseguirlo. Además, en el breve periodo que transcurre desde la guerra de Granada hasta la de Nápoles, Aragón y Castilla han pasado de ser reinos completamente independientes a unir sus fuerzas bajo un mismo mando militar, avanzando de forma decisiva hacia la unión dinástica y futura unión territorial. Nápoles es un reino perteneciente a la corona de Aragón. Francia compite con Aragón como potencia marítima. Los territorios de la corona aragonesa rodean la costa mediterránea gala tanto por el este como por el oeste. Es lógico pensar que la ocupación francesa de Nápoles, entre otros motivos, busque romper con esa limitación geográfica.

En cuanto a la convocatoria de tropas, en el caso de las guerras en suelo ibérico responde al patrón tradicional de hueste medieval; no así en el caso de Nápoles.

En la guerra de sucesión, la participación de mesnadas nobiliarias es especialmente importante, ya que su apoyo a una causa o a otra determina el tablero en el que se desarrolla la contienda. El ejército portugués, a priori con mejores medios que el castellano, no consigue hacerse con los apoyos necesarios sobre el terreno para evitar verse aislado. En el caso de Granada, a la convocatoria de la hueste acuden, además, voluntarios de otros reinos, en busca de redención religiosa y de promoción económica y social. Estas características, puramente medievales, se ven contrarrestadas por algunos elementos que apuntan a la modernización y profesionalización del ejército. Por un lado, la Santa Hermandad, establecida durante la anterior guerra, opera en Granada como una fuerza militar de carácter permanente. Por otro lado, las milicias concejiles -especialmente las andaluzas- ganan peso en el conjunto de la hueste. Estas milicias son lideradas por capitanes no necesariamente pertenecientes a la clase nobiliaria. Su labor pone de manifiesto la creciente importancia de ciudades y villas en el futuro mapa político. Las tropas regias aumentan significativamente no solo por el incremento de efectivos aplicado a las Guardas Reales, sino también y especialmente por la importante inversión en artillería y, por tanto, la necesidad de personal cualificado para su manejo.

Curiosamente, las órdenes militares, instituciones de naturaleza claramente medieval, aportan a la hueste disciplina, profesionalidad y carácter permanente. Características propias de ejércitos modernos que harán que estas órdenes sean muy apreciadas tanto en la guerra de Granada, como en posteriores.

En el caso de la guerra de Nápoles, se movilizan tropas profesionales. Este hecho supone de por sí un hito en la historia militar española. Además, por primera vez se convocan tropas castellanas y aragonesas en una fuerza conjunta y con un único mando. También resulta novedoso el hecho de que al mando de estas tropas esté un militar profesional y no un noble. Es cierto que, ya en la guerra de Granada, se hace un intento de poner al mando a un militar de origen social alejado de la alta nobleza; pero los grandes andaluces se resisten a aceptarlo, por lo que su mando se limita a coordinar las decisiones tomadas por estos en momentos de ausencia del rey Fernando. No ocurre así en Nápoles, donde Gonzalo Fernández de Córdoba sí es respetado como autoridad, ganándose con sus éxitos el sobrenombre de Gran Capitán. Si bien no hay alta nobleza española destacada en esta guerra, sí hay nobles napolitanos y estos aceptan plenamente su liderazgo. Incluso el Papa llega a recibirlo con honores y se le conceden importantes mercedes, que incluyen el virreinato de Nápoles. Es necesario recordar que, casi de forma paralela, en el Rosellón, un grande -el duque de Alba- dirige las tropas españolas cuando el rey Fernando no puede hacerlo personalmente. Esto nos lleva a pensar que el nombramiento inicial de Gonzalo Fernández de Córdoba como máxima autoridad militar en Italia pudo verse influido por el hecho de tratarse de una campaña en territorio lejano. De hecho, los planes bélicos iniciales contemplaban llevar al duque de Alba a Nápoles también, aunque no se fraguaron. En cualquier caso, el reconocimiento papal, la aceptación por parte de los grandes napolitanos y la leyenda forjada a partir de sus incuestionables victorias reflejan un claro cambio en la forma de percibir el ejército y la tendencia a su profesionalización.

A nivel táctico y estratégico se aprecian algunos cambios destacables con respecto a épocas anteriores, que coexisten con patrones típicamente medievales como asedios, talas, cabalgadas o incursiones. Sin embargo, una vez más, debemos diferenciar cada caso, ya que, pese a la relativa proximidad cronológica entre cada conflicto, la evolución es evidente. Podemos incluso hablar de cambios producidos dentro de una misma contienda, como es el caso de la guerra de Granada antes y después de la toma de Ronda de 1485 o, en Nápoles, la diferencia entre la primera y la segunda guerra italianas tras la batalla de Seminara de 1495, en la que se produce la única derrota del Gran Capitán en Italia y que motiva un giro táctico evidente.

La temporalidad propia de la convocatoria medieval se manifiesta de forma muy clara en la guerra de Portugal. En esta guerra, la convocatoria de la hueste castellana no suele alargarse en el tiempo, debido a las carencias logísticas. En la de Granada también se aprecia cierta temporalidad, pero los Reyes Católicos consiguen alargar significativamente la duración de las campañas, planificando la llegada de alimentos durante meses. Así, varias de las campañas y asedios que comienzan en verano se prolongan durante los meses de invierno. En la de Nápoles, la temporalidad parece haberse superado por completo. El ejército desplazado está en activo de forma permanente durante la entera duración del conflicto.

Con la estacionalidad, también propia de la guerra medieval, ocurre algo diferente. En el primer conflicto no se aprecia en absoluto una tendencia a programar campañas durante los meses de verano, por tratarse de la respuesta a una invasión. En la segunda, por el contrario, se aprecia una clara planificación basada en el calendario agrícola nazarí. Si bien es cierto que esa tendencia se ve contrariada por campañas específicas, como la de Ronda en 1485 o por la prolongación de asedios hasta los meses de invierno, como el de Baza en 1489 o el orquestado desde Santa Fe en 1491. Llegado el tercer conflicto estudiado, la estacionalidad vuelve a ser irrelevante. Si bien es cierto que el envío inicial de tropas desde Málaga tiene lugar en el mes de junio de 1501, lo cierto es que los enfrentamientos se producen tanto en verano como en invierno. Así mismo, las talas no constituyen un elemento central de la estrategia española, al tratarse Nápoles de un reino que forma parte de la corona aragonesa, por lo que, como ya ocurriera en la guerra de Portugal, la estacionalidad no parece ser determinante.

Las batallas campales no suelen tener excesiva relevancia en el mundo medieval. En la guerra de Portugal, sin embargo, hay dos batallas que resultan decisivas para entender la victoria castellana. Tanto en Toro como en Albuera el enfrentamiento directo es buscado y determina el destino de lo ocurrido a posteriori. Ambas batallas responden a planteamientos tácticos medievales. En ambas el agua del río junto al que tienen lugar es aprovechada como arma, desequilibrando la balanza a favor de Castilla. En esta guerra encontramos también múltiples ejemplos de cabalgadas, cercos con escasa importancia de la artillería de pólvora e, incluso, una propuesta de resolución a través de combate singular entre reyes, todos ellos planteamientos puramente medievales.

En Granada apenas encontramos batallas determinantes. Las únicas dignas de ser consideradas relevantes son la de Lucena (1483) y, quizás, la de Moclín (1485).

Además, la importancia de la primera radica más en las consecuencias del apresamiento de Boabdil que en la propia victoria. En esta batalla, el agua del río también juega un importante papel para la victoria castellana, muriendo muchos soldados nazaríes ahogados durante su huida. Los mayores cambios estratégicos en esta guerra ocurren después de 1484. A partir de los errores cometidos en años anteriores, los Reyes Católicos empiezan a plantear campañas anuales de larga duración, amplia convocatoria, gran intensidad de medios y con un incremento sustancial de la potencia de fuego, que deja de ser un apoyo a los asedios para convertirse en su esencia. Esos cambios aceleran el ritmo con el que se dan las victorias e intimidan al enemigo, hasta el punto de sucederse las capitulaciones con una rapidez insospechada, en ocasiones incluso sin combates.

En Nápoles, las batallas campales ganan un protagonismo inusitado hasta entonces. Como acabamos de decir, la derrota en Seminara resulta en un cambio de estrategia que se muestra sumamente eficaz en lo que resta de conflicto. La inferioridad numérica y la falta de recursos contra la caballería pesada francesa obligan al Gran Capitán a ingeniar nuevas tácticas, en las que la infantería sea capaz de contrarrestar la superioridad de las armas enemigas. Esto da un impulso a las batallas campales como elementos determinantes de la estrategia bélica. Pero lo hacen redefiniendo su fondo y forma. Se aprovechan las posiciones elevadas y se modifica el terreno con zanjas, trincheras y parapetos para beneficio propio. Los rápidos ataques y repliegues de la caballería ligera sirven para romper el orden en las filas enemigas. Se implementa el uso de la artillería móvil. Así mismo, la configuración de la infantería, ahora dividida en unidades capaces de desbaratar desde la distancia a la caballería pesada y repeler sus envites, se convierte en un elemento esencial que explica el arrollador éxito español en esta guerra. Estos cambios sientan las bases de los tercios que llegan a dominar Europa durante el próximo siglo y medio. La batalla de Cerignola, en el año 1503, es un claro ejemplo de esa nueva forma de guerrear y se considera el origen de la hegemonía española en la guerra moderna.

La guerra en el mar es otro de los aspectos novedosos en estas guerras. El control del estrecho se convierte en una de las piedras angulares en las guerras de Portugal y Granada. Hasta cierto punto, el control del estrecho de Mesina también resulta prioritario en la de Nápoles. No obstante, los límites de este tipo de enfrentamiento son aún evidentes en la primera guerra. Se expanden en la segunda. Y alcanzan cotas hasta entonces inauditas en la tercera.

Contra Portugal se aplica una estrategia de *cabalgadas marítimas*, arropadas por las patentes de corso firmadas por los reyes. Contra Granada, las labores se limitan a la vigilancia y bloqueo del comercio con el norte de África, sin descartar la importancia que juegan también el corso y la piratería en este conflicto[659]. Para ver una labor marítima destacable, hay que esperar al asedio de Málaga del año 1487, donde sí se aprecia un amplio bloqueo, una organización sistemática de la llegada de provisiones en barcos y algunos combates contra los pequeños navíos locales. En Nápoles, los asedios desde el mar ya no son excepcionales. Además, la logística de las tropas destacadas tanto españolas como francesas se lleva a cabo en gran medida por la vía marítima, por lo que los enfrentamientos en las aguas son frecuentes. Los barcos se equipan con artillería y se convierten en un arma más, capaz de inclinar el conflicto a favor de un bando u otro. De hecho, los Reyes Católicos dedican más recursos y hombres a la guerra en el mar que en tierra, durante las dos campañas presentadas en este estudio.

A nivel logístico, la guerra de Portugal muestra las carencias que las huestes medievales experimentan al respecto. Tanto el ejército castellano como el luso se ven obligados a abandonar asedios por la falta de un sistema eficaz de aprovisionamiento del real. La situación cambia notablemente en la guerra de Granada. Hay dos aspectos que obligan a mejorar en este sentido. Por un lado, la necesidad de organizar recuas capaces de abastecer la ciudad de Alhama, en territorio enemigo, que se convierte en la punta de lanza del conflicto durante los primeros años. En segundo lugar, la eficacia logística del ejército nazarí, centralizado y en su propio territorio, obliga a Castilla a desarrollar su propio sistema para poder combatir en igualdad de condiciones. Llegada la guerra de Nápoles y tras lo aprendido en Granada, el aparato logístico parece perfectamente desarrollado. La llegada de suministros vía marítima se realiza puntual y regularmente. Para ello, son utilizadas cientos de embarcaciones de diferentes tamaños que aprovisionan a las fuerzas destacadas. Con la excepción de un asedio por parte de las tropas francesas, las crónicas no muestran en ningún momento situaciones de falta de alimentos. En cuanto a escasez de pertrechos, los relatos tampoco dan cuenta de carencia alguna.

En cuanto a las armas mencionadas en las crónicas, la continuidad con las utilizadas en siglos anteriores es evidente en las dos primeras guerras, así como una cierta evolución en la de Nápoles.

---

[659]   Los ataques, en ambas direcciones, tanto con licencia como sin ella, eran frecuentes. La piratería era una práctica habitual en las relaciones comerciales del Magreb con Castilla. Para más información al respecto ver: Aznar Vallejo, E. «Corso y piratería en las relaciones entre Castilla y Marruecos en la baja Edad Media», En la España medieval, Nº 20, 1997, pp. 407-418.

La artillería aporta el cambio técnico más destacable. En la guerra de Portugal su papel es poco destacable, pero refleja su valor estratégico, especialmente en funciones defensivas.

En Granada, su importancia es creciente y, a partir de 1484, se convierte en el eje central de la estrategia. En esta guerra, su función deja de ser defensiva, para convertirse en un elemento esencial de la ofensiva durante los asedios. Es utilizada de dos formas principalmente. La primera, con proyectiles de piedra y progresivamente de hierro, que son lanzados usando grandes cañones de disparo horizontal para derribar puertas y murallas. La segunda, con cañones cortos de tiro parabólico que lanzan pellas incendiarias sobre los muros, capaces de propagar fuego en el interior de la plaza. La eficacia de ambos alcanza tales cotas, que numerosas plazas llegan a capitular sin luchar, ante la llegada de las recuas artilleras.

En la guerra de Nápoles, la artillería adquiere un cierto carácter móvil desconocido hasta entonces. A partir de ese momento, sus funciones ofensivas y defensivas no se ven limitadas a los asedios, sino que resulta frecuente su uso en el campo de batalla. Así mismo, la guerra en el mar adquiere otro nivel, gracias a la incorporación creciente de la artillería pirobalística a las naves.

Las crónicas también muestran el uso creciente de las armas de fuego individuales, aunque la ballesta sigue siendo el arma a distancia más utilizada, en términos generales. No obstante, en Nápoles, el uso de armas de fuego individuales se generaliza por primera vez y se convierte en parte esencial de la estrategia. La necesidad de un arma capaz de atravesar las armaduras de la caballería pesada francesa, así como la conveniencia de mantener la distancia para anular las ventajas de esta en el combate cuerpo a cuerpo hacen que estas nuevas armas sean muy valoradas y utilizadas en los nuevos planteamientos tácticos.

Los cronistas parecen ser conscientes de algunos de los cambios que se están produciendo en la institución castrense y de su impacto en la actividad bélica. Esta evolución no resulta demasiado significativa en la guerra de Portugal, pero es destacada con frecuencia en la de Granada. La crónica de la guerra de Nápoles no parece hacerse eco de los revolucionarios cambios estratégicos que están teniendo lugar, pero el mero relato de los hechos los refleja.

Hasta la guerra de Granada, el relato cronístico refleja su reconocimiento de, al menos, tres cambios significativos. El primero, reflejado tanto en la guerra de Portugal como en la de Granada, es el elevado número de soldados que acude a la convocatoria. Si bien es en la segunda donde encontramos comentarios tendentes a describir la hueste, como *la mayor tropa jamás convocada* en la península. Un segundo aspecto frecuentemente ensalzado es el papel de la artillería de pólvora. De nuevo, es en Granada donde encontramos frecuentes referencias a su número, al elevado volumen de efectivos necesarios para su transporte, uso y mantenimiento, el terror que ocasiona a los enemigos y los cambios que experimentan los escenarios del combate por motivo del fuego, humo y ruido que provocan. El tercer aspecto que los cronistas coinciden en destacar como novedoso es la rapidez con la que se suceden las conquistas. Se maravillan de cómo las plazas caen a gran velocidad, tanto por tomas por la fuerza, como mediante capitulaciones, a menudo sin necesidad de combatir. A este respecto, el terror ocasionado por la artillería de pólvora juega un papel fundamental. En Nápoles, la potencia de fuego francesa es igual o superior a la española. Así mismo, el número de efectivos convocados y el número de integrantes de su caballería pesada es mayor a la convocatoria española. Quizás por este motivo la crónica no se hace tanto eco del esfuerzo bélico llevado a cabo, como sí se hace en Granada. Lo que sí hace es su relato es, sin destacar lo novedosos que resultan, detallar aspectos tácticos que se muestran extraordinariamente eficaces en el escarpado terreno en el que se llevan a cabo.

Por otro lado, los cronistas parecen pasar por alto o no conceder demasiada importancia a otros cambios que resultan tan decisivos o más que los anteriores, en la transición del ejército a la modernidad. Uno de estos es la progresiva centralización de la institución.

Las crónicas citan el nombramiento de una figura como mando central de las fuerzas dedicadas a la conquista de Granada. Sin embargo, su relato pasa por alto sus funciones y atribuciones para centrarse en las quejas que su nombramiento provoca entre los grandes. En Nápoles, sin embargo, la crónica ensalza la figura del Gran Capitán y se deja claro cómo le es asignado el mando central de las tropas destacadas y cómo los nobles locales lo apoyan y confirman como su líder en el frente.

La progresiva profesionalización del ejército tampoco se refleja en el relato de Portugal y Granada, pero resulta evidente en Nápoles. Las crónicas mencionan la fundación de la Santa Hermandad, pero no especifican su aportación en Granada. Se menciona con frecuencia a los maestres de las órdenes, pero se les otorga un trato individual, sin destacar la importancia de la disciplina que aportan los clérigos guerreros. Los relatos se centran en la intervención de individuos particulares notables, por encima de aspectos estratégicos y tácticos. Parece haber una relación directa entre la importancia social del noble y la extensión del relato que se le dedica. Incluso cuando un militar no perteneciente a la nobleza destaca por su labor en el campo de batalla, las crónicas se centran en su promoción social a la categoría de caballero. En Nápoles, esta cuestión es claramente diferente. Los capitanes son mayoritariamente militares profesionales. Algunos están vinculados a la baja nobleza, lo que se refleja en la forma en la que se les nombra. Pero, en general, no pertenecen a este estamento. En cuanto a los soldados, se trata de profesionales uniformados que reciben una paga. A diferencia de las dos guerras anteriores, no son convocados en una mesnada, respondiendo a las obligaciones contraídas por y con su señor. En este caso, son individuos que han elegido servir a cambio de una compensación económica y han sido entrenados y equipados con armas y vestimenta adecuadas para la lucha.

A nivel político, hay varias cuestiones que, desde la distancia, resultan obvias, pero de las que los cronistas parecen no ser conscientes. La más destacable es los evidentes pasos hacia el absolutismo que dan los Reyes Católicos. Las crónicas dibujan una fuerte autoridad militar en la figura del rey Fernando y una clara soberanía política en la de la reina Isabel. De esta última destacan que, además de sus labores ejecutivas, imparte justicia. Pero parecen pasar por alto la progresiva concentración de poderes en torno a sus personas. El papel creciente en el escenario político de los concejos, como contrapeso al de los nobles, también parece ser ignorado. Es verdad que las Cortes son convocadas en poquísimas ocasiones durante el reinado de los Reyes Católicos. Esta circunstancia limita el poder de representación de las ciudades. Pero lo cierto es que la concentración de poderes de los reyes se apoya, entre otras cosas, en el fortalecimiento de los concejos como entes políticos. Al mismo tiempo, los reyes permiten a la nobleza enriquecerse, a cambio de limitar su capacidad militar y supeditarla a la autoridad regia. Este proceso empieza durante las guerras estudiadas. Villas y ciudades envían sus milicias a combatir bajo el mando de sus capitanes, que obedecen al monarca y no al poder feudal al que puedan estar adscritas. Los nobles, por su parte, siguen liderando sus mesnadas en Portugal y Granada, pero acatan la autoridad regia y pierden durante estos años su derecho a poseer artillería privada. La pérdida de este derecho pasa inadvertida en las crónicas, pero forma parte de un proceso político que define la política moderna en Castilla y los otros reinos hispanos. Sin acceso a artillería, los nobles renuncian -de facto- a cualquier posibilidad de defensa de sus fortalezas ante una potencial toma por la fuerza por parte de las fuerzas militares regias, que sí cuentan con ella.

En Nápoles, la tendencia al absolutismo se manifiesta en la pérdida de poder de los nobles frente a la autoridad militar enviada por los reyes. La nobleza local pierde la iniciativa militar y se limita a seguir y obedecer el liderazgo de un profesional, Gonzalo Fernández de Córdoba, que ejecuta la voluntad de los monarcas. Cuenta con autonomía táctica, pero la estrategia política responde a las órdenes regias. Para ello, mantiene una correspondencia regular con los monarcas, que están siempre informados de los pasos a seguir y las acciones llevadas a cabo por las tropas destacadas.

Bibliografía

Fuentes

A.G.S., G.A. leg. 1256. Consulta del Consejo de Guerra. 27/9/1639.

A.G.S., R.G.S., 1475-07-27, fol. 568.

Bernáldez, A., *Historia de los Reyes Católicos Don Fernando y Doña Isabel,* en *Crónicas de los Reyes de Castilla desde Alfonso el Sabio hasta los Católicos Don Fernando y Doña Isabel*, colección ordenada por Cayetano Rosell, Atlas, Madrid, 1953, pp. 567-773.

Código Penal Militar y Ley de organización y atribuciones de los tribunales de guerra, Ejército español, 1885, Madrid, p. LII.

Palencia, A. de, *Crónica de Enrique IV,* Introducción de A. Paz y Melia, T. II y III, Década III y Guerra de Granada, Atlas, Madrid, 1975.

Palencia, A. de, *Cuarta década de Alonso de Palencia*, Traducción de José López de Toro, Archivo documental español y RAH, Madrid, 1974.

Partidas, II, XIX, III; t. II, p. 182.

Pina, Ruy de, *Chronica de El-Rei D. AlffonsoV*, Vol. III, Lisboa, 1902.

Pulgar, H. del, *Crónica de los señores Reyes Católicos Don Fernando y Doña Isabel de Castilla y Aragón*, en Crónicas de los Reyes de Castilla desde Alfonso el Sabio hasta los católicos Don Fernando y Doña Isabel, colección ordenada por Cayetano Rosell, T. III, Atlas, Madrid, 1953, cap. CXXXIV, p. 27.

Rodríguez Villa, A., *Crónicas del Gran Capitán,* Bailliere e hijos, 1903, Madrid.

Rodríguez Villa, A. «Cartas del Gran Capitán. Documentos relativos al mismo, notas y aclaraciones a algunos pasajes de sus crónicas», en Rodríguez Villa, A., *Crónicas del Gran Capitán,* Bailliere e hijos, 1903, Madrid. pp. XIX-LXXI.

Rodríguez Villa, A., «Crónica general de Gonzalo Fernández de Córdoba que por sus proezas fue llamado Gran Capitán», en Rodríguez Villa, A., *Crónicas del Gran Capitán,* Bailliere e hijos, 1903, Madrid.

Rodríguez Villa, A., «Libro segundo de la conquista del reino de Nápoles hecha por el Gran Capitán Gonzalo Fernández de Aguilar y de Córdoba», en Rodríguez Villa, A., *Crónicas del Gran Capitán,* Bailliere e hijos, 1903, Madrid.

Valera, D. de, *Crónica de los Reyes Católicos,* Edición y Estudio de Juan de M. Carriazo, Madrid, 1927.

Estudios

Álvarez Bezos, S. y Carreras Zalama, A., *Valladolid: En época de los Reyes Católicos según el alarde de 1503*, Universidad de Valladolid, Valladolid, 1998.

Arias Guillén, F., «¿Hubo una revolución militar en Castilla en la primera mitad del siglo XIV?», en *Edad Media: revista de Historia*, Universidad de Valladolid. Servicio de publicaciones, n. 14, 2014, pp. 195-216.

Arroyo Rodríguez-Valdés, A. (2016) *Guerras y diplomacia en Italia durante el gobierno de Fernando el Católico (1500-1516).* [Documentos de trabajo U.C.M.Biblioteca Histórica; nº 6, 16, disponible en http://eprints.ucm.es/38500/, 8-Enero-2018.

Ayton, A. y Price, J.L., «The military revolution from a medieval perspective», en Ayton, A. y Price, J.L. (ed.), *The medieval military revolution: state, society and military change in medieval and early modern Europe*, I.B. Tauris, 1998, pp. 1-22.

Aznar Vallejo, E. «Corso y piratería en las relaciones entre Castilla y Marruecos en la baja Edad Media», En la España medieval, Nº 20, 1997, pp. 407-418. Aznar Vallejo, E. «La guerra naval en Castilla durante la Baja Edad Media», En la España medieval, N.º 32, 2009, pp. 167-192.

Balaguer, Víctor, *Historia de Cataluña y de la Corona de Aragón. Tomo IV*, Librería de Salvador Manero, Barcelona, 1863.

Belenguer E., *Fernándo el Católico: Un monarca decisivo en las encrucijadas de su época*, Ediciones Península, Barcelona, 1999.

Benito Rodríguez, M.Á. de, «Las tropas extranjeras y su participación en los ejércitos castellanos durante la baja Edad Media», en *Revista de historia militar*, 1993 año XXXVII, n. 75, pp. 47-76.

Bennett, M., *La guerra en la Edad Media*, Akal S.A., Madrid, 2010.

Bermudo Ávila, J.M., *Maquiavelo consejero de príncipes*, Edicions Univers, Barcelona, 1994

Bonachía Hernando, J.A., «El Agua en las Partidas», en Val Valdivieso, Mª.I. del y Bonachía Hernando, J.A. (coords.), *Agua y sociedad en la Edad Media Hispana*, Universidad de Granada, Granada, 2012, pp. 13-64.

Caparrós Perales, M. y Luque de Haro, V.A. (ed.), *La tierra de Vera. Nuevas contribuciones sobre un territorio de frontera*, Editorial Universidad de Almería, Almería, 2019

Cara Barrionuevo, L. y Ortiz Soler, D., «Un modelo de ciudad fronteriza Nasri: urbanismo y sistema defensivo de Vera», Segura Artero, P. (coord.), *Actas del congreso: La frontera oriental nazarí como sujeto histórico. Lorca-Vera 22 a 24 de noviembre de 1994*, Instituto de Estudios Almerienses Diputación de Almería, Almería, 1997, pp. 307-324.

Carriazo, J de M., *En la Frontera de Granada*, edición facsímil, Universidad de Granada, Granada, 2002.

Carriazo Rubio, J. L. (ed.), *El triunfo de la pólvora: artillería y fortificaciones a finales de la Edad Media*, Universidad de Huelva, Huelva, 2020.

Casado Alonso, H., «Comercio y bonanza económica en la Castilla de los Reyes Católicos», en Valdeón Baruque, J. (Ed.), *Sociedad y economía en tiempos de Isabel la Católica*, Ámbito e Instituto de Historia de Simancas, Valladolid, 2002, pp. 91-114.

Castillo Cáceres, F. y Valdés Sánchez, A. (eds.), *Artillería y fortificaciones en la Corona de Castilla durante el reinado de Isabel la Católica. 1474-1504.* Ministerio de Defensa, Madrid, 2004.

Castillo Cáceres, F., «Guerra, ejército y sociedad en el reinado de Isabel la Católica», en Valdés Sanchez, A. (coor.), *Artillería y fortificaciones en la corona de Castilla durante el reinado de Isabel la Católica. 1474-1504*, Ministerio de Defensa. Secretaría General Técnica, Madrid, 2004, pp. 22-59.

Castillo Cáceres, F., *Un torneo interminable. La guerra en Castilla en el siglo XV*, Sílex Ediciones, Madrid, 2014.

Cardini, F., «El guerrero y el caballero», en Le Goff, J. (ed.), *El hombre medieval*. Alianza, Madrid, 1990.

Cebreiro Núñez, J.I., *Los orígenes de la división provincial en España*, Instituto Nacional de Administraciones Públicas, Madrid, 2012.

Cobos Guerra, F. (ed.), *La artillería de los Reyes Católicos.* Junta de Castilla y León, Valladolid, 2004.

Código Penal Militar y Ley de organización y atribuciones de los tribunales de guerra, Ejército español, Madrid, 1885.

Contamine, P., *La Guerra de los 100 años*, Rialp, Barcelona, 2004.

Contamine, P., *War in the Middle Ages.* Blackwell, Oxford, 1984.

Cook, W. F., «The cannon conquest of Nasrid Spain adn the end of the Reconquista», en *The Jounal of Military History.*, Nº 57, 1993, pp. 43-70.

Córdoba de la Llave, R., «Violencia por conflictos comerciales entre Castilla y Portugal (1475-1479)», en *Congreso internacional Bartolomeu Días e a sua época*, Oporto, 1489.

Cuarteto y Huerta, B., *El pacto de los toros de guisando y la venta del mismo nombre*, CSIC, Madrid, 1952.

De la Iglesia Duarte, J.I. (Coord.), *La guerra en la Edad Media: XVII semana de estudios medievales, Nájera del 31 de Julio al 4 de Agosto de 2006*, Instituto de Estudios Riojanos, Logroño, 2007.

Devries, K., «The use of chronicles in recreating medieval military history», en *Journal of medieval military history.* Vol. II, Woodbridge: The Boydell Press, 2004.

Etxebarría Gallastegui, E. y Fernández de Larrea y Rojas, J.A. (coord.), *La guerra privada en la Edad Media. Las coronas de Castilla y Aragón (siglos XIV-XV)*, Universidad de Zaragoza, Zaragoza, 2021.

Fernández de Larrea Rojas, J.A., «El equipo militar en una época de transición: Armamento individual y equipamiento colectivo en Navarra en la primera mitad del siglo XIV», en *Mundos medievales: Espacios, sociedades y poder. Homenaje al profesor José Ángel García de Cortazar y Ruiz de Aguirre, Tomo II*, Ediciones de la Universidad de Cantabria, Santander, 2013, pp. 1287-1294.

Fernández de Larrea Rojas, J.A., *Guerra y sociedad en Navarra durante la Edad Media*, Servicio editorial de la Universidad del País Vasco, Bilbao, 1992.

Fernandez de Larrea Rojas, J.A., «Guerra y sociedad en la Europa occidental durante la Baja Edad Media», en Vaca Lorenzo, Á. (Coord.), *La guerra en la Historia*, Universidad de Salamanca, Salamanca, 1999, pp. 45-94.

Ferrer de Couto, José, March y Labores, José, *Historia de la Marina Real Española: desde el descubrimiento de las Américas, hasta el combate de Trafalgar. Tomo I*, Imprenta de José María Duzcazcal, Madrid, 1856.

Fowler, K., *Medieval Mercenaries. Vol I. The Great Companies*. Blackwell, Oxford, Penguin, London, 1970.

García Fitz F., *Castilla y León frente al Islam: Estrategia de expansión y tácticas militares (Siglos XI-XIII)*, Universidad de Sevilla, secretariado de publicaciones, Utrera (Sevilla), 1998.

García Fitz, F. y Novoa Portela, F., *Cruzados en la Reconquista*, Marcial Pons Historia, Madrid, 2014.

García Fitz, F., *Ejércitos y actividades guerreras en la Edad Media Europea*, Arco, Madrid, 1998. Revolución

García Fitz, F., *La guerra contra el Islam peninsular en la Edad Media*, Síntesis, Madrid, 2019.

García Fitz, F., «La organización militar de Castilla y León (Siglos XI-XIII)», en *Revista de Historia Militar*, Madrid, 2001, n. Extra 1.

García Fitz, F., *La Reconquista*, Editorial Universidad de Granada, Granada, 2010.

González Arévalo, R., «La rendición de Muhammed XII Al-Zagal y la estrega de Almería en un documento de la cancillería de los Sforza de Milán (1489)», en *Chronica Nova. Revista de Historia Moderna de la Universidad de Granada*, Vol. 39, Granada, 2013, pp. 335-346.

Goñi Gaztambide, J., *Historia de la bula de cruzada en España*, Apéndice 12, Vitoria, 1958.

Hall, B., *Weapons and warfare in Renaissance Europe*. John Hopkins University Press, London, 1997.

Hernández Cardona, F.X. y Rubio Campillo, X., *Breve historia de la guerra antigua y medieval*, Nowtilus, Madrid, 2010.

Hernando Sánchez, C.J., «Non Svfficit orbis? », en Ribot, L. (coord..), *Historia Militar de España. Edad Moderna II. Escenario europeo*. Ministerio de Defensa, Madrid, 2003, pp. 29-77.

Hernández Sande, J., El uso de la pólvora en el mar en tiempos de los Reyes Católicos, en Carriazo Rubio, J. L. (ed.), *El triunfo de la pólvora: artillería y fortificaciones a finales de la Edad Media*, Universidad de Huelva, Huelva, 2020, pp. 415-460.toro

Hidalgo, F. «Evolución en los ejércitos de los Reyes Católicos: Su contribución a la posterior revolución militar de Europa», en *Expresiones del poder en la Edad Media. Homenaje al profesor Juan Antonio Bonachía Hernando*, Valladolid, Universidad de Valladolid, 2019.

Hidalgo, F. «Percepción de las aguas fluviales en el imaginario medieval: La influencia de su carácter fronterizo en el contexto bélico», in Mª Isabel del Val Valdivieso (coord.), *El agua en el imaginario medieval: Los reinos ibéricos en la Baja Edad Media*, Alicante, Publicacions Universitat d'Alacant, 2016.

Hidalgo, Francisco, *Usos e influencia del agua en la guerra bajomedieval (1475-1492)*, Poliédrica: Editorial Universidad de Cádiz, Universidad de Valladolid, Cádiz, 2020.

Iglesia, E. de la, *Estudios históricos-militares sobre las campañas del Gran Capitán Gonzalo Fernández de Córdova*, Madrid, 1871.

Jiménez Alcázar, J.F., «Castilla y el mar mediterráneo: Encuentros y desencuentros en la Baja Edad Media», en *Intus-Legere Historia*, Vol. 5, n.2, Universidad Adolfo Ibáñez, Chile, 2011, pp. 7-33.

Jiménez Estrella, A., «Don Gonzalo de Córdoba: el genio militar y el nuevo arte de la guerra al servicio de los Reyes Católicos», en *Chronica Nova*. Nº 30, 2003-2004, pp. 191-211.

Jones, R.L.C., «Fortalezas y asedios en Europa Occidental», en Keen, M. (ed.), *Historia de la Guerra en la Edad Media*, Oxford University Press y Machado libros, Madrid, 2005, pp. 211-238.

Keen, M., «Armas de fuego, pólvora y ejércitos permanentes», en Keen, M. (ed.), *Historia de la Guerra en la Edad Media*, Oxford University Press y Machado libros, Madrid, 2005, pp. 347-368.

Ladero Galán, A., «La frontera de Perpiñán. Nuevos datos sobre la primera guerra del Rosellón (1495-1499)», en *En la España Medieval*, vol. 27, 2004.

Ladero Quesada, M.Á., «Baja Edad Media», en Ladero Quesada, M.Á. (coord.), *Historia militar de España II. Edad Media*, Ministerio de defensa-Secretaría general técnica y Ediciones del laberinto, S.L., Madrid, 2010, pp. 217-377.

Ladero Quesada, M.A., Castilla y la conquista del Reino de Granada. Diputación de Granada, Granada, 1987.

Ladero Quesada, M.Á., *Ciudades de la España medieval: Introducción a su estudio*, Dykinson, S.L., Madrid, 2010.

Ladero Quesada, M.Á. (coord.), «Conquistar y defender en la Edad Media: Los recursos militares de la Edad Media Hispánica», en *Revista de Historia Militar*, Número Extraordinario, año XLV, 2001.

Ladero Quesada, M.A., «Defensa de Granada a raíz de la conquista», en *Granada después de la conquista. Repobladores y mudéjares*. Diputación provincial de Granada, Granada, 1993, pp. 227-279.

Ladero Quesada, M.A,, *Ejércitos y armadas de los Reyes Católicos. Nápoles y El Rosellón (1494-1504)*, Real Academia de la Historia, Madrid, 2010.

Ladero Quesada, M.A., «Fuerzas navales y terrestres de los Reyes Católicos en la primera guerra de Nápoles (1494-1497)», en *Revista de Historia Naval*. Instituto de Historia y Cultura Naval. Armada Española, n. 100, 2008, pp. 11-58.

Ladero Quesada, M.A., *Hernando de Zafra: secretario de los Reyes Católicos*. Dykinson, Madrid, 2005.

Ladero Quesada, M.Á. (coord.), *Historia militar de España II. Edad Media*, Ministerio de defensa-Secretaría general técnica y Ediciones del laberinto, S.L., Madrid, 2010.

Ladero Quesada, M.Á., «Recursos militares y guerras de los Reyes Católicos», en *Revista de Historia Militar*, 2001, n. Extra 1, pp. 383-420.

Ladero Quesada, M.A., «La "armada de Vizcaya" (1492-1493): nuevos datos documentales», en *La España Medieval*. nº 24, 2001, pp. 365-394.

Ladero Quesada, M.Á., *La Hermandad de Castilla: Cuentas y Memoriales (1480-1498)*, Real Academia de la Historia, Madrid, 2005.

Ladero Quesada, M.Á., *La guerra de Granada, 1482-1491*, Diputación de Granada, Granada, 2002.

Ladero Quesada, M.Á., «Milicia y economía en la Guerra de Granada: El cerco de Baza», en *Cuadernos de Historia Medieval*, Valladolid, 1964, N. 22.

Ladero Quesada, M.Á., «Recursos militares y guerras de los Reyes Católicos», en *Revista de Historia Militar*, 2001, n. Extra 1, pp. 383-420.

Liebeskind Rivinus, A., «Las relaciones hispano-suizas en tiempo de don Fernando el Católico y la imagen de España enlos espíritus suizos de la época», en VV.AA., Pensamiento político, política internacional y religiosa de Fernando el Católico. Instituto Fernando el Católico, Zaragoza, 1956.

León Muñoz, A., «Fortificaciones sin fronteras. Castillos señoriales y luchas nobiliarias en el sur de España a finales de la Edad Media (c. 1464-1508)», en Carriazo Rubio, J. L. (ed.), *El triunfo de la pólvora: artillería y fortificaciones a finales de la Edad Media*, Universidad de Huelva, Huelva, 2020, pp. 263-344.

López de Coca Castañer, J.E., «Mamelucos, otomanos y caída del reino de Granada», en *En la España Medieval*, vol. 28, Universidad Complutense de Madrid, Madrid, 2005, pp. 229-258.

López Martín, F.J., *Esculturas para la guerra. La creación y evolución de la artillería hasta el siglo XVII*, Ministerio de Defensa, CSIC, Madrid, 2011.

Lourie, E., «Spain in the Middle Ages: A society organized for war», en Powers, J.F., *A society organized for war. The Iberian municipal militias in the Central Middle Ages*, University of California Press, Berkeley, 1988, pp. 54-76.

Mallet, M., *Mercenaries and their Masters. Warfare in Renaissance Italy*. Bodley Head, London, 1974.

Maquiavelo, N., *Del arte de la Guerra*. Tecnos, Madrid 1988 (original 1520).

Maquiavelo, N., *El Príncipe*, Cátedra, Madrid, 1992.

Martínez Canales, F., *La guerra de Granada (I): De la caída de Zahara al asedio de Vélez-Málaga. 1481-1484*, Almena Ediciones, Madrid, 2014.

Martínez Ruiz, E. y Pi Corrales, M. de P., *Las Guardas de Castilla: Primer ejército permanente español*. Silex, Madrid, 2012, pp. 17-36.

Martínez Ruiz, E, - *Los ejércitos en tiempos de Isabel I*, Biblioteca Virtual Miguel de Cervantes, Alicante, 2006.

Martins Costa, A. C., «A Batalha de Toro (1476): a guerra em Portugal entre duas Eras», e-Strategica, 4, 2020, pp. 51-86.

Medel Marchena, I., «La guerra en la Edad Media: Recopilación bibliográfica», en Casado Quintanilla, B. (Coor.), *La guerra en la Edad Media: XVII Semana de Estudios Medievales*, Nájera, del 31 de julio al 4 de agosto de 2006, Instituto de Estudios Riojanos, Logroño, 2007, pp. 533-555.

Medina Ávila, C.J., «La artillería española en el reinado de los Reyes Católicos. La época de los artilleros empíricos y el despertar de un arma», en VV.AA., *Artillería y fortificaciones en la corona de Castilla durante el reinado de Isabel la Católica 1474-1504*, Secretaría general técnica del ministerio de Defensa, Ediciones del Umbral, Madrid, 2004, pp.113-247.

Miguel Vigil, C., *Colección histórico-diplomática del ayuntamiento de Oviedo*, Oviedo, 1889.

Miller, D., *The Swiss at War 1300-1500*, Osprey, Oxford, 1979.

Negro Cortés, A.E. «Las parias abonadas por el reino de Granada (1246-1464). Aproximación a su estudio» en *Roda da Fortuna. Revista Eletrônica sobre Antiguidade e Medievo*, Volume 2, Número 1-1 (Número Especial), 2013, pp. 382-396.

Nicole, D., *European medieval tactics. New infantry, new weapons (1260-1500)*, Osprey Publishing, Oxford, 2012.

Nieto Soria, J.M., *Iglesia y génesis del Estado Moderno en Castilla (1369-1480)*, Editorial Complutense, Madrid, 1994.

Ohara, S., «Las relaciones internacionales en torno al conflicto sucesorio de Enrique IV», en Ribot, L., Valdeón, J., Maza, E. (coor.), *Isabel la Católica y su época. Actas del congreso internacional 2004. Valladolid-Barcelona-Granada 15 a 20 de noviembre de 2004. Volumen I*, Universidad de Valladolid e Instituto Universitario de Historia Simancas, Valladolid, 2007, pp. 387-400.

Olivera Serrano, C., «La Santa Hermandad», en *Los reinos hispánicos ante la Edad Moderna. Vol. I*, Estado Mayor del Ejército. Servicio de publicaciones, Madrid, 1992, pp. 556-566.

Ortolá Noguera, A., *El castillo de la Mota de Medina del Campo*, Junta de Castilla y León. Consejería de Educación y Cultura, Valladolid, 2001.

Parker, G., *La gran estrategia de Felipe II*, Alianza, Madrid, 1998.

Parker, G., The 'military Revolution', 1560-1660: A Myth?, Chicago, University of Chicago Press, 1976.

Power, J. F., *A Society Orgnized for War: The Iberian Municipal Militias in the Central Middle Ages 1000-1284*. University of California, Berkeley, 1988.

Polania Puyo, J., *Ensayo sobre historia militar, Vol. 1*, Ministerio de Guerra, Madrid, 1940.

Porrinas González, D., «Caballería y guerra en la Edad Media castellano-leonesa. El "libro del caballero Zifar" y su contexto», en *Medievalismo: revista de la Sociedad Española de Estudios Medievales*, nº15, 2005, pp.39-70.

Puddu, R., *El soldado gentilhombre*. Argos Vergara, Barcelona, 1984.

Quatrefages, R., *La revolución militar moderna. El crisol español.* Ministerio de Defensa, Madrid, 1996.

Quintanilla Raso, Mª.C. y Castrillo Llamas, M.C., «Tenencia de fortalezas en la Corona de Castilla (siglos XIII-XV) : formalización institucional, política regia y actitudes nobiliarias en la Castilla bajomedieval», en *Revista de Historia militar*, 2001, N. Extra 1, pp. 223-289.

Ribot García, L., «La España de los Reyes Católicos como fundamento de la monarquía hispánica», en Valdeón Baruque, J.(Ed.), *Arte y cultura en la época de Isabel la Católica*, Ámbito, Instituto de Historia de Simancas, Valladolid, 2013.

Richards, J., *Landsknecht Soldier, 1486-1560*, Osprey, Oxford, 2002.

Roberts, M., *The Military Revolution, 1560-1660: An Inaugural Lecture Delivered Before the Queen's University of Belfast*, Belfast, M. Boyd, 1956.

Rodríguez Casillas, C.J., *A fuego e sangre: La guerra entre Isabel la Católica y Doña Juana en Extremadura (1475-1479)*, Editora Regional de Extremadura, Badajoz, 2013.

Rodríguez Casillas, C.J., « Las armas de fuego en los campos de batalla europeos de finales de la Edad Media (1346-1480) », en Carriazo Rubio, J. L. (ed.), *El triunfo de la pólvora: artillería y fortificaciones a finales de la Edad Media*, Universidad de Huelva, Huelva, 2020, pp. 67-90.

Rogers, C.J., Essays on Medieval Military History: Strategy, Military Revolutions and the Hundred Years War, Abingdon, Routledge, 2010.

Romero Portillo, P., *Dos monarquías medievales ante la modernidad: Relaciones entre Portugal y Castilla (1431-1479)*, Universidade da Coruña, A Coruña, 1999.

Rodríguez Casillas, C.J., *A fuego e sangre: La guerra entre Isabel la Católica y Doña Juana en Extremadura (1475-1479)*, Editora Regional de Extremadura, Badajoz, 2013.

Rodríguez Casillas, C.J., «La guerra medieval en su contexto entre el mito y la realidad», en *Roda da Fortuna, Revista electronica sobre antiguedade e medievo,* 2012, vol. 1, n. 2, pp. 158-169.

Rodríguez Hernández, A. J. y Mesa Gallego, E. de, «Del Gran Capitán a los tercios: la herencia de Gonzalo Fernández de Córdoba en los ejércitos de los Austrias (siglos XVI y XVII)», en *Revista de Historia Militar.* Instituto de Historia y Cultura Militar, n. extraordinario II, 2015, pp. 143-188.

Rodríguez Hernández, A.J., «Los hombres y la Guerra», en Ribot, L. (coord.), *Historia Militar de España. Edad Moderna II. Escenario europeo,* Ministerio de Defensa, Madrid, 2013, pp. 187-222.

Rogers, C. J. (ed.), *The Military Revolution Debate. Readings on the Military Transformation of Early Modern Europe,* Boulder-Oxford, Westview Press, 1995.

Rojas Gabriel, M., «La nobleza como élite militar en la frontera de Granada. Una reflexión», en Segura Artero, P. (coord.), *Actas del congreso: La frontera oriental nazarí como sujeto histórico. Lorca-Vera 22 a 24 de noviembre de 1994,* Instituto de Estudios Almerienses Diputación de Almería, Almería, 1997, pp. 181-190.

Russell, P.E., *Portugal, Spain and the African Athlantic, 1343-1490,* Variorum, Aldershot (Hampshire), 1995.

Sáez Abad, R., *La batalla de Toro 1476,* Almena, Madrid, 2009.

Sánchez Benito, J.Mª., «La sociedad urbana ante la guerra a fines de la Edad Media. El caso de Cuenca en los conflictos militares de los Reyes Católicos (1475-1492)», en *Revista de Historia Militar: Año XXXV,* nº 71, 1991, pp. 173-197.

Sánchez Saus, R. y Ocaña Erdozain, A., «Armamento y fortificación (siglos XI a XV)», en Ladero Quesada, M.Á. (coord.), *Historia militar de España II. Edad Media,* Ministerio de defensa-Secretaría general técnica y Ediciones del laberinto, S.L., Madrid, 2010, pp. 379-412

Segura Graíño, C., «Acerca de las fortalezas andaluzas en la frontera granadina durante el siglo XV», en Segura Graíño, C. (coord.), *Relaciones exteriores del Reino de Granada : IV del Coloquio de Historia Medieval Andaluza.* Instituto de estudios almerienses, Almería, 1988, pp. 227-251.

Soler del Campo, Á., «El equipamiento militar en el medievo», en De la Iglesia Duarte, J.I. (coord.), *La guerra en la Edad Media: XVII semana de estudios medievales, Nájera del 31 de Julio al 4 de Agosto de 2006,* Instituto de Estudios Riojanos, Logroño, 2007, pp. 147-190.

Soler del Campo, Á., *La evolución del armamento medieval en el reino castellano-leonés y al-Ándalus (siglos XII-XIV),* Universidad Complutense de Madrid, Madrid, 1991.

Suárez Fernández, L., *Fernando el Católico,* Editorial Ariel S.A., Barcelona, 2004.

Suárez Fernández, L., «Isabel la Católica, la imagen de un reinado», en Valdeón Baruque, J. (ed.), *Visión del reinado de Isabel la Católica,* Ámbito e Instituto de Historia de Simancas, Valladolid, 2002, pp. 293-306.

Suárez Fernández, L., Los Reyes Católicos. El camino hacia Europa. Rialp, Madrid, 1990.

Suárez Fernández, L., *Los Reyes Católicos: El tiempo de la Guerra de Granada,* Rialp, Madrid, 1989.

Tallett, F., *War and society in Early-Modern Europe,* 1495-1715. Routledge, Londres, 1995.

Tapia Garrido, J.A., *Historia de la Vera antigua,* Servicio de publicaciones de la Excma. Diputación provincial, Almería, 1987.

Thompson, I.A.A., «Milicia, sociedad y estado en la España Moderna», en Vaca Lorenzo, A. (ed.), *La guerra en la historia*. Universidad de Salamanca, Salamanca, 1999, pp. 115-133.

Val Valdivieso, Mª.I. del, «La Reina Isabel en las crónicas de Diego de Valera y Alonso del Palencia», en Valdeón Baruque, J. (ed.), *Visión del reinado de Isabel la Católica,* Ámbito e Instituto de Historia de Simancas, Valladolid, 2002, pp. 63-92.

Val Valdivieso, Mª.I. del, «Las líneas maestras de la obra política isabelina en Castilla», en Valdeón Baruque, J. (ed.), *Sociedad y economía en tiempos de Isabel la Católica*, Ámbito e Instituto de Historia de Simancas, Valladolid, 2002, pp. 265-286.

Valdaliso Casanova, C., *Vivir en un castillo medieval*, La esfera de los libros S.L., Madrid, 2009.

Valdeón Baruque, J., «La Corona de Castilla en la época de Isabel la Católica», en Valdeón Baruque, J. (ed.), *Visión del reinado de Isabel la Católica,* Ámbito e Instituto de Historia de Simancas, Valladolid, 2002, pp. 309-324.

Valdeón Baruque, J., *Los conflictos sociales en el reino de Castilla en los siglos XIV y XV*, Siglo XXI de España editores S.A., Madrid, 1975.

Vale, M., War and Chivalry. *Warfare and Aristocratic Culture in England, France and Burgundy at the End of the Middle Ages.* Gerald Duckworth, Londres, 1981.

Verdera Franco, L., «La conquista de Granada: 1382-1492», en Valdés Sánchez, A. (coord.), *Artillería y fortificaciones en la corona de Castilla durante el reinado de Isabel la Católica 1474-1504*, Secretaría general técnica del ministerio de Defensa, Ediciones del Umbral, Madrid, 2004, pp. 61-100.

Viciano, P., «Violencia y sociedad en una villa medieval: Castellón de la Plana en el siglo XV», en *Hispania*, vol. LXVI , nº 224, 2006, pp. 851-882.

Viguera, Molins, M.J., «El ejército», en Viguera Molíns, M.J. (Coord.), *Historia de España Menéndez Pidal. El Reino Nazarí de Granada (1232-1492): Política, instituciones, espacio y economía*, Espasa Calpe S.A., Madrid, 2000.

Viguera Molíns, Mª.J. (coord.), *Historia de España Menéndez Pidal. Vol. VIII. El Reino Nazarí de Granada (1232-1492): Política, instituciones, espacio y economía*, Espasa Calpe S.A., Madrid, 2000.

Viguera Molins, M.J., «La organización militar de Al-Andalus», en *Revista de Historia Militar*, Madrid, 2001, n. Extra 1, pp. 17-60.

VVAA, *Costumbres y trajes de la Edad Media Cristiana y del Renacimiento. Vol. 1*, Imprenta de Joaquín Verdaguer, Barcelona, 1852.

William, H.,*The Art of War in Spain: The Conquest of Granada (1481-1492)*. Greenhill, Londres, 1995, pp. 13-56.

Zurita, J., *Historia del rey don Hernando el Católico: de las empresas y ligas de Italia*. Diputación General de Aragón, Zaragoza, 6 vol. 6, 1989-1996.

https://www.ngenespanol.com/el-mundo/monarcas-espanoles-recibieron-titulo-reyes-catolicos/